Hans Georg Flickinger

Neben der Macht

Ist das Recht nur der Ausfluß der Macht oder vielmehr ihr Zügel? Gegen diese überkommenen, von links bzw. rechts verfochtenen Auffassungen stellt Hans Georg Flickinger seine These vom Recht *neben der Macht* und in Konkurrenz mit ihr. Er entwickelt sie aus einer ebenso eindringlichen wie widerständigen Lektüre des letzten großen Systementwurfs zum bürgerlichen Recht, des Hegelschen, und wendet dann die hier – mit und gegen Hegel – gewonnenen Einsichten auf aktuelle Probleme wie Verrechtlichung, Bürokratie, Sozialpolitik und Umweltschutz an. Kehrseite der Allgegenwart des Rechtsstaats, so erweist sich, ist seine Schwäche, ja seine Ohnmacht.

Hans Georg Flickinger, geboren 1944, studierte Rechtswissenschaft und Philosophie. 1971 Assessorexamen, 1973 Promotion zum Dr. phil. mit einem Beitrag zur Kunsttheorie der Moderne. Bis 1976 Leiter des Doktoranden-Kollegs der Universität Heidelberg, dann Professor für Verwaltungsrecht/Verwaltungswissenschaft an der Gesamthochschule Kassel. Veröffentlichungen zur Umweltplanung, zur Theorie des bürgerlichen Rechts und zur Ästhetik.

Hans Georg Flickinger

Neben der Macht

Begriff und Krise des bürgerlichen Rechts

Syndikat

CIP-Kurztitelaufnahme der Deutschen Bibliothek

Flickinger, Hans Georg:
Neben der Macht: Begriff u. Krise d. bürgerl.
Rechts/Hans Georg Flickinger. – Frankfurt am
Main: Syndikat, 1980.
ISBN 3-8108 0168-2

Umschlag nach Entwürfen von Rambow, Lienemeyer und van de Sand
Motiv: Lithographie von Honoré Daumier, 1851
Produktion: Klaus Langhoff, Friedrichsdorf
Gesamtherstellung: Fuldaer Verlagsanstalt
Printed in Germany
ISBN 3-8108-0168-2

Inhalt

Einleitung

Im Mai 1979 wurde die bundesrepublikanische Verfassung, das Grundgesetz, dreißig Jahre alt. Da Jubiläen, zumal politische, auch den Sinn haben, jenseits gerade aktueller Probleme und des unmittelbaren Entscheidungsdrucks sich über Gelungenes und Mißlungenes, über erfüllte und nichterfüllte Erwartungen in der Vergangenheit Rechenschaft abzugeben und daraus zu lernen, fehlte es auch in diesem Fall nicht an wohlwollend bis kritisch angelegten Beiträgen zu unserer Verfassungswirklichkeit »dreißig Jahre danach«. Das Spektrum der Stellungnahmen reicht von vorbehaltloser Zustimmung zur Geschichte unseres Verfassungsrechts bis zur entschiedenen Anklage gegen eine Vergangenheit verpaßter Entwicklungschancen[1] –sofern man sich auf solche Autoren beschränken darf, die sich mit den wiederbelebten bürgerlich-liberalen Gesellschaftsvorstellungen nach 1945 argumentativ auseinandersetzen. So weit die vertretenen Auffassungen theoretisch wie praktisch-politisch auseinanderzuliegen scheinen bzw. sich selbst unterschiedlich einschätzen, so beharrlich berufen sich alle auf die Prinzipien rechtsstaatlicher Ordnung. Ob aus Überzeugung oder einer politisch in die Defensive gedrängten Strategie heraus, mag hier offenbleiben. Mit dem Ruf nach dem Rechtsstaat sind Ordnungsvorstellungen konservativer Provenienz gemeint, die die individuelle Freiheit der Gesellschaftsmitglieder unbeschadet aller wirklichen sozialen Spannungsfelder reklamieren – bis hin zur Garantie der »freien Unternehmerpersönlichkeit«.[2] An ihn knüpfen sich aber ebensosehr radikaldemokratische Hoffnungen, wenn im Blick auf das Verfassungsrecht von einer Kompromißformel mit klaren sozialistischen Entwicklungsansätzen die Rede ist.[3] Beide Interpretationsextreme erkennen sich in den Grundsätzen unserer Verfassung und in den dort vorgesehenen rechtsstaatlichen Verfahren wieder.

Trotz der im Detail aufschlußreichen Diskussionen wird man mit einer zwiespältigen Erfahrung allein gelassen: Weil viele der beigebrachten Argumente für den einen oder anderen Standpunkt auf den ersten Blick überzeugen und sich auf Formulierungen von Verfassungs- und Gesetzestexten berufen können, erzeugt der Gedanke merkwürdiges Unbehagen, daß mit der Rede vom Rechtsstaat offenbar höchst Heterogenes abgedeckt werden soll und rechtsstaatliche Verfahren dem gleichgültig gegenüberstehen. Um auf die Gründe für diese Erfahrung zu

1 Hier sei nur an die Rede Helmut Schmidts am 17.5.79 vor dem Bundestag errinnert; vgl. Archiv der Gegenwart 22/79, S. 2258 f. Siehe auch die Beiträge von K. Sontheimer und D. Hömig in: Das Parlament, 29. Jahrgang/Nr. 20.

2 So das Bundesverfassungsgericht, BVerfG E Bd. 4, S. 15.

3 Vgl. hierzu W. Abendroth: Das Grundgesetz (Pfullingen 1966), S. 63, und H. H. Hartwich: Sozialstaatspostulat und gesellschaftlicher Status quo (Opladen 1977), Teil 1.

stoßen, verdächtige ich die am bürgerlich-liberalen Rechtsbegriff orientierte Gesellschaftsordnung, den Wirkungsweisen dieses Rechts aufzusitzen, weil wir uns diese vor dem Hintergrund der gegenwärtigen gesellschaftlichen Situation bislang nicht hinreichend verständlich gemacht haben. Es muß offenbar zur Leistung des bürgerlichen Rechts rechnen, Heterogenes, ja Widersprüchliches affirmativ auf einen Nenner zu bringen. Niklas Luhmanns funktionalistische Interpretation des gegenwärtigen Rechts legt diesen Gedanken sicher auf andere Weise, aber ebenso nahe wie Ulrich K. Preuß' Hinweis auf eine Metaverfassung, sprich Wertordnung, die dem geltenden Verfassungsrecht zu einer dem politischen Status quo entsprechend opportunen Substantialisierung verhelfen. Eine solche Metaverfassung liefert das Bundesverfassungsgericht mit dem Etikett einer freiheitlichen demokratischen Grundordnung immer sinnfälliger nach.[4]
Mir scheint, kaum eine der politischen Interessengruppen, die die rechtsstaatliche Ordnung reklamieren und zur Geltung bringen wollen, ist sich bislang klar darüber geworden, was man sich mit dem Insistieren auf der bürgerlichen Rechtsordnung abgesehen von kurzfristigen politischen Erfolgen einhandelt. Der Glaube, daß sich gesellschaftliche Probleme mit Rechtsmitteln regeln lassen, grenzt angesichts gegenwärtiger Erfahrungen an Naivität; dies vor allem dort, wo verfassungsrechtliche Positionen aus einer eher resignierenden Perspektive gegenüber der möglichen Weiterentwicklung unseres Gesellschaftssystems in die Diskussion gebracht werden. Das bürgerliche Recht ist Brennpunkt für divergierende, häufig einander widersprechende inhaltliche Forderungen, weil es zumindest zweierlei leistet: Es erlaubt partielle Interessen als prinzipiell verallgemeinerungsfähige zu behandeln, und es bringt einen Prozeß der Verantwortungsentlastung in Gang, durch den der Zwang zur öffentlichen Rechtfertigung sozialer Interessen und politischer Macht ausgesetzt und auf die staatlich-institutionelle Ebene abgewälzt wird.[5] Ich möchte zeigen, daß sich diese Leistung einer Logik der Abstraktion, also einem dem bürgerlichen Recht immanenten Vernunftprinzip verdankt. Auf ihre Spur führt die Prämisse, um jeden Preis freie und gleiche Subjekte im gesellschaftlichen Verkehr anzuerkennen; eine Prämisse, die nur zu halten ist, wenn von materiell verankerter Macht und Ohnmacht abgesehen wird. Nur vor diesem Hintergrund ist der Gedanke von einer real bestehenden Einheit unseres Gesellschaftssystems entgegen aller widersprechenden Erfahrung aufrechtzuerhalten. Das Recht kann sich offenbar gegen alle anderslautenden Fakten und Erfahrungen über die ungleiche Verteilung materiell begründeter Macht und sozialer Chancen im Gesellschaftssystem immunisieren; zugleich und als Kehrseite dessen scheint es unfähig zu verhindern, daß die gesellschaftliche

4 BVerfG E Bd. 21, S. 362 f oder Bd.30, S.1 f. Hierzu ausführlich U.K. Preuß: Legalität und Pluralismus (Frankfurt/M 1973), S.17 f.

5 Spätestens seit M. Webers Analyse legaler Herrschaftsformen ist die legitimatorische Funktion administrativen Handelns an das bürgerliche Recht dediziert; vergl. ders.: Wirtschaft und Gesellschaft (Tübingen 1922), S. 124 f.

Reproduktion sich gemäß der Rationalität des Kapitals entfaltet. Drei Beispiele aus dem gegenwärtigen Alltag können vorläufig umreißen, was gemeint ist. Wer sich im Zivilrecht und hier insbesondere in dessen Kernstück, dem Vertragsrecht umsieht, macht die Erfahrung einer merkwürdig doppelbödigen Bindung des Rechts an die ökonomische Entwicklung: sie ist Bindung und Entkoppelung zugleich. Bekanntlich hat der Umstand, daß eine Vielzahl von Kaufverträgen als Abzahlungsgeschäfte abgewickelt werden, den Gesetzgeber schon in der Frühphase der Kodifizierung des modernen Zivilrechts im bürgerlichen Gesetzbuch dazu veranlaßt, für die Käufer besondere Schutzvorkehrungen zu treffen. Diese Regelungen sind im »Gesetz betreffend die Abzahlungsgeschäfte« von 1894 (!) zu finden. Ihnen ging die Einsicht voraus, daß zumindest die finanziell und sozial schwächer Gestellten auf den Ratenkauf angewiesen sind, weil sie nicht über die notwendigen Einkommen zur Barzahlung verfügen. Zwei Ziele wurden anvisiert: den durch die kapitalistische Produktion gesetzten sozialen Unterschieden Rechnung zu tragen und zugleich deren warenförmigen Tauschverkehr zu erleichtern. Mit ungewolltem Zynismus ist diese widersprüchliche Doppelfunktion kommentiert: »Zweck des Gesetzes ist der Schutz des wirtschaftlich und sozial schwächeren Abzahlungskäufers. Dabei ist zu berücksichtigen: wirtschaftspolitisch ist einerseits der Abzahlungskauf unerwünscht, weil er eine Verteuerung der Ware verursacht und Einkommensschwache zu überflüssigen Anschaffungen verführt, andererseits notwendig, weil er den frühzeitigen oder sonst unmöglichen Erwerb nützlicher Güter ermöglicht und Absatz sowie Produktion steigert«.[6] Wie sehen diese »Schutzvorkehrungen« für den Käufer zur gleichzeitigen Steigerung von Produktion und Absatz aber aus und wie weit reichen sie? Schließt jemand einen Ratenkaufvertrag ab, so tut er dies normalerweise in der Erwartung, den Preis in Raten aus seinem künftigen Einkommen bezahlen und inzwischen die Sache nutzen zu können. Der Verkäufer behält sich aus Sicherungsgründen das Eigentum als Rechtstitel so lange vor, bis der volle Kaufpreis einschließlich der Zinsen entrichtet ist. Um nun zu verhindern, daß der Verkäufer im Falle der Vertragsauflösung wegen nicht bezahlter Raten seine Machtposition mit Hilfe des Rechtstitels unangemessen überzieht, beschränken die Bestimmungen des Abzahlungsgesetzes seinen Handlungsspielraum. Der Verkäufer soll, wenn der Vertrag »platzt«, nicht mehr an Tauschwert, d. h. Profit herausziehen können, als dem jeweiligen Stand der Vertragsleistungen entspricht. Das Gesetz erinnert den Verkäufer in Wahrheit nur an die fundamentale Regel des Warentausches, sprich an die Tauschwertfunktion, die rechtsförmig im römischen Vertragsprinzip des »do ut des« wurzelt. Man sollte annehmen, mit der gesetzlichen Verpflichtung der Beteiligten auf das Vertragsprinzip sei beiden Seiten gedient. Sehen wir uns indes den Sachverhalt näher an, dann beschränkt sich der Schutz des Käufers allein auf die Tauschwertrelation und bleibt gleichgültig ge-

6 So Palandt: Kommentar zum BGB, 37. Aufl. (München 1978), S. 2178.

genüber den konkreten Gebrauchsinteressen. Ist der Käufer etwa infolge unverschuldeter Arbeitslosigkeit vorübergehend nicht in der Lage, die vereinbarten Raten zu zahlen, so kann der Verkäufer seinen Eigentumstitel unabhängig davon geltend machen und durchsetzen, ob er mit diesem Schritt massiv in die ökonomische und soziale Lage des Käufers eingreift. Das Recht legitimiert nicht die Gebrauchsinteressen der Vertragspartner, sondern das Interesse am Gebrauchswert des Tauschwerts für den Kapitalprozeß. Man denke nur an den Fall des geplatzten Ratenkaufs einer Maschine, die der Käufer zum Aufbau einer handwerklichen Existenz dringend braucht; oder an den der Sache nach gleichgelagerten Fall, in dem die Hypothekenraten für das Eigenheim aus vom Käufer nicht verschuldeten Gründen vorübergehend nicht zurückgezahlt werden können. Sind die rechtlichen Regelungen gerade für solche Grenzsituationen und nicht für den Normalfall geschaffen, so zeigen sie erst hier ihre innere »Vernunft«: sie bleiben gleichgültig gegenüber der wirklichen Macht und Ohnmacht, die ökonomisch verankert ist. Das Vertragsrecht kann nicht auf die Gebrauchsseite des Vertrages eingehen und eine materielle Interessenabwägung vornehmen. Das verbietet sich wegen seiner eigenen Voraussetzungen – hier das Eigentum – , mittels deren Gleichheit und Freiheit aller Gesellschaftsmitglieder auf der Ebene des Gütertauschs gerade verbürgt werden sollen.

Im zweiten Beispiel erinnere ich an die Diskussionen über die Umweltfolgelasten des individuellen Nahverkehrs in den städtischen Ballungsgebieten und an deren materielle Folgekosten – von den kostenmäßig schwer berechenbaren psychosozialen zunächst ganz zu schweigen. Der Streit ging um die Priorität der ökonomischen oder ökologischen Bedürfnisse und verlief nach einem merkwürdig kurzschlüssigen Argumentationsmuster. Die unmittelbar, häufig unfreiwillig Betroffenen schoben die Verantwortung für die auftretenden Krisen schlicht der Automobilindustrie zu. Ihr wurde vorgeworfen, trotz verfügbarer Technologien aus Profitinteressen keine emissionsärmeren Kraftwagen auf den Markt bringen zu wollen. Die Unternehmen konterten mit dem Argument, man könne zwar unter Umständen umweltfreundlichere Produkte herstellen, aber dann nur zu Lasten höherer Produktionskosten, d. h. höherer Verbraucherpreise. Dies habe aber ökonomisch unerwünschte Folgen für die marktwirtschaftliche Wettbewerbsfähigkeit, für Arbeitsplätze usw. Die Verbraucherverbände forderten, gestützt auf ein politisch-modisches Umweltbewußtsein, demgegenüber geringere Profitmargen der Produzenten und erhöhte Umweltvorsorge, während die Kommunen die Priorität vom individuellen auf den öffentlichen Nahverkehr verlagern wollten, um ihre Betriebskosten abdecken zu können. Die politischen Parteien griffen die Diskussion unter dem Gesichtspunkt auf, wie ihre politischen Zielsetzungen auf die gesellschaftspolitische Krisenentwicklung neu einzustellen seien. Da alle beteiligten Interessengruppen nicht bereit waren zurückzustecken und damit innerhalb des interessenpluralistisch angelegten politischen Entscheidungssystems das relative Recht der anderen Seite anerkennen mußten – wenn man von den üblichen verbalen Kraftakten einmal absieht – , wurde zwangsläufig der Ruf nach dem Staat, dem Gesetzgeber laut. Er sah sich unter Zugzwang und reagierte nach Geburtswehen, die dem Bargaining der Verbandsinteressen anzulasten sind, mit dem Benzinbleigesetz von 1971.[7] Damit fiel dem Gesetzgeber die Aufgabe zu, ins Recht zu setzen und allgemeinverbindlich zu machen, was sich als Resultat des so verlaufenden Interessenstreits herausgeschält hatte.

So verkürzt diese Darstellung der öffentlichen Diskussion erscheint, so folgt sie doch der wirklichen Unfähigkeit unserer interessenpluralistischen Entscheidungsverfahren, die öffentliche Aufregung über Mißstände in politische Meinungsbildung umzulenken. Der hilflose Ruf nach dem Gesetzgeber ist ihr Ausdruck. Betrachten wir uns das Ergebnis unter dem Gesichtspunkt der längerfristigen Folgen des Benzinbleigesetzes, so fallen einige Jahre danach erstaunliche Fakten ins Auge. Trotz höheren Material- und Energieeinsatzes für die Produktion und damit höherer Preise brach ein damals kaum erwarteter Autoboom mit weiter verdichtetem Verkehr über uns herein; amtlicherseits fällt in Straßenverkehrsmeldungen auch schon die paradoxe Formulierung vom »stehenden Verkehr«. Mit ihm schien zwar die relative Schadstoffemission verringert zu sein; mit ihm stiegen aber die ökonomisch kaum kalkulierbaren physischen und psychosozialen Belastungen auch der nur mittelbaren Verkehrsteilnehmer massiv an.[8] Trotz – oder gerade wegen – des im Gesetz formulierten Ziels, die Belastungen des Autoverkehrs zu drücken, stiegen die Belastungen »auf erweiterter Stufenleiter«; denn deren Merklichkeitsschwelle verschob sich, weil das Gesetz die Umweltbelastungen von der äußeren auf die »innere Natur« der Gesellschaft verlagerte und so vom genuinen Ort des politischen Streits entkoppelte. In eins damit drifteten die Umweltfolgekosten aus dem Kalkül betriebswirtschaftlicher Rechnung in Konsumtionslasten ab. Wieso kommt es trotz der strikten Orientierung des gesellschaftlichen Interessenkonflikts an den rechtsstaatlichen Entscheidungsverfahren zu solch unerwarteten Wirkungen, die sich bestenfalls als Umverteilung der Folgekosten der Umweltausbeutung interpretieren lassen?

Mit dem letzten einleitenden Beispiel aus dem Bereich der staatlichen Sozialpolitik will ich den Verdacht verdichten, das bürgerliche Recht verteile politisch-soziale Defizite innerhalb des gesellschaftlichen Systems nur um, ohne sie wirklich beseitigen zu können. Wie erinnerlich, setzten die ökonomischen Krisen 1966/67 und 1973/74 eine hohe Zahl an Arbeitskräften aus dem Wirtschaftsprozeß frei. Das Arbeitslosenproblem nimmt seither eine zentrale Stellung in den sozialpolitischen Überlegungen hierzulande ein. Man mag darüber streiten, ob es sich in beiden Fällen um schwerpunktmäßig ganz verschiedene, um konjunkturelle oder strukturelle Gründe für die Arbeitslosigkeit handelt. Sicher ist, daß gerade die letzte Krise auch optimistischen Prognosen zum Trotz langfristige Arbeitslosig-

7 H.G. Flickinger/S. Summerer: Voraussetzungen erfolgreicher Umweltplanung in Recht und Verwaltung (Göttingen 1975), S. 25 f.

8 Zum Problem ökonomischer Kalkulation psychosozialer Folgelasten siehe die volkswirtschaftlichen Aspekte des Umweltschutzes, die der Rat der Sachverständigen für Umweltfragen in seinem Gutachten 1978 unter Teil 3 diskutiert.

keit auslöste.[9] Sicher ist auch, daß die Abhängigkeit der Arbeitnehmer von der Gesamtentwicklung der Wirtschaft es ausschließt, den Betroffenen die Verantwortung oder als subjektives Versagen zuzurechnen, wenn ihre Arbeitskraft auf dem Markt unverkäuflich wurde. Sie selbst sind ja von den ökonomischen Strategieentscheidungen ausgeschlossen. Andererseits entlasten sich die Wirtschaftsfunktionäre insbesondere im Fall struktureller Arbeitslosigkeit mit dem Hinweis auf die systemnotwendige Umwälzung der technologischen Produktionsgrundlagen und den Zwang, die Qualifikationsanforderungen an die Arbeitskräfte ständig zu ändern. Angesichts der steigenden Umlaufgeschwindigkeit des Kapitals gewinne dieses Argument zunehmende Bedeutung. Dieser Prozeß liege im Interesse erhöhter Produktivität und günstiger Marktchancen. Daß dem der Sache nach die Dequalifizierung der Arbeitskraft bis hin zu Entlassungen korrespondiert, müsse in Kauf genommen und von einer geänderten staatlichen Bildungspolitik aufgefangen werden.[10] Ich will hier nicht ökonomische Detailfragen erörtern; ich skizziere nur die unterschiedlichen materiellen Interessen, die im Spiel sind. Da ein Ausgleich zwischen den Interessen der von der Arbeitslosigkeit Bedrohten und der Logik unternehmerischer Vernunft unmöglich ist, ohne die Produktionsformen zu ändern, und da jeder Streit nur mit rechtsstaatlichen Mitteln ausgetragen werden darf, gilt in diesen Fällen der Ruf nach sozialstaatlichem Einschreiten als ultima ratio. Denn weder »wilde« Streiks noch der Arbeitskampf um gesellschaftspolitische Veränderungen sind erlaubte Inhalte dessen, was das Recht mit der Tarifautonomie den unmittelbar am Wirtschaftsprozeß Beteiligten überantwortet. Der Ruf nach dem Staat hatte denn auch den Ausbau des Netzes sozialstaatlicher Leistungen zur Folge: Die Arbeitslosigkeit löste einen umfangreichen Katalog gesetzlicher Maßnahmen aus; sie sind im Umkreis des Arbeitsförderungsgesetzes zu finden.

Dreierlei fällt an diesem Beispiel auf. Zum einen ist die Verantwortung für die Beseitigung der Folgen einer ökonomischen Krise dem Staat übertragen. Zum zweiten fand mit den staatlichen Leistungsangeboten für Arbeitslose in Wahrheit die Internalisierung der Krisenfolgen bei den Arbeitnehmern, also bei den Betroffenen statt, weil die Finanzierung wesentlich von der Risikogemeinschaft der Arbeitslosenversicherung getragen werden muß[11]; und drittens konnten die wohlgemeinten, schon vor einem Jahrzehnt in Kraft getretenen Maßnahmen allenfalls höhere Zuwachsraten der strukturell bedingten Arbeitslosigkeit verhindern. Im Jahr 1975 wurde wegen der geringen Effektivität der angebotenen Leistungen und wegen erheblicher Finanzierungslücken ein Teil des Angebots – bemerkenswerterweise unter dem Namen Haushaltsstrukturgesetz – wieder zu-

9 Zur Jugendarbeitslosigkeit vgl. H.C. Harten: Jugendarbeitslosigkeit in der EG, in: Das Parlament, Beiheft Politik und Zeitgeschehen 28/1978.

10 Die praktische Folgen für die Bildungspolitik erörtert U.K. Preuß in: Bildung und Herrschaft (Frankfurt/M. 1975), S. 74 f.

11 Dies setzen die entsprechenden Leistungsangebote nach dem Arbeitsförderungsgesetz voraus (vgl. §§ 100 f).

rückgenommen. Aus der Retrospektive gewinnt man den Eindruck, als sei diese Entwicklung wegen einer systemtypischen Beziehung zwischen Recht und Ökonomie vorgezeichnet gewesen. Die Maßnahmen zur beruflichen Fortbildung, Umschulung oder Arbeitsplatzbeschaffung wirken, wie der Begriff der Arbeits*markt*politik trefflich signalisiert, offenbar allein auf die Marktfähigkeit der Arbeitskräfte, mithin auf deren Warencharakter ein. Das hieße, daß sie keinen Einfluß auf die Aktualisierung ihres Gebrauchswerts hätten. Wenn, wie zuletzt in der Druckindustrie, wegen technologischer Dequalifizierung von Arbeitskräften umgeschult wird, dann kann diese Maßnahme zwar die Marktfähigkeit der Arbeitskräfte erhöhen, nicht aber sicherstellen, daß die Betroffenen tatsächlich wieder Arbeit finden. Die Frage, ob sich die an die Umschulung geknüpften Hoffnungen erfüllen, entscheidet sich nicht nach dem Willen des Gesetzgebers, sondern nach den ökonomischen Überlegungen in den Unternehmen. Die ökonomische Reichweite der staatlichen Arbeitsmarktpolitik scheint auf undurchsichtige Weise mit den Wirkungsgrenzen ihrer Rechtsmittel verkoppelt zu sein.
Die genannten Beispiele sind dem gegenwärtigen rechts- und sozialpolitischen Alltag entnommen. Ihre rechtsstaatliche Normalität scheint ein latentes Mißverhältnis zu verdecken: Hinter den rechtsstaatlichen Prinzipien versteckt sich eine zwiespältige Beziehung, insofern das bürgerliche Recht als Mittel reklamiert wird, auf defizitäre Entwicklungen der Gesellschaft zu reagieren, zugleich aber mangels entsprechender Reichweite von den ökonomischen Entscheidungprozessen entkoppelt ist. Die Inkongruenz zwischen gesellschaftlicher Anerkennung und materieller Wirksamkeit steht in einem merkwürdigen Kontrast zu dem inhaltlichen Anspruch der bürgerlichen Gesellschaft, mit ihrer rechtsstaatlichen Ordnung Freiheit und Gleichheit als allgemeine Prinzipien zu verwirklichen. Ist die historische Mission des bürgerlichen Rechts im 19. Jahrhundert mittlerweile einer restaurativen Funktion gewichen? Erfährt die spätkapitalistische Industriegesellschaft das bürgerliche Recht nur mehr als Hemmschuh für ihre Produktivkraftentfaltung? Gibt es gute Gründe dafür, daß Gesellschaft und Staat immer noch ungebrochen am bürgerlichen Recht festhalten?
Ich schlage vor, zur Verständigung über diese und ähnliche Fragen auf den letzten umfassenden Entwurf des bürgerlichen Rechts, auf Hegels Rechtsphilosophie zurückzugehen und vor diesem Hintergrund gegenwärtige Erfahrungen mit dem modernen Rechtsstaat zu diskutieren. Es geht mir dabei nicht um Wiederaneignung im Sinne einer Rekonstrukion von Hegels Theorie des bürgerlichen Rechts. Vielmehr kommt es darauf an, aus Hegels Darstellung Implikationen herauszuarbeiten und strukturelle Momente zu benennen, die über sein historisches Selbstverständnis hinausweisen und aus der Logik des Rechts neuere Entwicklungen erklären helfen.
Hegels Rechtsphilosophie bietet sich für ein solches Unternehmen aus mehreren Gründen an. Zunächst sei daran erinnert, daß sie der Zeit gesellschaftlicher Neuordnung zugehört, die »dem Bürgertum als nicht erschöpftes Machtpotential« (E. Forsthoff) Rechnung tragen mußte. Die vom Bürgertum des 19. Jahrhun-

derts forcierte kapitalmäßige Entfaltung der Produktivkräfte erzwang gesellschaftliche Verkehrsformen, die autonome wirtschaftliche Betätigungen frei von staatlicher Lenkung zur Bedingung machten. Die gegenüber dem Feudalsystem neugeordnete Beziehung zwischen bürgerlicher Gesellschaft und Staat prägt die heute noch verbindlichen Rechtsprinzipien. Historisch greifbarer Ausdruck der Neuordnung waren in Deutschland die preußischen Reformen Anfang des 19. Jahrhunderts; sie sicherten mit der Bauernbefreiung, der Gewerbefreiheit und der Selbstverwaltung der Städte die Expansionsbedingungen für die industrielle Entwicklung. Hegels Rechtsphilosophie stellte sich dieser Entwicklung. Er nahm den Anspruch des bürgerlichen Rechts ernst, erstmals Freiheit und Gleichheit für alle Gesellschaftsmitglieder zu garantieren; und dies gerade angesichts der Tatsache, daß die ökonomische Entwicklung – auch von Hegel gesehene – widersprüchliche Erfahrungen lieferte. Indem Hegel die Wirkungsgrenzen dieses Anspruchs für das Gesamtsystem des Rechts, für das Privatrecht gleichermaßen wie für das Recht der bürgerlichen Gesellschaft und die rechtsstaatliche Verfassung, auslotete, mußte er die Logik des bürgerlichen Rechts der Sache nach also immer auch in Beziehung zu den ökonomischen Produktionsformen setzen. Karl Marx griff im Rahmen seiner ersten Analysen zur politischen Ökonomie auf diese von Hegel vorbereitete Frage zurück.[12] Ihm gelang es auch, eine bis heute politisch höchst wirksame Diskussion in Gang zu bringen, in der es um die Legitimationsdefizite der bürgerlichen Gesellschaftsordnung geht. Demgegenüber gab es kaum ernst zu nehmende Versuche, aus der Logik des bürgerlichen Rechts Gründe zu finden, die dessen Unfähigkeit im Umgang mit der Macht und Ohnmacht in unserer kapitalistisch organisierten gesellschaftlichen Reproduktion hätten verständlich machen können.

Ich möchte auch aus methodischen Gründen an Hegels Rechtsphilosophie anknüpfen. Ihre dialektisch genannte Darstellungsweise fordert dazu auf, sie mit ihrem eigenen Verfahren zu konfrontieren: Hegels Theorie des bürgerlichen Rechts muß verständlich machen können, inwiefern ihre Darstellungsmethode Erfahrungen und Strukturen in den Blick rückt, die sie gar nicht ausdrücklich thematisieren darf, sondern die hinter ihrem Rücken wirken. Dazu gehören insbesondere die dem Rechtsprinzip widerstreitenden Erfahrungen, die im Bereich der materiellen Produktion auf soziale Ungleichheit, Macht und Ohnmacht hindeuten. Ich lese Hegels Theorie demgemäß als Theorie der immanenten Grenzen der Herrschaft des bürgerlichen Rechts. Sein Totalitätsanspruch scheint von Bedingungen abzuhängen. Mir geht es also nicht um die blauäugige Beschwörung liberal-staatlicher Rechtsprinzipien; solche Interpretationen verdecken Hegels Pointe der Kritik, anstatt sie fruchtbar zu machen. Ich möchte vielmehr herausfinden, ob das bürgerliche Recht von der modernen gesellschaftlichen und ökonomischen Entwicklung überholt ist, bzw. warum es als politisches Steuerungs-

12 So in dem zweiten Manuskript von 1844 über »Das Verhältnis des Eigentums« (MEW Erg. Bd. 1, S. 523 f) und in seiner Kritik des Hegelschen Staatsrechts (MEW Bd. 1, S. 203 f.).

mittel nach wie vor attraktiv erscheint, obwohl ihm die politisch-ökonomische Wirklichkeit aus den Händen zu entgleiten droht. Hegels Rechtsphilosophie bildet die Folie, auf der sich die wichtigen Veränderungen im Gesellschaftlichen und Staatlichen einschätzen und ins politische Kalkül aufnehmen lassen. Die »Funktionsmodi des bürgerlichen Rechts in der Massengesellschaft«, von denen zuletzt U. K. Preuß handelte[13], müssen sich aus der Logik seiner Vernunft erkennen lassen.

13 U.K. Preuß: Politische Ordnungskonzepte für die Massengesellschaft, in: J. Habermas (Hrsg.): Stichworte zur geistigen Situation der Zeit (Frankfurt/M. 1979), 1.Bd., S. 34o f.

Teil I:
Der Begriff des bürgerlichen Rechts im Kontext Hegels

1. Die Sache des bürgerlichen Rechts

»Krieg den deutschen Zuständen! Allerdings! Sie stehen unter dem Niveau der Geschichte, sie sind unter aller Kritik, aber sie bleiben ein Gegenstand der Kritik, wie der Verbrecher, der unter dem Niveau der Humanität steht, ein Gegenstand des Scharfrichters bleibt. Mit ihnen im Kampf ist die Kritik keine Leidenschaft des Kopfes, sie ist der Kopf der Leidenschaft. Sie ist kein anatomisches Messer, sie ist eine Waffe.« Mit beißender Schärfe kündigte Karl Marx an, den Kampf gegen die gesellschaftlichen Zustände in Deutschland über die bloß theoretische Kritik hinauszuführen und sie in die Tat umzusetzen. Er verdankte diese Einsicht in das Ungenügen einer bloß theoretischen Kritik der politischen Szene seiner Auseinandersetzung mit der systematischen Darstellung der deutschen Zustände in Hegels Rechtsphilosophie. Sie, die als »deutsche Rechts- und Staatsphilosophie... die einzige mit der offiziellen modernen Gegenwart al pari stehende deutsche Geschichte« sei, könne nur aufgehoben werden, wenn sie praktisch werde; erst dann sei sie beides, »sowohl die kritische Analyse des modernen Staates und der mit ihm zusammenhängenden Wirklichkeit als auch die entschiedene Verneinung der ganzen bisherigen Weise des deutschen politischen und rechtlichen Bewußtseins, dessen vornehmster, universellster, zur Wissenschaft erhobener Ausdruck eben die spekulative Rechtsphilosophie ist«.
Der Umstand, daß Marx gerade aus Hegels Rechtsphilosophie erste Einsichten in die methodische Verfassung seiner eigenen Kritik der politischen Ökonomie gewann, gibt Aufschluß über die Darstellungsweise der Hegelschen Rechtsphilosophie und die Verfassung ihres Gegenstandes, den bürgerlichen Rechtsbegriff. Wollte Marx zu den wirklichen gesellschaftlichen Verhältnissen vorstoßen, indem er Hegels Rechtsphilosophie „aufhob" und aus ihr praktisch-politische Forderungen ableitete, dann setzte er ein folgenreiches Eingeständnis voraus. Er griff die Hegelsche Theorie des bürgerlichen Rechts auf, weil sie in seinen Augen methodisch konsequent die abstrakten Sozialbeziehungen auf der Grundlage materieller Machtverhältnisse in der bürgerlichen Gesellschaft und ihrem Staat rekonstruierte. Marxens Kritik rechnete mit der kritischen Potenz der Hegelschen Theorie; deshalb sah er in ihr Ansatzpunkte für das hinter ihr Verborgene, das zur Sprache zu bringen sei. Beide, Hegels Logik der Herrschaft des bürgerlichen Rechtsbegriffs und Marxens Kritik der politischen Ökonomie als materiell verankerte Macht, müssen sich aufeinander beziehen, obwohl sie sich nach Marxens Einschätzung in einer bestimmten Hinsicht ausschließen. Marx hielt dieses doppelbödige Verhältnis der Logik des bürgerlichen Rechtsbegriffs zur Methode der Kritik der politischen Ökonomie auch den radikal-politischen Weltverbesserern seiner Zeit entgegen, die glaubten, »jene Negation dadurch zu vollbringen, daß sie der Philosophie den Rücken kehren und abgewandten Hauptes – einige

ärgerliche Phrasen über sie hermurmeln«. Er machte die zwiespältige Beziehung zwischen politischer Ökonomie und bürgerlichem Recht allerdings nicht eigens zum Thema; denn er glaubte zu Recht, dies nicht zu dürfen, weil sein Programm der Konstitutionsanalyse materiell begründeter Herrschaft verpflichtet ist. Er mußte sich konsequenterweise auf den Standpunkt des herrschenden Subjekts, des Kapitals einlassen und konnte sich nicht zugleich dem Standpunkt des bürgerlichen Rechts verpflichten. Diese Einschätzung drängt einen wichtigen methodischen Sachverhalt auf: Marx' Analyseansatz verfügt offenbar nicht über die Kategorien, die die Vernunft oder Unvernunft des bürgerlichen Rechts aufdecken könnten, obwohl seine Kritik der politischen Ökonomie doch mit dessen Abstraktionsformen rechnet; schon sein frühes Manuskript über das Verhältnis des Eigentums verrät dies. Hegels Rekonstruktion des bürgerlichen Rechtsbegriffs ihrerseits durfte sich nicht auf materiell konstituierte Machtverhältnisse einlassen, um ihren Standpunkt der Logik der Vernunft des Rechts nicht zu sprengen. Gleichwohl thematisiert auch sie Macht, wenn sie von sozialen Anerkennungsbeziehungen, von Freiheit und Gleichheit redet.

Aus dieser Sachlage lassen sich zwei mögliche Schlüsse ziehen: entweder das Marxsche und das Hegelsche Programm verhalten sich widersprüchlich zueinander, was hieße, daß sie auf denselben Sachverhalt aus zwei entgegengesetzten, einander ausschließenden Perspektiven abzielen; dann bliebe unverständlich, warum sie für den Verzicht auf die je andere Perspektive keine Gründe angeben. Oder – das ist mein Interpretationsvorschlag – das Marxsche Programm arbeitet die kritische Pointe aus, die in Hegels Rechtsphilosophie methodisch vorgezeichnet ist. Die Theorie des bürgerlichen Rechts implizierte dann den Marxschen Standpunkt und wäre insofern dialektisch zu nennen. Hegel hätte auf noch anzugebende Weise die Kritik der politischen Ökonomie zugleich ausgeschlossen und eingebunden. Gemäß diesem Interpretationsvorschlag machte Marx nur jene metaphysikkritische Seite der Hegelschen Rechtsphilosophie geltend, die M. Theunissen zwar der Hegelschen Logik, nicht aber der Rechtsphilosophie zubilligt[14] und die Hegel selbst nicht ausdrücklich formulieren konnte – ein Mangel, der zu Lasten des Begriffs »Dialektik« geht und der die Aktualisierung der Hegelschen Rechtsphilosophie für die moderne Entwicklung bürgerlicher Rechtsstaatlichkeit bislang verhindert hat.

Die Kritik der politischen Ökonomie ist auf den Standpunkt des Kapitals als herrschender Macht verpflichtet. Die vorliegenden Interpretationen der Kapitalanalyse lehren uns, wie die das gesamte gesellschaftliche Leben überziehende Struktur des Kapitals spezifische gesellschaftliche Verkehrsformen ausbildet, um ihre objektive, weil objektivierende Herrschaft durchsetzen und erhalten zu können. Daß die Analyse der Kapitalherrschaft sich durchgängig auf die Herrschafts- und Anerkennungsverhältnisse der Hegelschen Logik des Begriffs zurückbesinnt, gehört zu den unverzichtbaren Einsichten, die das Verständnis der

14 Ders.: Sein und Schein – die kritische Funktion der Hegelschen Logik (Frankfurt/M. 1979), S. 474.

Marxschen Gesellschaftskritik vorantrieben.[15] Ihnen ist gemeinsam, daß die Hegelsche Kategorienanalyse und ihre methodische Verfassung auch Entscheidendes zu jenen gesellschaftlichen Verkehrsformen zu sagen haben, die die Herrschaft des Kapitalverhältnisses und ihre sich notwendig ausweitenden Unterdrückungsmechanismen sichern. Nicht von ungefähr fällt die Herrschaft des Kapitals auch historisch mit dem Herrschaftsanspruch des bürgerlichen Rechts zusammen. Verrechtlichte Verkehrsformen gehören zur Ausstattung kapitalistisch organisierter Gesellschaften; ein Sachverhalt, auf den schon Max Webers Analyse legaler Herrschaft ausdrücklich hinwies.

Ich schlage vor, das sachliche Zentrum, in dem sich die Kritik der politischen Ökonomie und die Kritik des bürgerlichen Rechts treffen, vorläufig als Analyse von Herrschaft zu umschreiben. Die Analyse des Kapitalverhältnisses und die Analyse des bürgerlichen Rechts sind auf dem Boden der kategorialen Rekonstruktionen bei Hegel wie bei Marx als Untersuchung über Erhaltung, Sicherung und Krise gesellschaftlicher Machtverhältnisse zu verstehen.

Ist für die Marxsche Ökonomiekritik der Zusammenhang zwischen konstruktiver Darstellung und Kritik konstitutiv, so ging diese Frage bis zur Gegenwart an der Hegelschen Rechtsphilosophie vorbei, ja ist geradezu tabuisiert. Das gilt auch für Überlegungen, die in jüngster Zeit zur Dialektik des bürgerlichen Rechts angestellt wurden. Jenseits einer immanenten Analyse wenden sie gegen Hegel den modischen Vorwurf des Idealismus und entziehen sich dadurch selbst den Boden für eine Argumentation, die von Hegel ausgehend das Problem des bürgerlichen Rechts als ein Problem der Herrschafts- und Anerkennungskonkurrenzen entwickeln könnte. Dieser Mangel hat Folgen. Das gilt etwa auch für Burkhard Tuschlings ausführlichen Versuch, die Korrespondenz der Kapitalherrschaft mit den geltenden bürgerlichen Rechtsformen herauszuarbeiten. Daß er dabei nicht die darstellungsmethodischen Voraussetzungen seiner Analyse reflektiert, rächt sich.[16] Er kommt zu der These, das bürgerliche Recht müsse über die gesellschaftliche Synthesis durch den Warentausch hinaus wirksam sein, sofern es ernstlich Allgemeingültigkeit beanspruche. Seine Reichweite sei vollständig erst vor dem Hintergrund des kapitalmäßigen Produktionsprozesses zu ermessen. Tuschling will damit die Fragestellung auch für gegenwärtig brisante Kontroversen über das Verhältnis zwischen Recht, Gesellschaft und Staat öffnen: »Der Staat realisiert durch die Erfüllung seiner Formalzwecke (die Rechtsordnung) und in systematischer Verbindung mit ihr auch seinen materiellen Zweck – die Sicherung eines ganz bestimmten Akkumulationsprozesses in konkreten Proportionen und den dadurch bedingten Produktions- und Klassenbeziehungen der in seinem Bereich lebenden Menschen«. Was zur Folge habe, »daß er sie (die konkreten Verhältnisse) durch Einsatz seiner Zwangsmittel als Resultate des gesellschaftlichen Produktionsprozesses sanktioniert und insoweit

15 Ich nenne hier nur H. Reichelt, H. J. Krahl, F. Fulda und M. Theunissen
16 In: Rechtsform und Produktionsverhältnisse (Frankfurt/M. 1976), insbesondere S.94/104.

auch aktiv mitgestaltet«. Tuschlings auf der Rationalität des Kapitalprozesses gründende Diagnose folgt ausschließlich der Logik des Kapitals, ohne an die ambivalente Beziehung der Rationalität des Rechts und der Ökonomie einen Gedanken zu verschwenden. Sein Vorgehen entgeht deshalb nicht der Gefahr einer bloß monokausalen Erklärung des Rechtssystems, ja es provoziert diese geradezu: »Der Grund der Objektivität des Rechts ist, wie oben entwickelt, die Tatsache, daß es die notwendige Form der Totalität kapitalistisch organisierter Vergesellschaftung der Individuen ist«. Die kapitalistische Form der Vergesellschaftung wird so unter der Hand zu transzendentalen Bedingung der Theorie des Rechts der bürgerlichen Gesellschaft. Diese These ist nicht entscheidbar, solange die Logik der Macht in der Logik des bürgerlichen Rechts nicht begriffen ist. Deshalb kommt es mir darauf an, die Weise, wie das bürgerliche Recht mit der Herrschaftsfrage umgeht, verständlich zu machen. Wie, wenn überhaupt, ist die Macht des Rechts in der Herrschaft des Kapitalprozesses verankert?

Meine Interessen an dieser Frage richten sich zwar auch, aber nicht primär auf den historischen Stand des bürgerlichen Rechts und des Staates bei Hegel und Marx. Indem ich beide ins Spiel bringe, möchte ich vielmehr nach Gründen für aktuelle Entwicklungstendenzen unserer Gesellschaft suchen: Das Kapital, das sich gleichsam naturwüchsig zum gesellschaftlichen Über-Ich macht, die drastisch ausgeweitete Verrechtlichung der Sozialbeziehungen, der vom Staat besetzte soziale Dienstleistungssektor und die strukturell verankerte Gewalt, die von der staatlichen Bürokratie ausgeht, diese Erfahrungen rücken die Rechtsstaatlichkeit immer stärker in den Blick und ins Zwielicht. Brisant sind nicht die sektoralen Krisen der Macht des Rechts, z. B. in einigen Fällen der Grundrechtsausgestaltung. Diese scheinen allenfalls symptomatisch zu sein. Bedrohlich ist der Widerspruch zwischen rechtsförmiger Vergesellschaftung und der durch sie hindurch wirksamen Totalisierung von Macht. Die brillante ideologische Verteidigung staatlicher Machtausübung über die Gesellschaft durch Carl Schmitt räumte schon früher und nicht zufällig dem Staat die Legitimation für strukturelle Gewaltausübung ein. In ihr zeichnete sich eine gesellschaftliche Synthesis ab, die als Synthesis zugleich die Anarchie der gesellschaftlichen Reproduktionsformen respektieren wollte. U. K. Preuß signalisiert dies in dem treffenden Vergleich, die Reglementierung der Gesellschaft habe »quasi-anstaltsförmige« Merkmale angenommen.[17] Unsere gegenwärtigen Erfahrungen lassen vermuten, daß der Konflikt zwischen rechtsstaatlicher Machtentfaltung und ökonomisch verankerter Herrschaft nicht zum Bruch führt, sondern je neue Anpassungsformen der konkurrierenden Rationalitätsprinzipien erzwingt. Genau an diesem Punkt ist die Frage nach der Macht des bürgerlichen Rechts angesiedelt.

Die Philosophie des bürgerlich-liberalen Rechts »begreift Freiheit als Idee des Rechts, nachdem Freiheit zum Begriff des Rechts und zum Gedanken der Zeit

---

17 In: Bildung und Herrschaft, a.a.O., S.7o.

geworden ist«.[18] Ob und wie Freiheit auch wirklich geworden sei, darauf steht die Antwort noch aus. Die Idee der Freiheit als Anerkennung und die wirklichen Herrschaftsverhältnisse gegenüber Sachen und Menschen markieren die widersprüchlichen Erfahrungs- und Bezugspunkte, zwischen denen die Wirkungsweise des bürgerlichen Rechts zu suchen ist. Wird das Recht mit wirklich gewordener Freiheit oder mit unnachsichtiger Ausbeutung der Menschen identifiziert, dann liegt in diesen Diagnosen immer nur die halbe Wahrheit, also Falsches. Der Blick auf die gegenwärtige Diskussion zur Rechtsphilosophie Hegels gibt keine Auskunft darüber, wie die eine oder die andere Identifikation zu vermeiden wäre. Neben dem Interesse an der philosophiegeschichtlichen Bedeutung und Wirkung dieses letzten umfassenden Entwurfs zum bürgerlichen Recht[19] geht man der Frage nach, wo die Rechtsphilosophie innerhalb des Systems der Philosophie Hegels anzusiedeln sei.[20] Von einer Antwort erhofft man sich Aufschluß über die dialektische Gestalt der Wirklichkeit. Die Interpreten der Rechtsphilosophie sperrten sich bislang jenem Zusammenhang von logisch-systematischer Darstellung und Gesellschaftskritik, der seit längerer Zeit das Interesse auf Hegels Logik lenkte. Auf die Logik konnte für eine kritische Gesellschaftsanalyse nicht verzichtet werden. Die Theorie des bürgerlichen Rechts hat sich diesem Problem bisher nicht gestellt. Daß die rechtswissenschaftliche Forschung diese Diskussion ausblendet, erklärt sich aus ihrer verkürzten Sicht: Solange sie sich auf positiv rechtliche Aspekte bei Hegel beschränkt, bleibt sie der Konstitutionsproblematik des bürgerlichen Rechts und dessen Verhältnis zur ökonomischen Basis gegenüber gleichgültig.[21] Mithin sind auch die in sie eingehenden Herrschafts- und Anerkennungsverhältnisse tabu. Ohne jedoch die Spannung zwischen der logisch systematischen Darstellung des Rechtsbegriffs und den wirklichen Gestalten des Rechts thematisch zu machen, ist die Konstitutionsfrage nicht zu diskutieren. Da Hegel auch für die Theorie des bürgerlichen Rechts auf die Logik des Begriffs zurückgreift, rückt er diese Spannung ins Zentrum.

Hegels Rechtsphilosophie ist – so meine These – als Versuch zu lesen, das Recht seiner Zeit systematisch, und das heißt für ihn: dem Begriffe gemäß darzustellen. Die objektive Logik des Begriffs rekonstruiere die Wirklichkeit und lege ihre wesentlichen Wirkungsprinzipien frei. Sein Programm, den bürgerlichen Rechtsbegriff mit der »Vernünftigkeit« des wirklichen Rechts zu konfrontieren, muß sich den wirklichen Herrschaftsformen stellen. Es verlangt, die Freiheits- und Anerkennungsidee des Rechts einerseits und die objektiven gesellschaftlichen Machtstrukturen andererseits aufeinander zu beziehen und diesen Sachverhalt zu interpretieren. Die Logik des Rechts schält sich nur aus dieser Erfahrung heraus.

---

18 So J. Ritter in: Metaphysik und Politik (Frankfurt/M 1969), S. 259.

19 Dieses Interesse vertreten vor allem J. Ritter, K.H. Ilting und M. Riedel.

20 Vgl. hierzu die Beiträge von Autoren wie F. Fulda, H. Schnädelbach und A. Wildt.

21 U.a. P. Landau: Hegels Begründung des Vertragsrechts, in: Archiv für Rechts- und Sozialphilosophie Bd. 59, 1973. Dasselbe gilt, wenn auch aus anderen Gründen, für die Beiträge von O. Weinberger und A. Podlech im Jahrbuch für Rechtssoziologie und Rechtstheorie, Bd. 2 (Düsseldorf 1972).

Es sei zu hoffen, über die Hegelsche Logik, »ihr Ziel und ihren Weg Wesentliches zu erfahren, wenn man sie unter dem Aspekt der Einheit von Darstellung und Kritik betrachtet«. M. Theunissens Interpretation gründet auf der geschichtsphilosophischen Behauptung, Hegel sehe den entscheidenden Angriffspunkt der Logik in der ihr vorausgelegenen Tradition metaphysischen Denkens. Sie lasse sich nur angemessen entschlüsseln, wenn berücksichtigt werde, daß sie »nach der methodischen Idee, die ihr zugrunde liegt, Einheit von Kritik und Darstellung der Metaphysik« sei. Theunissens mit viel Akribie und Scharfsinn ausgearbeitete These überzeugt für die Wissenschaft der Logik.[22] Ob sie auch für die Rechtsphilosophie beansprucht werden kann, ist offen. Ihre Gültigkeit auch für die Rechtsphilosophie liegt einerseits nahe, weil Hegel die Analyse des bürgerlichen Rechts mit den methodischen Mitteln und dem Begriffsinventar der Logik bestreitet, also auf die immanente Vernunft des Rechts hinaus will. Die Rechtsidee der Freiheit und das objektive bzw. positive Recht lassen sich jedoch nicht bruchlos ineinanderbilden. Allzu provokante Erfahrungen mit dem Alltag gesellschaftlicher Herrschaftsverhältnisse suggerieren dies. Sollte die Darstellung des bürgerlichen Rechts zugleich Kritik ermöglichen, dann müßte sie sich am Vernunftanspruch des Rechts begründen lassen. Wir müssen ausmachen, ob die Objektivität der Freiheitsidee des Rechts nur um den Preis untergründig wirksamer Widerspruchsstrukturen und Herrschaftsverhältnisse erkauft ist. Die wirkliche Verfaßtheit der bürgerlichen Gesellschaft und des Staates zögen dem Recht Geltungsgrenzen, mithin Grenzen der Durchsetzungsfähigkeit gesellschaftlicher Anerkennungsbeziehungen, die der konkurrierenden Machtentfaltung in der politischen Ökonomie Rechnung tragen. Nicht Gleichgültigkeit gegenüber, sondern die Bearbeitung wirklicher Machtstrukturen wäre das zentrale Anliegen der Theorie des bürgerlichen Rechts. Sofern sich dies als Thema herausstellt, gewinnt Hegels Theorie des bürgerlichen Rechts höchste Aktualität für das Verständnis des Genese und Wirkungsweise unserer gegenwärtigen Rechtsordnung. Ein erster Hinweis auf diese Fragestellung findet sich in Hegels einleitender Behauptung, daß »diese Abhandlung, insofern sie die Staatswissenschaft enthält, nichts anderes sein (soll) als der Versuch, den Staat als ein in sich Vernünftiges zu begreifen und darzustellen«. Zum einen komme es darauf an, die Institutionen und Funktionen des Staates als Rechtsstaat im Blick auf die Idee der Freiheit zu verstehen; zugleich verweist das »Begreifen und Darstellen« auf die angedeutete Spannung zwischen Anerkennung und Herrschaft: Dargestellt wird das wirkliche Recht, wenn es vom Standpunkt seiner normativen Vernunft, seiner Freiheit und Anerkennungsidee rekonstruiert ist; begriffen wird es, wenn in den gesellschaftlichen Verhältnissen die Grenzen wirklicher Freiheit sichtbar sind, wenn also herrschende Machtverhältnisse und deren Verankerung mit zum Thema gehören. Marxens als Vorwurf gemeinte These präzisiert diesen Gedanken: »Dies Begreifen besteht aber nicht, wie Hegel meint, darin, die Bestimmun-

22 Vgl. die ausführliche Analyse in: Sein und Schein, a.a.O.

gen des logischen Begriffs überall wiederzuerkennen, sondern die eigentümliche Logik des eigentümlichen Gegenstandes zu fassen«.

Um den Verdacht zu entkräften, ich zwänge mit der Frage nach dem Verhältnis zwischen Recht und Macht der Hegelschen Theorie einen ihr ganz fremden Horizont ab, liefere ich vorab einige Indizien aus Hegels Überlegungen in der Vorrede. Weil er dort auf einer systematischen Darstellung des Rechts insistiert, provoziert er die Frage, welche sozialen Beziehungen nicht mehr vom bürgerlichen Rechtsbegriff begriffen werden können, weil sie im Gang der Rekonstruktion aus systematischen Gründen unexplixiert bleiben müssen. Nur wer dieses ausschließende Verfahren, das die Machtfrage ausklammert, berücksichtigt, nimmt Hegels »dialektisches« Darstellungsverfahren auch ernst.

Hegels Diffamierung seines Gegners J. F. Fries hilft hier weiter: »Dies ist der Hauptsinn der Seichtigkeit, die Wissenschaft statt auf die Entwicklung des Gedankens und Begriffs, vielmehr auf die unmittelbare Wahrnehmung und die zufällige Einbildung zu stellen, ebenso die reiche Gliederung des Sittlichen in sich, welche der Staat ist, die Architektonik seiner Vernünftigkeit... diesen bebildeten Bau in den Brei des Herzens, der Freundschaft und Begeisterung zusammenfließen zu lassen«. Aus der offentsichtlichen Verachtung ist die These herauszuhören: Die Wissenschaft vom Recht sei mehr als bloß beschreibende Darstellung des Positiven. Um dies »mehr« geht es in der Theorie des Rechts. Sie stellt zwei Forderungen: der Anspruch des Rechts, Freiheits- und Anerkennungsbeziehungen durchsetzen zu wollen, ist orientierendes darstellungslogischen Prinzip; und dieser Anspruch ist solchermaßen normative Instanz, daß die »Architektonik« der Gesellschaft und des Staates sichtbar ist, für die dieser Rechtsbegriff gelten soll. Die Wissenschaft vom Recht diskutiert die Frage nach der Objektivität ihres Gegenstandes nicht nur als abstrakt-ideale Vernunftforderung; vielmehr konfrontiert sie diese Forderung mit den wirklichen Erfahrungen in Gesellschaft und Staat, die dem vom Recht geforderten Prinzip der Anerkennung reale Macht und Herrschaft entgegensetzen. Auch und besonders ließe sich so von der Philosophie des Rechts behaupten, sie sei »ihre Zeit in Gedanken gefaßt« (Vorrede).[23]

Die methodische Vorüberlegung Hegels in der Vorrede ist ein weiteres Indiz für meine These, die Rechtsphilosophie handele vom Thema der Macht und Ohnmacht des Rechts. Hegels methodisches Verfahren der Analyse kommt mit einer einzigen Voraussetzung aus, die systematischem Denken der Wirklichkeit vorausliege und die Verbindlichkeit für jede Analyse realer Verhältnisse beanspruche: »Was vernünftig ist, das ist wirklich; und was wirklich ist, das ist vernünftig. In dieser Überzeugung steht jedes unbefangene Bewußtsein, wie die Philosophie, und hiervon geht diese ebenso in Betrachtung des geistigen Universums aus, als des Natürlichen.« Diese schlichte Prämisse birgt Sprengkraft. Sie macht zum Prinzip, was auch für die Darstellung des bürgerlichen Rechts Folgen haben

23 Siehe R. Bubners Beitrag in: R. Bubner, C. Cramer, R. Wiehl (Hrsg.): Hermeneutik und Dialektrik, Festschrift für H.G. Gadamer (Tübingen 1970).

muß, indem sie die notwendige und zugleich hinreichende Bedingung für begriffliches Erkennen der Objektivität nennt. Das Denken unterstellt, daß in der objektiven Welt sich Vernunft durchsetze, so daß der Begriff diese nur als immanente Vernünftigkeit seines Gegenstandes zu identifizieren brauche. Die Analyse müsse sich auf den jeweiligen Gegenstand, auf die jeweilige Wirklichkeit einlassen; täte sie dies nicht, dann ginge sie entweder von einem abstrakten Vernunftideal oder von nur äußerlichen Erscheinungsformen der Wirklichkeit, »vom Scheine des Zeitlichen und Vorrübergehenden« aus. Die These ist weder Resultat der Überlegungen noch Arbeitshypothese. Sie ist für jede methodisch gesicherte, dialektisch zu nennende Darstellung des die Wirklichkeit rekonstruierenden Denkens vorausgesetzt. Erst mit dieser Überlegung gelingt es, die eigentümliche gegenläufige Darstellungsbewegung im Gang der Hegelschen Theorie des bürgerlichen Rechts aufzudecken und in ihr die Ambivalenz der Sache des Rechts ausfindig zu machen.

Der methodische Umgang mit der Frage der Konstitution des Rechts – die ja auf die Frage nach seiner Macht abzielt – läßt erwarten, daß der Gang der Analyse den inhaltlichen Anspruch nachzeichnet, dem das bürgerliche Recht verpflichtet ist. Die wirklichen Rechtsbeziehungen sollen soziale Anerkennung und Gleichheit der Rechtssubjekte durchsetzen. Das ist die dem bürgerlichen Recht übertragene historische Aufgabe. Wie sie zu lösen ist, entscheidet sich am Verhältnis des Rechts zu den der Gesellschaft innewohnenden materiellen Reproduktionsformen. Schon in den Instituten des bürgerlichen Privatrechts – Eigentum, Vertragsfreiheit, Unversehrtheit der Person – deutet sich eine doppelbödige Beziehung des Rechts zur materiellen Reproduktion der Gesellschaft an. Das Privatrecht ist unter dem Titel »das abstrakte Recht« eingeführt. Seine Institute als abstrakte zu bezeichnen signalisiert, daß ihre objektive Geltung die rechtsförmig durchsetzbaren Anerkennungsverhältnisse von der materiell begründeten gesellschaftlichen Machtverteilung löst. In allen weiteren Bestimmungen und Institutionen des Rechts wird dieser Abstraktionsprozeß vor dem Hintergrund der methodischen Voraussetzung – was Vernunft sei, das sei wirklich; was wirklich sei, das sei vernünftig – eine Rolle spielen müssen, um die Anerkennungsfrage im Blick behalten zu können. Hier scheint die Methodenfrage mit der Frage nach der Kritikfähigkeit der Rechtsphilosophie verknüpft zu sein. Die begriffliche Darstellung und die immanente »Vernunft« der dem objektiven Recht zugrundeliegenden gesellschaftlichen Machtverhältnisse sind die Grenzmarken, mit denen die Theorie der bürgerlichen Rechts rechnen muß, will sie nicht zur schlechten Ideologie verkommen. Sie provozieren die Frage nach der möglichen Durchsetzungskraft für wirkliche soziale Anerkennungsverhältnisse. Der sachliche Gehalt, der sich hinter der begrifflichen Darstellung geltend macht, implizierte dann eine kritische Pointe gegenüber dem objektiven Recht. Denn mit der Antwort auf die Frage, wie die Darstellungslogik mit gesellschaftlicher Macht umgeht und sie verarbeitet, zeichnet sie die Grenze der Wirkungsfähigkeit des Rechts ein.

Die logische Struktur des Rechtsbegriffs müsse den affirmativ methodischen Leitfaden der Darstellung bilden. Dies ist der Ausgangspunkt der methodischen Reflexion Hegels. Er hat Folgen im Umgang mit der Sache des Rechts, weil Hegels Darstellung nicht mehr hinter die inhaltliche Prämise des bürgerlichen Rechts zurückfallen darf. Ich möchte an dieser Stelle nur auf das der Theorie des Rechts vorausgesetzte Prinzip des freien Willens verweisen. Es könne nicht Aufgabe der Rechtsphilosophie sein, die Genese ihres normativen Prinzips zur Diskussion zu stellen, so Hegel, sondern es müsse von ihr gefordert werden, diesem Prinzip unbedingt zu folgen. Habe das bürgerliche Recht die Anerkennung des freien Willens zu seiner historisch wie systematisch ausgewiesenen Voraussetzung, so sei diese nur um den Preis des Rückfalls in vorbürgerliche Gesellschaftsordnungen zur Disposition zu stellen. Freies Handeln der Subjekte ist nach dem historischen Stand des bürgerlichen Rechts als Strukturprinzip der gesellschaftlichen Beziehungen spätestens mit dem Erfolg der bürgerlichen Revolutionen zur normativen Forderung gemacht. Der Sache nach versteckt sich dahinter auch Kritik an jeder Gestalt von Macht und Herrschaft. Daß diese Kritik in der Logik des bürgerlichen Rechtsbegriffs nur untergründig mitschwingt, liegt an dem affirmativen Schein, den die methodische Prämisse erzeugt. Mit ihm hängt offenbar die doppeldeutige Stellung des Rechts zur Rationalität der politischen Ökonomie zusammen. Hinter diesem Schein ist der kritische Impuls verdeckt. Die Reichweite und Wirksamkeit des bürgerlichen Rechts ist durch die Weise bestimmt, wie das Rechtssystem Herrschafts- und Machtausübung ökonomisch-materieller Provenienz verarbeitet. In ihr kündigt sich die Kraft am Herrschaftsanspruch des bürgerlichen Rechts an.
Wenn man danach sucht, wie die Darstellungsmethode der Rechtsphilosophie den affirmativen Schein und durch ihn die Kritik des Rechts mitsetzt, dann kommt man an einem paradox erscheinenden Sachverhalt nicht vorbei, den schon die Vorrede Hegels nahelegt. Die Prämisse des bürgerlichen Rechts, den freien Willen unbedingt durchzusetzen, ist normative Grundlage der Analyse. Aber zugleich soll sie auch im geltenden Recht, also im Resultat der Analyse wiederzufinden sein. Voraussetzung und Resultat der Darstellung fielen zusammen. Das hieße, daß die Darstellung von ihrer Voraussetzung geleitet und selbst nicht zu problematisieren wäre. Warum dann Hegels komplizierte und auf die Logik des Begriffs rekurrierende Analyse?
Es wäre überflüssig, sich mit diesem Darstellungsproblem auseinanderzusetzen, wenn das Rechtssystem dem freien Willen widerstandslos Geltung verschaffen könnte. Hinter des scheinbaren Kongruenz von Voraussetzung und Resultat scheint jedoch eine wirkliche Inkongruenz durch, deren »Verdrängung« sich dort widerspiegelt, wo die Grenzen der Herrschaft des Rechts objektive Gestalt annehmen. Um deren Aufklärung geht es in einer Analyse, der Fähigkeit zur Kritik an der Realität angesonnen werden darf. Die Pointe läge dort, wo die darstellungsmethodische Einkleidung allererst thematisieren kann, daß der vorausgesetzte Rechtsbegriff in Wahrheit die Geltung des freien Willens nur um den

Preis einer Abstraktion von den materiellen Substraten der Sozialbeziehungen sicherstellt.

Ich will dieses Darstellungsproblem an der fundamentalen Kategorie des bürgerlichen Rechts, der Rechtsperson, erläutern, weil sie affirmativ vorausgesetzt ist. Der Einzelne ist im historischen Stand der bürgerlichen Gesellschaft nur deren Mitglied, weil er Rechtssubjekt und nicht, wie in vorbürgerlichen Gesellschaftsordnungen, persönlichen Bindungen unterworfen ist. Das Rechtssubjekt als konkrete Gestalt des freien Willens ist Ausgangspunkt und Adressat des Rechts. Gegenüber allen historisch vorausgegangenen Stufen ist der Begriff der Rechtsperson notwendig mit der wechselseitigen Anerkennung aller Gesellschaftsmitglieder verkoppelt. Deshalb beginnt die Theorie des bürgerlichen Rechts konsequent damit, das Rechtssubjekt in seiner allgemeinsten Bestimmung zu betrachten: der Rechtsfähigkeit. Ihr müssen wir in allen sozialen Beziehungen wiederbegegnen, wenn das Recht seine Aufgabe soll erfüllen können. Mit dem Begriff der Rechtsperson anerkennt die Gesellschaft jedes Subjekt als freies. Der Begriff ist also nur sinnvoll, wenn mit ihm Anerkennungsbeziehungen zwischen den Gesellschaftsmitgliedern ins Spiel kommen. Er ist deshalb auch in allen rechtsförmigen Sozialbeziehungen Ausgangsbedingung für die selbständige Teilnahme an den gesellschaftlichen Verkehrsformen und für die Möglichkeit, sich jederzeit auf das Recht zu berufen: Im Zivilrecht, also auf der Ebene der Güterverteilung gilt dies gleichermaßen wie für das Strafrecht, das den Täter »als Rechtsperson ehrt«, für die Arbeitsverhältnisse oder für das öffentliche Recht, wo deshalb zunehmend von subjektiv öffentlichen Ansprüchen die Rede ist. Dementsprechend liegt die Rechtsfähigkeit als Fundamentalbestimmung allen gesetzlichen Regelungen voraus: »Die Rechtsfähigkeit des Menschen beginnt mit der Geburt« (§ 1 BGB). Dieses erste Statement des bürgerlichen Gesetzbuches knüpft sichtbar an dem natürlichen Lebensprozeß an, zeichnet also mit der Rechtsfähigkeit nicht nur die Bedingung gesellschaftlicher Teilhabe, sondern ebenso deren naturrechtlichen Charakter aus. Schon das Kind ist mit der Geburt unbesehen seiner objektiven Fähigkeit, selbständig zu handeln, möglicher Träger von Rechten: z. B. als Vertragspartner oder als Erbe – wobei die Rechtsfähigkeit deutlich von der Handlungsfähigkeit zu unterscheiden ist. Letztere kann durch gesetzliche Vertretung ersetzt werden.

Bei näherem Hinsehen verbirgt sich in der Rede von der rechtsfähigen Person eine Unklarheit bzw. Unbestimmtheit. Zwei Seiten klaffen tendenziell auseinander. Die formalrechtlich gesicherte Gleichbehandlung und die mögliche Ungleichheit hinsichtlich der materiell unterschiedlichen Belastungen mit Ansprüchen bzw. Verpflichtungen stehen gleichgültig nebeneinander. Zwar scheint mit der Rede von der Rechtsfähigkeit mögliche Ungleichbehandlung noch nicht durch, aber sie ist als Chance auch nicht ausgeschlossen, wenn sich erweisen sollte, daß formal abstrakte Prinzipien insofern abstrahieren, als sie von materieller Ungleichheit absehen. Dieses Problem wird uns erstmals im Eigentums- und Vertragsrecht beschäftigen. Denn die Interpretationen des »abstrakten oder for-

mellen Rechts«, das Hegel charakterisiert, sind gerade im Blick darauf interessant, inwiefern die Rechtsinstitute des Eigentums und des Vertrages ein abstrakt zu nennendes Verhältnis zur spezifischen Qualität der materiellen Welt – der Sachen, wie der neutrale juristische Begriff lautet – ausbilden.
Meinem Interpretationsvorschlag könnte entgegengehalten werden, Hegels Ansatz mit der logischen Struktur des bürgerlichen Rechtsbegriffs sei kein spezifisch historischer, also kein auf die konkrete Gestalt der bürgerlichen Gesellschaft eingegrenzter; denn der freie Wille als normative Prämisse gründe allein auf der logischen Deduktion des Rechts. Mir scheint, dieser Einwand übersähe, daß die bürgerliche Rechtsordnung historisch erstmals den freien Willen zur allgemeinen normativen Instanz der gesellschaftlichen Beziehungen und damit unterschiedslos für alle Gesellschaftsmitglieder verbindlich macht. Hegel kann allein deshalb das Recht unter dem Gesichtspunkt seiner doppelbödigen Abstraktheit für die bürgerliche Gesellschaft in die Diskussion bringen. Inwiefern er damit die Sozialbeziehungen auch wirklich umfassend in den Griff bekommt, geht aber erst aus einer Darstellungslogik hervor, die dem Recht die Macht zur umfassenden Verwirklichung seines Prinzips unterstellt – um erst vor diesem Hintergrund zu sehen, welche Erfahrungen in dieser Unterstellung nicht zu begreifen sind. Ohne die darstellungsmethodische Funktion des der bürgerlichen Gesellschaft spezifischen Rechtsbegriffs wäre die Hegelsche Pointe verfehlt; selbst wenn diese Pointe von Hegel nicht beabsichtigt war, so könnte die darstellungsmethodische Verfassung seiner Theorie sie doch freisetzen.
Da ich schon in den einleitenden Bemerkungen über den notwendigen Zusammenhang zwischen Darstellungsmethode und Kritik eine These zur impliziten Kritikfähigkeit der Hegelschen Theorie des bürgerlichen Rechts formulierte, muß ich diese These mit der Frage nach der Macht des Rechts verknüpfen: Wie verarbeitet die Strukturanalyse das Verhältnis des Rechts zu unseren Erfahrungen ökonomisch verankerter Macht und Unfreiheit?

2. Auf der Suche nach der verlorenen Sache

Das Recht soll in vollem Umfang seinem normativen Prinzip, d. h. der inhaltlichen Forderung nach Anerkennungsbeziehungen in der Gesellschaft Rechnung tragen. Zugleich bezieht es sich auf eine gesellschaftliche Wirklichkeit, die in ökonomisch gesicherten Machtstrukturen eine eigene Rationalität der Verdinglichung ausdifferenziert und die sich gegenüber allen Anerkennungsforderungen zu immunisieren versucht. Logisch gesehen haben wir es mit der Frage zu tun, ob sich das normative Prinzip des freien Willens, das dem Recht vorausliegt, in den herrschenden gesellschaftlichen Verkehrsformen bedingungslos wiederfinden läßt oder unter welchen Bedingungen dies möglich wird. Die Logik der Darstellung des Rechts müßte darüber Auskunft versprechen.
Wie aus der Diskussion um den Anfang der Hegelschen Logik erinnerlich, ist die Frage nach dem konstruktiven Status des logischen Anfangs einer Theorie, die »dialektisch« verfährt, negativ entschieden worden.[24] Die vorausgesetzten Bestimmungen erwiesen sich als negativ gefaßte Vermittlungskategorien: Unbestimmtheit, Un-mittelbarkeit. Als solche sind sie unfähig, die vorausgesetzte Vernunft des Begriffs schon am Anfang hinreichend zu explizieren, weil wir hier noch nicht über die wirklichen Vermittlungsbegriffe verfügen. In derselben Weise bleibt das Prinzip des Rechts am Anfang der Rechtsphilosophie noch unbestimmt und dunkel. Seine normative Forderung nach Anerkennung der Individuen als Rechtspersonen tritt als nur unmittelbares Rechtsgebot auf. Ob und wie es eingelöst werden kann, ist erst im Rahmen der Analyse der Rechtsinstitute von Gesellschaft und Staat zu entscheiden, weil erst dort sein wirkliches Verhältnis zur Rationalität ökonomisch generierter Macht und Verdinglichung expliziert ist. Das unmittelbare Rechtsangebot, die rechtsfähige Person in allen Sozialbeziehungen zu respektieren, müßte sich dabei in zwei Richtungen durchsetzen: In der Befreiung des Handelns aus der Abhängigkeit von der »Natur der Sache« und in der wechselseitigen Anerkennung der Personen als Subjekte. Die Vergesellschaftung der Personen über die Sache und die Versachlichung der gesellschaftlichen Beziehungen sind die beiden Momente, die im Person-Sache-Verhältnis als einem Rechtsverhältnis offenbar mitgesetzt sind. Hier muß ich zur Vermeidung von Mißverständnissen vorweg den Gebrauch der Begriffe klären. Wo immer im folgenden von Personen und Sachen geredet wird, geht es um rechtsfähige Kategorien, d. h. um den rechtsfähigen Status, der beiden in den je-

---

24 Die Beiträge von W. Wieland und R. Schulz-Seitz in: Wirklichkeit und Reflexion, Festschrift für W. Schulz (Pfullingen 1973) sowie D. Henrich in: Hegel im Kontext (Frankfurt/M. 1971).

weiligen Beziehungen zugewiesen ist. Daß damit alle nicht rechtlich qualifizierbaren Sachverhalte und Sozialbeziehungen aus dem Zugriff des Rechts herausfallen, wird uns noch Fragen aufgeben.

Objektive, also über die Sache als Objekt vermittelte Personenbeziehungen sind Grundlage und bilden die allgegenwärtige Struktur abstrakter Rechtsverhältnisse. Der Zugriff der Rechtsperson auf die Sache ist im absoluten Zueignungsrecht aller auf alle nicht rechtsförmig besetzten Sachen geschützt. Typische Beispiele sind die Privatrechtsinstitute der Aneignung – »Wer eine herrenlose bewegliche Sache in Eigenbesitz nimmt, erwirbt das Eigentum an der Sache« (§ 958 BGB) – und der Ersitzung (§ 937 BGB). Sie sind ursprüngliche, aber deshalb nur vordergründige Formen des Rechs, weil sie nur greifen, wo eine Sachbeziehung frei von Ansprüchen anderer Personen entstehen kann. Sie zeichnen sich durch zwei charakteristische Merkmale aus: Die Person bezieht sich ohne Vermittlung eines anderen Willens auf eine Sache, und sie begründet damit ein Recht auf diese Unvermitteltheit. Letzteres konkretisiert sich in den sogenannten Besitzwehransprüchen des Zivilrechts und ist bis heute erhalten geblieben. Deshalb ist das bürgerliche Recht konsequent in deren Bezeichnung als »Sachenrecht« (vgl. die §§ 854 f des bürgerlichen Gesetzbuches). In der schärfsten Variante gilt dieses Recht des Besitzers auch gegenüber dem Eigentümer an derselben Sache, sofern dieser ein Recht zum Besitz, mithin einen Teil seiner Rechtsposition als Eigentümer abgetreten hat. Man denke hier nur an den Fall des Vermieter/Mieter-Verhältnisses, in dem dem Mieter als Besitzer gegen den Vermieter als Eigentümer durchaus Schutzrechte zustehen.

Obwohl die Besitznahme dem freien Willen unmittelbar vergegenständlichte rechtsfähige Gestalt gibt, dürfen wir uns gemäß der Logik des Unmittelbarkeitsbegriffs von diesem äußerlichen Verhältnis nicht täuschen lassen. Der Besitz ist nämlich nur dadurch rechtlich qualifiziert, daß er als gegenständlicher *Wille* begriffen und respektiert wird. Rechtliche Bedeutung erhält er erst, sobald konkurrierende Besitz- und Eigentumsansprüche, also Willensverhältnisse ins Spiel kommen. Nur derjenige Besitzer wird sich sinnvollerweise auf sein Recht zum Besitz der Sache berufen, dem dies durch einen anderen streitig gemacht wird. Deshalb treibt das Recht des Besitzverhältnisses in Wahrheit über die vordergründige Sachherrschaft hinaus und lenkt den Blick auf die dahinter verdeckte Willensbeziehung. Durchsichtiger ist dieser Sachverhalt aus der Perspektive des Eigentumsverhältnisses, weil es die Nahtstelle zwischen Sachherrschafts- und Willensbeziehung bildet: An ihm konnte Marx deshalb die zentrale Bedeutung des Verhältnisbegriffs und dessen Verdinglichung in der Ware für die Kritik der politischen Ökonomie festmachen.[25] Der Übergang vom Besitz- zum Eigentumsverhältnis ist erst mit der Reflexion auf die dahinterliegenden Willensbeziehungen zwingend. Mit ihm kommt das Anerkennungsprinzip des bürgerlichen

25 Im Manuskript über »Das Verhältnis des Eigentums«, a.a.O.

Rechts ins Spiel, weil mit ihm auch die Unmittelbarkeit des sich auf die Sache beziehenden Willens erstmals durchbrochen wird.
Um die volle Bedeutung des Eigentumsverhältnisses in den Griff zu bekommen, lohnt es sich, einen kurzen Blick auf Hegels darstellungslogisches Verfahren zu werfen. Mit ihm entscheidet sich, wie die sachliche Beziehung des Besitzers in die rechtserhebliche, weil Willensbeziehungen thematisierende Struktur logisch eingebunden wird. Ist die Sache »als das Positive genommen« bloße Besitznahme, so ist sie »als das Negative« einfache Gebrauchsbeziehung. Anders gesagt: im Besitz der Sache liegt die – für das Recht irrelevante – Möglichkeit des eigenen Konsums derselben ebenso wie die für das Recht allein wichtige Willensbeziehung. Letztere ist ausgeschlossen, wo die Sache konsumiert ist. Deshalb charakterisiert Hegel den Besitz als Willensbeziehung positiv, als Konsumtion negativ. Der Sache nach leuchtet das auch ein: Das Brot oder den Apfel, die ich besitze und aufesse, sind dem Rechtsverkehr entzogen, d. h. können nicht mehr Objekt von Ansprüchen oder Vertragsverhandlungen sein. Das Recht verkehrt die positive Sachbeziehung im Konsum oder Eigengebrauch logisch in ein negatives Verhältnis des Willens zur Sache. Die negative Qualifikation bringt den freien Willen und dessen normativen Anspruch für das Recht allererst zum Vorschein; aber eben nur um den Preis – und das ist hier richtungweisend –, die sachliche Beziehung aus der Perspektive der Logik des Willens abwerten zu müssen. Vom Standpunkt des Rechts aus wird gleichgültig, »was und wieviel ich besitze«. Allein das Willensverhältnis ist wichtig. Hier wird die Frage nach der Qualität des Sache ausgegrenzt. Die Sache bleibt nur noch Vermittlungsinstanz, Mittel, um Willensbeziehungen sichtbar zu machen. Wo immer von der Sache und deren Gebrauchsfähigkeit die Rede sein wird, ist sie bloß negativer Bezugspunkt. Ihr »sachliches« Gewicht ist rechtsfähig nicht mehr zu fassen. Dementsprechend müssen wir herausfinden, was in der Konkretisierung des Rechts als eines Willensverhältnisses mit den Sachbeziehungen, was mit deren sachlichen Qualitäten geschieht. Sie scheinen darstellungslogisch in zweierlei Hinsicht aufgehoben, d.h. erledigt und erhalten zu werden: Als unmittelbare, im Rechtssinne unwichtige Beziehungen sind sie durchschaut; aber die Konkretisierung des Rechts bleibt auf sie als auf seine Genese angewiesen. Anders ausgedrückt: das dingliche Substrat ist entwertet, aber für die Genese der Willensbeziehungen hat es sich als unverzichtbar erwiesen. Am Eigentumsbegriff wird erst erkennbar, was aus dieser Verdrängung der dinglichen Beziehung für die Wirkungsweise des Rechts folgt. Dem Rekurs auf die logische Entfaltung der Herrschaft des freien Willens über die unmittelbare Sachherrschaft hinaus im Eigentum und schließlich in der Veräußerung der Sache korrespondiert ein merkwürdig gegenläufiger Prozeß. Hegel bezeichnet einerseits die unmittelbare Besitznahme, die volle Herrschaft über die Sache als »die höchst eingeschränkte«, den Gebrauch der Sache als »die Erscheinung und besondere Weise«, und die Entäußerung als den wesentlichen, weil vollständigen Ausdruck der Befreiung von der »Natur der Sache«. Scheint sich so aus der Perspektive der Willenstruktur das normative Prinzip des Rechts

durchsetzen zu können, wird aus der Perspektive der sachlich-gegenständlichen Bestimmung ein umgekehrter Prozeß sichtbar: Von der vollständigen Sachherrschaft in der unmittelbaren Besitznahme führt die Darstellung über die widersprüchliche Beziehung des Eigentums zur freiwilligen Aufgabe der Sache mit deren Entäußerung – und damit zur gleichgültigen Haltung des Rechts gegenüber der Sache, die der Beziehung zugrunde liegt. Schnittpunkt beider Hinsichten ist die Eigentumsbeziehung. Sie ist deshalb selbst doppelbödig. Neben die Gebrauchsfähigkeit des Sache und ihre besondere Eigenschaften, an denen sich konkrete Bedürfnisse entscheiden, tritt der Wert, der durch die Entäußerung, durch den Tausch gesetzt wird. In ihm ist vom Gebrauch abzusehen. Und doch bleibt der mögliche Gebrauch konstitutives Moment des Eigentums. Das räumt auch Hegel ein. Er weist ausdrücklich darauf hin, daß beide, Gebrauch und Wert zusammengenommen erst die vollständige Eigentumsbeziehung ausmachen: »Als voller Eigentümer der Sache bin ich es ebenso von ihrem Wert, als von dem Gebrauch derselben« (§ 63). Der Wert als Moment der Eigentumsbeziehung steht für die Möglichkeit, gleichgültig gegenüber der konkret-sinnlichen Qualität der Sache die Personen in ihrem rechtsförmigen Eigentümerstatus in den Mittelpunkt zu stellen: Der eine tritt *sein* Eigentumsrecht an der konkreten Sache an den Partner ab, um dafür eine Gegenleistung, nämlich wiederum *sein* Eigentumsrecht, allerdings an einer anderen Sache zu erhalten. Dies gilt auch für die Beziehung des Vertragspartners aus dessen Perspektive. Das »zugleich« von Gebrauch und Wert wird zum Spezifikum des Eigentums. Seiner logischen Struktur nach handelt es sich um die Einheit zweier sich ausschließender Momente. Es entspricht dem Verhältnis, das Hegel in der Logik unter der Extremform des Widerspruchs, unter dem widersprüchlichen Gegensatz abhandelt.[26] Ich kann als Eigentümer die Sache gebrauchen oder tauschen. Beides ist vom Eigentumsrecht gedeckt. Aber ich kann das Eigentum nur in der einen oder anderen Weise realisieren. Um im zuvor genannten Beispiel zu bleiben: gehört mir ein Apfel, so habe ich die Möglichkeit, ihn einzutauschen oder ihn aufzuessen. Beides zugleich sind Möglichkeiten, die mir das Eigentumsrecht einräumt. Beide kann ich aber nicht zugleich realisieren, da ich den getauschten Apfel nicht aufessen, den gegessenen Apfel nicht mehr tauschen kann. Offenbar müssen in den Rechtsbeziehungen die gegenständlichen denen zwischen Personen weichen. Diese Verdrängung der materiell- sinnlichen Qualitäten der Sache als logische Folge der Konkretisierung des Rechts markiert den Sachverhalt, der Hegel hier von der Abstraktheit des Rechts reden läßt.

Näher betrachtet haben wir hier nicht nur die widersprüchliche Bestimmung des Eigentums vor uns. Seine beiden konstitutiven Momente sind nämlich nur triftig zu begründen, wenn sie in den Kontext unterschiedlicher Bestimmungsebenen gerückt werden. Die Gebrauchsseite berücksichtigt die konkreten Eigenschaften

26 In: Wissenschaft der Logik, Bd.2 (Hrsg. von Lasson bei F. Meiner, Hamburg), S.41.

der Sache und das konkrete Bedürfnis ihres Eigentümers. Sie realisiert sich in der zufälligen Kongruenz beider. Die Wertbeziehung abstrahiert eben von dieser Gebrauchsseite, also von der Qualität der Sache für den Eigentümer. Die Abstraktheit der rechtsfähigen Bestimmung folgt aus der Negation des konkret-sinnlichen Moments, daraus, daß der Eigentümer sich nicht mehr von der am Objekt haftenden Qualität leiten läßt und ihr gegenüber gleichgültig ist. Redet das Recht vom freien Willen, dann kann es dies nur dort, wo die Sache gleichgültig geworden ist. Das normative Prinzip des Rechts wird nur objektiv, wenn es sich von seiner eigenen Genese, der Herrschaft über die Sache, lossagt. Darin liegt der tiefere Sinn des »zugleich« der sich ausschließenden Momente Gebrauch und Wert. Ihm verdankt sich die Gegenläufigkeit der Konkretisierung des Rechts einerseits und, Hand in Hand mit ihr, des Abstraktionsprozesses, den der gegenständliche Bezug zur Sache durchläuft.

Man hat Hegels Darstellung entgegengehalten, sie abstrahiere im Verhältnis der Gebrauchsqualität zum Wert der Sache gerade von der ökonomischen »Zelle« der bürgerlichen Verkehrsverhältnisse: von der Verdinglichung von Personenbeziehungen in der Ware. Damit gebe sie den entscheidenden Ansatz zur Kritik an diesen Verhältnissen leichtfertig aus der Hand. Dieser Einwand läßt nicht nur die analytische Verpflichtung der Darstellung auf das Rechtsprinzip außer acht. Wollen wir uns auf die Sache des bürgerlichen Rechts einlassen und aus dessen konsequenter Selbstdarstellung die Bedingungen seiner Objektivität entdecken, so müssen wir uns vollständig auf der Ebene seiner normativen Voraussetzungen halten – der behaupteten Herrschaft der Vernunft des freien Willens. Der Einwand übersieht darüber hinaus gerade die Pointe, die das Darstellungsverfahren offenlegen kann. Die Ökonomie des Warentausches gründet allein in der Unvernunft rechtsförmig nivellierter unterschiedlicher Gebrauchsqualitäten. Das bürgerliche Recht reflektiert auf sie zwar in seiner Genese, schließt sie aber aus, sobald das Recht konkret werden soll. Die Ökonomie des kapitalmäßigen Warentausches ist auf diese Nivellierung angewiesen, um die Machtentfaltung des Kapitals zu ermöglichen. Es muß sich noch zeigen, ob wir aufgrund dieser logisch-systematischen Rekonstruktion jenem Reduktionismus verfallen, der glaubt, in der Herrschaftsform des Rechts nur die realen ökonomischen Herrschaftsstrukturen wiederzufinden. Vorläufig zeichnet sich nur ein Sachverhalt ab: Die rechtsförmig ermöglichte Nivellierung der sachlichen Qualitäten scheint für die ökonomische Rationalität des Warentausches unverzichtbar zu sein – eine Einsicht, die sich mit der historischen Erfahrung deckt, wonach das bürgerliche Recht mit dem ökonomischen Expansionsdrang des Bürgertums einhergeht.

Der begriffslogischen Konkretion des freien Willens im Privatrecht folgt, um meine These zu wiederholen, die Abstraktion von den gegenständlichen Beziehungen. Sie sind zugunsten reiner Willensbeziehungen verdrängt. Daß dieser gegenläufige Darstellungsprozeß zunächst in der Eigentumsbeziehung seinen Schnittpunkt hat, zeichnet das Eigentum als fundamentales Rechtsinstitut und zugleich als ökonomische Kategorie aus. Ihre Stellung zueinander läßt sich von beiden Ebenen aus präzisieren. Das Eigentum steht deshalb auch in Marx' Analyse des Kapitalverhältnisses im Mittelpunkt: der Doppelung des Werts in Gebrauchs- und Tauschwert und der nur so möglichen Abstraktion von der menschlichen Arbeitskraft als Substrat des Eigentums. Hegel gründet den Wertbegriff in der logischen Struktur des freien Willens. Er kann deshalb nicht ökonomische Kategorie sein. Marx hat demgegenüber keine Logik der Rechtsverhältnisse, sondern die Logik ökonomisch gewachsener Herrschaftsformen entwickelt und deshalb den Wertbegriff zwangsläufig als ökonomische Kategorie eingrenzen müssen. Beide scheinen aber auseinander hervorzugehen bzw. aufeinander verwiesen zu sein.

Das Vertragsrecht bestätigt diesen Befund. In der Entäußerung, dem Akt, der zugleich Moment der Vertragsbeziehung ist, wird nicht nur die Sache aus der Hand gegeben, sondern ebensosehr der Wille zum Besitz von der Sache gelöst. Mit der entwerteten materiell-sinnlichen Beziehung, der an der Sache haftenden Qualität, wird der Wille autonom, weil er sich nun in der Beziehung auf einen anderen Willen auf sich selbst beziehen kann. Der Akt der Entäußerung mündet deshalb in eine reflexive Beziehung: in das Vertragsverhältnis. Von ihm gilt, so Hegel, es sei Resultat eines Prozesses, »in welchem der Widerspruch, daß ich für mich seiender, den anderen ausschließender Eigentümer insofern bin und bleibe, als ich in einem mit dem anderen identischer Wille aufhöre, Eigentümer zu sein, sich darstellt und vermittelt« (§ 72). Der besonderen Bedingung der Willensautonomie, diesem einschränkenden »insofern«, kommt Bedeutung zu. Wird im Vertragsrecht der dem Eigentümer anhaftende Widerspruch zwischen Gebrauch und Wert der Sache zur Entscheidung gebracht, dann muß, soll die ganze Rechtskonstruktion nicht platzen, auch der Weg zur Aufhebung des Widerspruchs vorgezeichnet sein, und dies allein mit Rücksicht auf das normative Willensprinzip. Hinweise hierfür finden wir etwa in den komplizierten Konstruktionen des Eigentümer-Besitzerverhältnisses, die aus den entsprechenden Bestimmungen des bürgerlichen Gesetzbuches von Rechtsprechung und Rechtslehre entwickelt wurden. Man kann hier über den Erfindungsreichtum der Juristen nur staunen. Zum Zwecke der Sicherung des Willensprinzips erfinden sie halsbrecherische Konstrukte, die in einem schlechten Sinne abstrakt, weil lebensfremd sind. Ich verweise hier nur auf die dogmatischen Probleme und die Stichworte wie Sicherungsübereignung und Durchgangseigentum.[27]

Das Eigentum, »nach der Seite, daß es ein Dasein als äußerliche Sache ist, ist für andere Äußerlichkeiten und im Zusammenhange dieser Notwendigkeit und Zufälligkeit. Aber als Dasein des Willens ist es als für anderes nur für den Willen einer anderen Person. Diese Beziehung von Willen auf Willen ist der eigentümliche und wahrhafte Boden, in welchem die Freiheit Dasein hat«. (§ 71) Die Ent-

27 Hierzu ausführlich R. Serick: Eigentumsvorbehalt und Sicherungsübereignung, 4 Bände (Heidelberg 197o) und H.G. Graf Lambsdorff: Handbuch des Eigentumsvorbehalts (Frankfurt/M. 1974), insbesondere S.48 f. mit Hinweisen auf die Rechtsprechung.

scheidung über den Widerspruch fällt hier. Was das Aufheben des Widerspruchs heißt, weist auf die entscheidende und für das bürgerliche Legalitätsprinzip charakteristische Schwäche hin. Aufgelöst – und das ist die erste Bedeutung – wird er, insofern nur mehr Willensübereinstimmung nötig ist, hinsichtlich der Gebrauchsseite der Sache also keine Äquivalenzen vorliegen müssen oder gar vom Recht eingeklagt werden könnten. Erhalten bleibt er – das ist die zweite Bedeutung des Aufhebens –, weil die Willensvermittlung die konkret-sinnliche Sachbeziehung aus sich freisetzt, dem Zugriff rechtsförmiger Regelung entzieht und der Rationalität der »Natur der Sache« überläßt. Das Recht reflektiert nicht mehr jenes für den Eigentumsbegriff noch als konstitutiv behauptete Gebrauchsmoment. Spätestens in der vertraglichen Willensbeziehung ist die Gebrauchsseite äußerlich, zufällig geworden. Damit nimmt der Widerspruch des Eigentums eine radikalisierte Gestalt an: Er ist zu dem umfassenden zwischen der Vernunft des Rechts und der der materiellen Reproduktionsformen geworden. Aus dem Recht ausverlagert, konfrontiert er die rechtsförmigen Besitz- und Eigentumsverhältnisse mit den von ihnen freigesetzten, der rechtlichen Äquivalenzforderung entzogenen und materiell begründeten Herrschaftsformen. Das bedeutet, daß der »eigentümliche« Widerspruch auf erweiterter Stufenleiter fortwirkt, ohne daß er rechtsförmig bearbeitet werden könnte. Der Prozeß der Autonomisierung des Rechts ist solchermaßen Bedingung dafür, daß qualitativ Heterogenes äquivalenzfähig gemacht werden könnte. Denn die Frage der Äquivalenz im Vertragsverhältnis ist allein auf die beteiligten Personen, nicht jedoch auf die Objekte des Vertrages bezogen. Weil sich dies so verhält, bildet die Verfügungsmacht über qualitativ Heterogenes auch unterschiedliche, an das dingliche Substrat gekoppelte Macht aus: die über Sachen und über Menschen, sofern letztere verdinglichte Gestalt annehmen. Dieser Tatbestand ermöglicht es, in den vertraglichen Beziehungen nicht zwischen Sachen und Personen differenzieren zu müssen. Ob materielle Produkte und menschliche Arbeitskraft, zwei qualitativ höchst unterschiedliche Substrate, miteinander ins Verhältnis gesetzt sind, läßt das Vertragsverhältnis gleichgültig. Das erklärt auch, warum die Privatrechtsinstitute keine Möglichkeit haben, auf die kapitalistische Reproduktionsform der bürgerlichen Gesellschaft einzuwirken.

Wir können dies auch als Gefährdungstatbestand formulieren. Werden im Vertrag die einander ausschließenden Eigentümer zusammengeschlossen, so ist die auf der Willensebene hergestellte Einheit durch die aus der Rechtsstruktur freigesetzte Dynamik von verdinglicher Herrschaft in ihrem Bestand gefährdet. Herrschaft über Sachen und die über Personen können in den rechtsförmigen Beziehungen nicht mehr unterschieden werden. Weil auf diese Weise die autonome Willensbildung trotz der unterschiedlichen sachlichen Interessen, die im Spiel sind, gewahrt ist, fallen Voraussetzung und Resultat zusammen, d. h. das Rechtsprinzip läßt sich scheinbar widerspruchsfrei realisieren.

Ich hatte schon in einem der einleitenden Beispiele, nämlich am Fall des Abzahlungsgeschäftes, auf die Gleichgültigkeit des rechtsgeschäftlichen Verkehrs gegenüber den materiellen Interessen hingewiesen. Das »Unrecht«, das wir gemeinhin hinter solchen rechtsförmigen Beziehungen durchscheinen sehen, gibt sich aufgrund der hier vorgetragenen Interpretation als Diagnose zu erkennen, die auf die materiellen Interessen der beteiligten Vertragsparteien reflektiert. Sie bewertet negativ, daß das Recht diese selbst nicht thematisch macht. Läßt sie sich aus der Sympathie, dem Mitleid für den sozial und ökonomisch Schwächeren begründen, so schwingt umgekehrt ebenso die Ohnmacht gegenüber der ökonomischen Stärke des Vertragspartners mit und spitzt sich im Extremfall im Vorwurf der »ungerechten« Privatrechtsordnung zu.

Das Vertragsverhältnis ist die Einheit nicht identischer, sich wechselseitig ausschließender Willen. Ihre Nichtidentität gründet in der unmittelbaren Willkür, mit der sie sich auf die Vertragsgegenstände beziehen, – ihre Einheit darin, daß sie sich als Willen wechselseitig anerkennen. Ihre Willkür darf nicht auch den Willen des Vertragspartners treffen. Aus dieser Struktur läßt sich die Pointe des Vertragsrechts entnehmen: Der Widerspruch der Eigentumsbeziehung verwandelt sich in den Widerspruch zwischen zulässiger Willkür hinsichtlich der sachlichen Beziehungen und der unwillkürlichen Bindungen der Personen im vertraglichen Willensverhältnis. Das ist folgenreich für das Verhältnis zwischen Recht und ökonomischer Rationalität. Wo immer es dem ökonomischen Prozeß gelingt, den Willen der Person in vergegenständlichte Gestalt einzuhüllen, wo immer Personen als Sachen verhandelt werden können, setzt er die rechtsförmig normierten Anerkennungsbeziehungen inhaltlich außer Kraft. Genau hier gewinnt die »Vernunft der Versachlichung«, die die Vernunft der kapitalistischen Ökonomie ist, die Chance zur Entfaltung ihrer Macht jenseits der Kontrolle durch das Recht. Die Gleichgültigkeit sozialer Beziehungen gegenüber jeder Form, in der Personenbeziehungen als solche von Sachen erscheinen, zeichnet die Gesellschaftsordnung hinter dem Rücken des Rechts aus.

Verfolgte ich mit dieser Interpretation der abstrakten Rechtsinstitute den Weg, den das Privatrecht geht, um sein vorausgesetztes normatives Prinzip einzulösen, dann muß ich als Antwort auf die Frage dieses Kapitels eine Verlustanzeige aufgeben: Das objektive Recht entwertet die gegenständlichen Qualitäten und deren sinnlich-konkrete Gebrauchsseite. Fragt man nämlich nach dem Schicksal des Gegenstandes, so ist er zwar in der Genese der Rechtsformen vorausgesetzt und Vermittlungsinstanz, aber alle an dessen Gebrauchsqualität anknüpfenden Äquivalenzfragen sind aus dem Bannkreis sozialer Anerkennungsbeziehungen freigesetzt. Sie entziehen sich rechtsförmiger Subsumtion.

Im Vertragsrecht setzen die beteiligten Vertragspartner nur besonderes, relativ gültiges Recht. Die in ihm enthaltene Willensübereinstimmung selbst kann noch ganz zufälliger, mithin unbeständiger Natur sein. Statt wirkliche Übereinstimmung könnte ebensosehr bloßer Schein, also wirklicher Gegensatz oder Widerspruch vorliegen, der in der vermeintlichen Übereinstimmung verdeckt bleibt. Das Recht muß die Geltung solcher Rechtsverhältnisse verhindern, weil ihm die Willensbeziehungen von zentraler Bedeutung sind. Die ausführlichen gesetzlichen Regelungen des bürgerlichen Gesetzbuches unter dem Titel »Willenserklärung« zeugen davon. Das gilt insbesondere für die Rechtswidrigkeits- oder Nichtigkeitsfolgen im Falle der Störungen der vertraglichen Willensübereinkunft, des offenen und versteckten Dissenses oder arglistiger Täuschung (vgl. die §§ 145 ff im BGB). Soll das normative Willensprinzip nicht nur relativer Geltung fähig sein, so ist es über Eigentum und Vertrag hinaus prinzipiell in der Privatrechtsperson zu schützen. Aufgabe des Rechts ist es, schon im Privatrecht jede Form des unmittelbaren oder verdeckten Zwangs gegenüber dem Willen der Rechtspersonen zu sanktionieren. Was damit gemeint ist, läßt sich an einem zunächst befremdlichen Umstand erläutern. Hegel behandelt das personale Unrecht – wie es die Strafgesetze etwa regeln – im Rahmen der abstrakten Rechtsinstitute. Das erstaunt, weil uns die Fragen des Strafrechts von denen des Zivilrechts wesentlich verschieden zu sein scheinen. In den ersteren gehe es um Personen, in den letzteren um sachliche Beziehungen. Daß das Unrecht Teil des Problembestands des abstrakten Rechts ist, bringt demgegenüber in Erinnerung, daß das Strafrecht nur Grenzphänomen der abstrakten Rechtsformen ist: In ihm wird die bedrohte Integrität der Rechtspersonen zum geschützten Rechtsgut gemacht. Indem sie dies wird, knüpft sie an der Abstraktheit des normativen Rechtsprinzips an, auf die das Recht die sozialen Beziehungen reduziert. Der Gegenstand des Strafrechts, der rechtsfähige Wille, ist ja dem Eigentum und dem Vertragsrecht selbst noch vorausgesetzt. Ist er bedroht, so sind die fundamentalen Rechtsinstitute nicht durchsetzbar. Sichtbarer Ausdruck des mit der Privatrechtsperson gesetzten engen Zusammenhangs zwischen Eigentum, Vertrag und strafrechtlichem Unrecht ist neben der eingegrenzten Vertrags- und Strafmündigkeit der Kinder etwa die noch heute geltende gemeinsame Zuständigkeit der »ordentlichen Gerichte« für Zivil- und Strafsachen. Der letztgenannte Gesichtspunkt liefert auch die systemimmanenten Grenzen für ein politisches Strafrecht, das sich hierzulande immer nur mit dem Hinweis auf einfache Kriminalität der politischen Angeklagten über die dogmatischen Hürden hinwegsetzen zu können glaubt. Die Unrechtsformen des abstrakten Rechts sind – das spricht ebenfalls für die überragende rechtliche Bedeutung der Rechtsperson – in einer Weise systematisch miteinander verzahnt, daß sich zivilrechtliches und strafrechtliches Unrecht überlappen. So werden die möglichen Differenzen zwischen Vertragsrecht und Strafrecht qualitativ abgestuft in zivilrechtliches, betrügerisches und verbrecherisches Unrecht. Sie sind unterschiedlich sanktioniert, haben aber im betrügerischen Unrecht ihren Schnittpunkt. Zivilrechtliches Unrecht knüpft an äußerlichen, über die Sache vermittelten Rechtsgründen an und führt nur zum Streit über sachliche Rechtstitel, also etwa über Eigentumstitel oder Ansprüche aus Vertrag. Hierbei ist weder die geltende Rechtsform in Frage gestellt noch ein persönliches Verhalten Gegenstand. In diesem Fall drückt sich die Anerkennung der bestehenden Rechtsformen gerade auch in der Parteienherrschaft über das Ziel prozessualer Streitverfahren aus: »Soweit die Parteien ihre Rechtsbeziehungen frei gestalten dürfen, müssen sie das auch im Prozeß können, denn der Pro-

zeß bezweckt ja nur die Durchführung der privaten Rechte«.[28] Doppelbödig ist demgegenüber das betrügerische Unrecht, weil es neben dem Streit um die Rechtstitel auf die Sache auch einen Angriff auf das normative Prinzip, nämlich den rechtsfähigen Willen des Vertragspartners enthällt. Hier nützt z. B. der eine Vertragspartner die Verpflichtung des anderes auf die formelle Vertragsbeziehung aus und versucht daraus Kapital zu schlagen, hat aber selbst den »freiwilligen« Vertragsschluß durch Täuschung, Drohung und anders herbeigeführt. Dahinter steckt die einfache Überlegung, jeder der Vertragsbeteiligten müsse den einmal geschlossenen Vertrag anerkennen. Sofern einer über die Rechtslage, den Wert oder die Beschaffenheit des Vertragsgegenstandes täusche und damit den anderen zu einer – bei Kenntnis der wirklichen Umstände nicht getroffenen – Entscheidung über sein Vermögen veranlasse, verletze er das Prinzip des freien Willens. Betrügerisches Unrecht fordert deshalb neben dem zivilrechtlichen Schadensausgleich auch die strafrechtliche Sanktion. Im Detail läßt sich vor allem am gesetzlichen Tatbestand der Eigentumsdelikte wie Betrug, Unterschlagung usw. ablesen, daß es für die rechtswidrig herbeigeführte Vermögensumverteilung wesentlich auf das Moment des »Wider Willen« ankommt. Deshalb werden diese Delikte auch als Delikte gegen die Willensfreiheit bezeichnet – ein Begriff, der sich hier wegen der Tatbestandsformulierung zwar aufdrängt, der aber gleichermaßen für andere Deliktsgruppen im Privatrecht gilt. Zum äußersten Grenzfall wird jedoch das Verbrechen, da es in seiner Gänze auf die Integrität der Rechtsperson abzielt. Totschlag, Körperverletzung usw. sind typische Beispiele. Soll der Verbrecher selbst aber nicht zum Ausnahmefall des Rechtsprinzips und damit zur inneren Gefahr für das Rechtssystem werden, dann steht ihm unter allen Umständen rechtmäßige Behandlung zu. Der Verbrecher erfährt dies in der Strafe, die ihn, so Hegel, »als rechtsfähige Person ehrt«. Das verbrecherische Unrecht bringt also nur in aller Schärfe zum Ausdruck, was als wesentliches Implikat der abstrakten Rechtsinstitute sichtbar geworden war: Alle rechtlichen Beziehungen sind der normativen Voraussetzung des Rechts, dem Recht des freien Willens verpflichtet. Das zeigt selbst noch die Extremform seiner Selbstgefährdung, das Verbrechen. Doch die Subsumtion gelingt nur, indem mit ihr zugleich formell Willkür statthat: In der Strafe wird Zwang gegen die Person des Verbrechers ausgeübt. Dieser Widerspruch zwischen gerechter Strafe und gleichzeitiger Willenseinschränkung in ein und demselben Akt verdankt sich dem Umstand, daß die inhaltlich unterschiedliche Qualität beider Verstöße gegen das Rechtsprinzip nicht berücksichtigt werden kann. Diese inhaltliche Lücke aufzufüllen, behält, wie wir sehen werden, das bürgerliche Recht moralischem Handeln vor.
An Hegels Argumentationslinie im abstrakten Recht, die die kritische Perspektive der Darstellung freilegt, zeichnet sich das darstellungsmethodische Verfahren ab, auf das Hegels Rechtstheorie insgesamt rekurriert. Um in der weiteren in-

---

28 Vgl. Baumbach/Lauterbach: Zivilprozeßordnung (36. Aufl. 1978), Anm. 3A zu den Grundzügen des Verfahrens nach § 128 ZPO.

haltlichen Diskussion nicht immer wieder ausdrücklich auf die Logik dieses Verfahrens zurückkommen zu müssen, will ich sie an dieser Stelle einblenden und auf ihre begriffliche Folie zurückführen.

Hatte Marx in seiner systematischen Kritik des Hegelschen Staatsrechts die Konsequenz gezogen, die methodische Kritik der gesellschaftlichen Wirklichkeit müsse sich aus der begrifflichen Hypostasierung befreien und darin den Schein der herrschenden »Vernünftigkeit« aufbrechen, so führt Hegel vor, daß, um die Wirklichkeit zu intepretieren, wir uns konsequent auf die Struktur der begrifflichen Bestimmungen ihrer normativen Prinzipien einlassen müssen. Für Marx stellt sich die Aufgabe, die Herrschaft des Begriffs zu destruieren; damit will er den Schein aufbrechen, der die bürgerlichen Gesellschaftsverhältnisse auf der Oberfläche einhüllt.[29] Seine Analyse setzt deshalb mit den Erscheinungsformen ein, um die dahinter verdeckten Beziehungen durchsichtig zu machen, in denen sich materiell verankerte Herrschaft entfesselt. Demgegenüber weist Hegels Anliegen den begrifflichen Voraussetzungen eine ausgezeichnete Funktion zu. Seiner Darstellung soll es gelingen, mit den logischen Bestimmungen des normativen Prinzips den kritischen Maßstab für Objektivität und Wirkungsweise des geltenden Rechts zu setzen. Sie thematisiert in einem doppelten Sinne – einem affirmativen und einem kritischen – die »metaphysischen Anfangsgründe« des bürgerlichen Rechts. Marx zielt auf diesen Sachverhalt mit der Frage an Hegel: »Aber was ist nun die absolute Idee?« Ihm wende ich mich zu, weil sich in der darstellungsmethodischen Stringenz der Hegelschen Analyse die Bedingung für jede methodisch gesicherte Kritik des bürgerlichen Rechts abzeichnet. Damit verbinde ich die Vermutung, Hegel dialektische Darstellungslogik vom Mystifikationsvorwurf entlasten zu können.

Wirklich frei ist der Wille nur, wenn er autonom ist, und das heißt in allen objektiven Gestaltungen sich selbst zum Inhalt hat. Die normative Funktion des freien Willens für das Recht verlangt, Freiheit zum allgemeingültigen Prinzip aller Sozialbeziehungen zu machen und so die Grundlagen für Anerkennungsverhältnisse herzustellen. Sie zum Maßstab zu machen erfordert, mindestens zwei Maximen einzuhalten: zum einen nicht zugunsten äußerlicher Erscheinungsformen die begriffslogische Struktur preiszugeben und zum anderen nachzuzeichnen, wie sie den Objektivitätsanspruch des ihr eigenen inhaltlichen Prinzips einlöst. Ist vom Recht gefordert, der Vernunft des freien Willens Geltung zu verschaffen, und zeichnete sich schon in den Privatrechtsinstituten dessen Abstraktheit gegenüber materiell begründeten Ungleichheiten und Interessenkonflikten sowie den vergegenständlichten Formen sozialer Beziehungen ab, dann rückt als Frage ins Zentrum, was bislang noch nicht hinreichend erörtert wurde: Wie setzt methodische Kritik im Rekurs auf das affirmativ eingeführte Rechtsprinzip ein, ohne

---

29 Schon die einleitenden Formulierungen im 1.Band des »Kapital« steuern direkt auf dieses Ziel zu: »Der Reichtum der Gesellschaften, in welchen kapitalistische Produktionsweise herrscht, erscheint als eine ungeheure Warensammlung, die einzelne Ware als reine Elementarform. Unsere Untersuchung beginnt *daher* mit der Analyse der Ware«.

zum nur äußerlichen Maßstab für die defizitären Gesellschaftsbeziehungen zu verkommen?
Hegel setzt die begriffliche Entwicklung gegenständlicher Vernunft mit der immanenten Entwicklung der Sache gleich; wir hätten ihr nur zuzusehen. Diese Aufforderung liest sich wie eine schlichte Unterstellung, die nämlich, daß Rekonstruktion der Vernunft und Erfahrung ihrer objektiven Geltung nicht in Widerspruch zueinander geraten. Sie gilt, wenn entweder das normative Vernunftprinzip des Rechts sich die wirklichen gesellschaftlichen Beziehungen unterwirft oder wenn sich die wirklichen Beziehungen gegenüber dem Vernunftanspruch des Rechts widerständig zeigen. Im ersten Fall wäre nicht einzusehen, wie dann noch von der »immanenten Entwicklung der Sache« geredet werden kann; Hegels Theorie hätte an der Idee des freien Willens ihren transzendentalen Leitfaden und wäre gegenüber den objektiven gesellschaftlichen Verkehrsformen gleichgültig. Marxens Kritik behielte ihr Recht, weil Hegel im Verhältnis von Recht und materieller Wirklichkeit »die Wirklichkeit ausgesprochen ... habe. Die Idee wird versubjektiviert, und das wirkliche Verhältnis ... wird als ihre innere imaginäre Tätigkeit gefaßt .... Wenn aber die Idee versubjektiviert wird, werden ihr die wirklichen Subjekte, bürgerliche Gesellschaft, Familie, Umstände, Willkür usw. zu unwirklichen, anderes bedeutenden, objektiven Momenten der Idee«. In diesem Fall würde in der Tat der Anspruch Hegels auf systematische Rekonstruktion des bürgerlichen Rechts unterlaufen. Gegenüber einer solchermaßen zur Metaphysik geratenen Theorie des bürgerlichen Rechts stellte sich im zweiten Falle heraus, daß sich unsere Erfahrungen mit wirklicher Ungleichheit und Herrschaft gegen die Subsumtion unter das normative Rechtsprinzip sperren. Ließe sich eine solche Spannung zwischen dem Rechtsprinzip und den wirklichen gesellschaftlichen Erfahrungen systematisch begründen, dann veränderte sie die sachliche Perspektive der Rechtsphilosophie: Sie müßte sich als Kritik am Objektivitätsanspruch des Rechts auf freie Anerkennungsverhältnisse lesen lassen. Als solche geriete sie zur Kritik eines metaphysischen Prinzips, das in dem normativen Anspruch des Rechts versteckt wäre. Beriefe sich Hegel auch angesichts unserer kontrafaktischen Erfahrungen weiterhin auf dieses Prinzip, so stellte sich dessen Inanspruchnahme als konkurrierender Herrschaftsanspruch des Rechts gegenüber ökonomischer Rationalität heraus.
Prüft man meinen Interpretationsvorschlag hinsichtlich des metaphysikkritischen Ansatzes in Hegels Darstellung an dieser Alternative, so haben wir schon mehrere Argumente in der Hand, die der Hegelschen Rechtsphilosophie – nötigenfalls auch gegen deren historische Selbstinterpretation – die Fähigkeit zu methodisch gesicherter Kritik am bürgerlichen Recht zuschreiben. Daß sie sich dem Marxschen Vorwurf des schlecht Idealistischen entziehen kann, darauf deutet schon die genannte Unterstellung, die Rekonstruktion ihrer Vernunft und Erfahrung ihrer wirklichen Geltung seien widerspruchslos vereinbar. Systematisch macht diese Unterstellung klar, daß allein die Kompatibilität von immanenter Entwicklung der Sache und der Idee des Rechts diesem objektive Geltung si-

chern könne. Zeigt sich ihre Inkompatibilität, dann ist nicht die Wirklichkeit, sondern das Rechtsprinzip zu verdächtigen. Den ersten Hinweis darauf, daß es sich im letztgenannten Sinne verhält, konnten wir der Systematik der Besitz-, Eigentums-und Vertragsverhältnisse entnehmen. Die privatrechtlichen Institute waren nur auf Kosten ihrer gleichgültigen Haltung gegenüber materiell-inhaltlicher Ungleichheit auf das Prinzip des freien Willens zu verpflichten. Der Wille, der sich selbst zum Gegenstand macht, hebt in dieser Selbstbezüglichkeit nicht auch jene materiell ermöglichte Herrschaftsbeziehung auf, die sich auf der ökonomischen Ebene dem Zugriff des Rechts entzieht. Damit bin ich bei dem zweiten Argument, das die Interpretation der abstrakten Rechtsinstitute für die These von der metaphysikkritischen Potenz der Rechtsphilosophie liefern kann. Die Abstraktion von materieller Ungleichheit, sprich Herrschaft, ist systematisch allein aus dem Widerspruch zwischen den wirklichen Rechtsformen und dem Objektivitätsanspruch des ihnen vorausliegenden Prinzips verständlich. Indem Hegel die konstruktive Idee des Rechts zur Voraussetzung der Darstellung macht, unterstellt er der theoretischen Rekonstruktion von Wirklichkeit ein normatives Prinzip, an dem die objektiven Verhältnisse zu messen sind. Die beständige Berufung auf diese Darstellungslogik umklammert aber nur jene gegenständliche Basis, die diesem Prinzip subsumiert werden kann, oder, was dasselbe heißt, sie verfestigt den Schein von Anerkennungsbeziehungen zwischen den Rechtspersonen. Wenn Hegel schon im Privatrecht sieht, daß sich die unbedingte Geltung des Anerkennungsprinzips nicht durchsetzen läßt, dann muß er dem vorausgesetzten Rechtsprinzip noch eine andere inhaltliche Funktion zuschreiben als nur die eines orientierenden Maßstabes.
Hegel räsonierte an anderer Stelle, nämlich in der Wissenschaft der Logik, über die Gefahren, die mit der dogmatischen Fixierung auf vorausgesetzte Prinzipien für den Gang der Wissenschaft verbunden sind. Er behandelt dort ausführlich das Problem, womit in der Wissenschaft der Anfang zu machen sei. Die Antwort auf diese Frage führt zu der These, von Wissen sei nur zu reden, wo anstelle affirmativer Begriffe Begriffsverhältnisse ausfindig gemacht werden. Ich greife den zentralen Begriff vom Anfang der Logik, den der Unmittelbarkeit, heraus. Als negativer Reflexionsbegriff ist er äquivalent für unser Nichtwissen, solange er nur affirmativ eingeführt ist, ohne daß die hinter ihm gelegenen wirklichen Verhältnisse offengelegt sind. In der Wesenslogik sind es die Reflexionsbestimmungen, die auf die Verhältnisse abzielen. Den entscheidenden Schritt vom Unwissen zum Wissen macht die Logik demnach mit dem Übergang von der Seins- zur Wesenslogik. Erst letztere setzt an die Stelle affirmativer Kategorien die wirklichen Vermittlungsbegriffe und kommt so den komplexen Strukturen der Wirklichkeit näher. An dieser Stelle nun wird der Begriff des wesentlichen Scheins ausdrücklich zum konstitutiven Moment von Wissen gemacht. Er zielt auf ein Verhältnis, nicht etwa auf Voraussetzungen ab und meint die Unwahrheit dogmatisch verfügter Voraussetzungen. Damit indiziert er die Notwendigkeit ihrer Kritik.

Der verkürzte Rückgriff auf die Logik des gelingenden Wissens erlaubt, die Funktion des in der Rechtsphilosophie vorausgesetzten normativen Willens zu präzisieren. Beruft Hegel sich auf diese Voraussetzung, dann hat dies noch nichts mit dem Wissen über die wirklichen Rechtsverhältnisse zu tun. Die Erfahrung mit der Wissenschaft der Logik spricht dafür. Wirkliches Wissen kommt nur zustande, wenn das Recht als Rechts-Verhältnis auch auf seine materiellen Substrate und gegenläufigen Rationalitätserfahrungen bezogen ist; erst sofern Rechtsverhältnisse zur Sprache kommen, läßt sich der von ihnen provozierte Schein identifizieren, der an der affirmativen Selbstbehauptung des Rechtsprinzips klebt.

Gegen diese Argumentation ließe sich einwenden, die Logik entwickele den Begriff der Vernunft oder des gelingenden Wissens und der Rückgriff auf sie verbiete sich, weil die Rechtsphilosophie sich mit dem Prozeß des Scheins allgemeiner Rechtsgeltung, also gerade mit herrschender Unvernunft beschäftige. Dieser Einwand wäre triftig, verfolgte die Darstellung des Rechts bruchlos dieselben Geltungsansprüche. Schon der Umstand, daß sie als Realphilosophie ihre normativen Voraussetzungen nicht korrigieren darf, führt sie in eine andere Richtung. Macht die Wesenslogik das Ungenügen des Anfangs des Seinslogik im Begriff des Scheins wieder neu zum Thema und entwickelt sie daraus die Implikationen des ungenügend explizierten Anfangs, so darf die Rechtsphilosophie demgegenüber nicht mehr die Frage nach der Geltung ihres vorausgesetzten normativen Prinzips stellen, sondern bekommt dessen Vernunftanspruch gleichsam diktiert. Dementsprechend artikuliert sich die Kritik an der Reichweite des bürgerlichen Rechts nicht darin, den vorgegebenen Rechtsbegriff zu hinterfragen. Kritik erwächst vielmehr aus dem Widerspruch zwischen der Objektivitätsforderung des autonomen Willens und seiner wirklichen Gleichgültigkeit gegenüber materiell begründeter Ungleichheit und Herrschaft über Sachen und Personen. In diesem Verfahren wird ein unerwartetes Verhältnis sichtbar. Ich will es mit der Rede von der Thematisierung begrifflich nicht thematisierbarer Herrschaft, also in einer paradoxen These fassen. Es geht in der Theorie des bürgerlichen Rechts nicht nur darum, die Logik seines Begriffs affirmativ zu verfolgen, sondern zu zeigen, wie die Analyse auf jene vom Recht ausgeschlossenen und in der Darstellung des Rechts deshalb nicht unmittelbar thematisierbaren Herrschaftsverhältnisse hinausweist. Die Nichtthematisierbarkeit wirklicher Herrschaft scheint eine notwendige Folge der nicht disponiblen Voraussetzung zu sein. Indem die Darstellung ihre eigene normative Voraussetzung ausspielt, öffnet sie aber eine kritische Perspektive, legt sie die Diagnose vom Schein der Allgemeingemeingültigkeitsbehauptung des Rechts nahe. Gleichwohl ist dieser Schein nicht explizit zu machen, da die affirmative Begriffsstruktur mit ihren begrifflichen Mitteln Kritik nicht thematisch machen kann. Die Konfrontation der wirklichen Verhältnisse mit dem metaphysisch erscheinenden Anfang der Theorie des Rechts ist radikal gegen das Versprechen gerichtet, freie Anerkennungsbeziehungen zwischen den Rechtssubjekten ausbilden und garantieren zu können.

Die Weise, wie Hegel mit dem Dogmatismus der normativen Idee des Rechts verfährt, zielt auf das eminent sachliche Problem der Kritik des Rechts. Es muß uns in allen weiteren Überlegungen gegenwärtig sein, wenn wir den metaphysikkritischen Ansatz nicht wieder verspielen wollen.

3. Verantwortungsentlastung und doppelte Moral der bürgerlichen Gesellschaft

Soziale Beziehungen, die nur rechtsförmig geordnet sind, scheinen in höchstem Maße labil zu sein, weil sie materiell-inhaltlicher Ungleichheit und Herrschaft nichts entgegenzusetzen haben. Aus dieser Not des normativen und deshalb abstrakten Rechtsprinzips erwächst die Tugend des moralischen Subjekts. Seiner Logik gemäß soll es nicht um dem Rechtsprinzip gegenüber alternative Standpunkte zur normativen Begründung guten Handelns gehen; vielmehr dürfen sich nur solche Wertvorstellungen durchsetzen, die selbst rechtsfähig eingekleidet werden können. Ob dies auch für die subjektive Idee vom guten Handeln gilt, die bislang zu den fraglosen Prämissen der Moralphilosophie rechnete, entscheidet sich daran, wie das bürgerliche Recht mit der Paradoxie umgeht, in die es hineinführt. Sie besteht darin, einerseits mit Hilfe der abstrakten Rechtsinstitute keine inhaltlichen Wertorientierungen geben und den Machtkonflikt zwischen verschiedenen Rationalisierungen der Handlungssysteme nicht entscheiden zu können, andererseits aber eben wegen dieses Widerspruchspotentials über die abstrakte Rechtsform hinaus nach inhaltlichen Orientierungen fragen zu müssen. Die Legalität des abstrakten Rechts fordert inhaltliche Pflichten des Subjekts, also gerade ihr Gegenteil heraus.

Überzeugt Hegels Rechtsphilosophie als Metaphysikkritik, weil sie der dem Recht vorgezeichneten Vernunft die objektiven Grenzen entgegenhält, dann sollte sie sich besonders am Problem moralischen Handelns bewähren. Dies ist zu erwarten, weil von den abstrakten Rechtsformen zu inhaltlichen Bestimmungen moralischen Handelns überzugehen auch den Übergang vom abstrakten Begriff der Rechtsperson zum autonom handelnden und deshalb mit Verantwortung belasteten Subjekt markiert. Das moralische Subjekt wird zum Träger von Verantwortung, deren Inhalt sich innerhalb der Grenzen des vom Recht vorgezeichneten Rahmens bewegen muß, um das Rechtsprinzip nicht zu unterlaufen; so hielte sich die Argumentation im Rahmen der vorausgesetzten Darstellungslogik. Nach allen unseren bisherigen Erfahrungen können die im abstrakten Recht markierten Grenzen auch für das subjektive Handeln nicht außer acht bleiben. Darin behauptete sich nicht nur das normative Prinzip, sondern es drängt die Verantwortung für seine Objektivität dem Rechtssubjekt auf. Hier deutet sich schon an, worauf wir im weiteren Verlauf zu achten haben: Beansprucht das bürgerliche Recht, Vermittlungsinstanz für das gesellschaftliche System als Ganzes zu sein, so delegiert es die Verantwortung für das Gelingen oder Mißlingen dieses Anspruchs an das individuelle Subjekt. Wie sich die Ethik des bürgerlichen Rechts in der Moral individuellen Handelns wiederfindet, wird zum zentralen Problem. Deshalb wende ich mich zunächst der logischen Struktur moralischen Handelns

zu, um aus ihr das Verhältnis zwischen Recht und inhaltlicher Verantwortung des autonomen Handelns in den Griff zu bekommen.
In den Privatrechtsinstituten findet die Rechtsperson nur den abstrakten äußeren Bezugsrahmen, der ihr Handeln rechtsförmig orientiert. Freiheit des Rechts gilt hier als Freiheit des Sich-gleichgültig-verhalten-Könnens gegenüber den sachlichen Substraten der über sie vermittelten Ungleichheit und Herrschaft. Zum allgemeinen Prinzip erhoben, garantiert sie einerseits gleiche Durchsetzungschancen aller Personen um den Preis der Entwertung dinglicher Qualitäten; andererseits reklamiert die gleiche Geltung – die zweite Bedeutung von Gleichgültigkeit – des legalen Bezugsrahmens für alle Idividuen die inhaltlichen Grenzen nötiger legaler Verhaltensweisen: Sie erwachsen aus der formellen Gleichgültigkeit des Rechts und seiner Gefährdung durch die aus dem rechtsförmigen Zugriff freigesetzte ökonomische Rationalität der Macht und Ohnmacht. Das herrschende Rechtsprinzip, real zu Ende gedacht, setzt selbst die Bedingungen dafür, daß sich hinter seinem Rücken materiell verankerte Machtverhältnisse mittels verdinglichter Personenbeziehungen breit machen können. In der selbstwidersprüchlichen Beziehung des Unrechts sind sie nur rechtsförmig, also ganz abstrakt verkleidet. Ihre systemgefährdende Brisanz wird erst im gesellschaftlichen Arbeits- und Bedürfniszusammenhang voll wirksam. Genau in diesem Übergang wird der Ruf nach subjektiver Verantwortung für die Rechtsgeltung laut.
Die Identität von subjektiver Handlung und Rechtsprinzip ist so lange labil, als das Recht sein normatives Prinzip nicht auch inhaltlich mit subjektivem Handeln verknüpft, also von dessen Verbindlichkeit für subjektives Handeln ausgehen kann. In dieser Labilität gründet die Gefährdung der Rechtsordnung durch das Verbrechen. Wäre das Recht nur rechtsförmig wirksam und müßte es nicht zum Gegenstand subjektiven Handelns werden, so bliebe seine Anerkennungsforderung unverbindlich. Sie ist nur zwingend, wenn dem subjektiven Handeln die unbedingte Rechtsgeltung vorgegeben und jedem einzelnen die Verantwortung für eben dessen Geltung zugemutet ist. In diesem Sinne hätte die Wissenschaft vom Recht, die »nur das Geschäft hat, diese eigene Arbeit der Vernunft der Sache zum Bewußtsein zu bringen«, die Bedingungen der Rechtsgeltung vorzustellen.
Erst dort treten die Bedingungen seiner Verwirklichung offen zutage, wo das Rechtsprinzip durch das Handeln Einzelner in seinem Bestand gefährdet ist. J. Ritters Feststellung, der Begriff des Rechts und des Staates seien »nur dann auf Freiheit basiert, wenn der einzelne als Ich in seiner Subjektivität er selbst in der Selbstbestimmung der Moralität und des Gewissens zu bleiben vermag«,[30] erhält vor diesem Hintergrund Plausibilität und eine interessante Pointe: Der

30 Vgl. Moralität und Sittlichkeit, in: ders.: Metaphysik und Politik, a.a.O., S. 284.

Zwang, subjektives Handeln auf seine inhaltliche Orientierung am Recht hin abzuklopfen und ihm Verantwortung für das Rechtsprinzip zuzuschieben, ist zwar unserer Rationalitätsvorstellung von der bürgerlichen Gesellschaft als einer Systemrationalität schwer verständlich, aber offenkundig unverzichtbar, weil nur so dem System und dem individuellen Handeln seiner Glieder das Rechtsprinzip als gemeinsames zugeordnet werden kann. Darüber hinaus arbeitet moralisches Handeln das in der Konsequenz universell-rechtsförmiger, also bloß abstrakter Bindungen gelegene Widerspruchspotential ab und übernimmt die Verantwortung in dem von Ritter behaupteten Sinne. Erst wo moralisches Handeln als ein solches unterstellt werden darf, das Rechtsförmigkeit zu seinem Inhalt macht, ist die Selbstgefährdung des Rechts vermeidbar. Daraus wird auch verständlich, weshalb des Recht des moralischen Handelns eine zentrale Stellung im Objektivierungsprozeß des bürgerlichen Rechts einnimmt. Das moralische Handeln ist unvermeidbares Bindeglied zwischen Rechtsform und objektiven sozialen Beziehungen. Dies gilt in zweierlei Hinsicht: zum einen im Blick darauf, daß das handelnde Subjekt der rechtlichen Rahmenbedingungen innewird und die möglichen sozialen Konfliktlinien abschätzen kann; zum anderen weil sich das Recht von der Verantwortung für seine eigene strukturelle Schwäche entlastet und als individuelles Versagen zuschreiben kann, was objektiv zu der begrenzten Reichweite rechtsfähiger gesellschaftlicher Rationalität zu rechnen wäre. Solange es nicht gelingt, das objektive Widerspruchspotential rechtsförmiger Beziehungen dadurch zu entschärfen, daß der vorausgesetzte Rechtsbegriff zum Inhalt subjektiven Handelns gemacht ist, stoßen sich die sozialen Beziehungen in der bürgerlichen Gesellschaft an den Wirksamkeitsgrenzen der abstrakten Rechtsformen. Jeder unmittelbare, nicht über das Rechtssubjekt vermittelte Zusammenhang von abstrakten Rechtsinstituten – Eigentum, Vertrag – und *gesellschaftlichem* Reproduktionsprozeß würde dieses Potential ungebrochen und mit einer die gesellchaftlichen Beziehungen sprengenden Kraft weitertransportieren. Dieser Umstand sichert moralischem Handeln eine konstitutive Bedeutung im Realisierungsprozeß des bürgerlichen Rechts.

Um die Nötigung zur Intergration der rechtsförmigen Verpflichtungen in das subjektive Handeln, in die Verantwortung des Einzelnen verständlich zu machen, schlage ich vor, im Rahmen des bürgerlichen Rechts von der restriktiven Verantwortlichkeit des moralischen Subjekts zu reden. Das scheint auf den ersten Blick widersinnig; denn mit dem Begriff des moralischen Subjekts verbinden wir gemeinhin ein Handeln, für dessen Folgen das Subjekt die volle Verantwortung trifft, das also keine Verantwortungsentlastung vorsieht. Auf diesem Mißverständnis beruht etwa J. Derbolavs These von der Verantwortungsethik in Hegels Moralitätsbegriff, so daß er die Verantwortung der Subjekte auch auf die zufälligen Folgen ihres Handelns ausdehnt: »Die Preisgabe an das Gesetz des Zufalls, das das unvernünftige äußere Dasein beherrscht, darf nun gleichwohl dem Handelnden nichts von seiner Verantwortung abnehmen. Die Erwägung schlägt sich bei Hegel im Prinzip der Verantwortungsethik nieder, die als überhöhende Vermittlung von Gesinnungs- und Erfolgsethik zu verstehen ist«.[31] Genau dies nicht! Hegel unterscheidet an diesem Punkt nämlich das Pathos extensiver, heroischer Verantwortlichkeit von dem *Recht* moralischen Handelns. Er schält begriffsanalytisch den rationalen, d. h. auf das Recht bezogenen Kern moralischer Verantwortung heraus und hebt auf die dabei sichtbare Differenz ab: »Das heroische Selbstbewußtsein (wie in den Tragödien der Alten, Ödipus usf.) ist aus seiner Gediegenheit noch nicht zur Reflexion des Unterschieds von Tat und Handlung, der äußerlichen Begebenheit und dem Vorsatze und Wissen der Umstände, sowie der Zersplitterung der Folgen fortgegangen, sondern übernimmt die Schuld im ganzen Umfang der Tat« (§ 118 Zusatz). Tat und Handlung zu unterscheiden heißt, naives von rationalem Handeln im Blick auf die äußeren, vom Rechtssystem vorgezeichneten Rahmenbedingungen zu unterscheiden. Moralische Verantwortlichkeit restriktiv zu fassen ist nötig, weil die Autonomie des Rechtssubjekts und die bisher angezeigten objektiven Grenzen der Wirksamkeit des Rechts in einem wechselseitigen Begründungszusammenhang stehen. Was das heißt, erschließt sich aus der Antwort auf die Frage, welchen Sinn es macht, vom *Recht* des moralischen Handelns zu reden, und wie solches Handeln inhaltlich zu dem vorausgesetzten Rechtsbegriff steht. Erst dann erfahren wir, warum hier, obgleich oder gerade dadurch, daß die Verantwortung für die Objektivität des Rechts dem moralischen Subjekt übertragen ist, Freiheit in einem doppelten Sinn erscheint: sich auf die vom bürgerlichen Recht garantierte Freiheit berufen zu können und *damit* von der Verantwortung für materielle Ungleichheit und Machtentfaltung freigesetzt zu werden. Das Vernunftversprechen des Rechts ist nur realisierbar, wenn Verantwortung und Moralität logisch auf die Realisierungschance des Rechtsprinzips eingegrenzt sind. Das ist es, was in der Rede vom »Recht des moralischen Willens« zum Ausdruck kommt. Wir erkennen jetzt auch die sachliche Differenz zwischen Rechtsperson und moralischem Subjekt: Der Begriff des freien Willens in den äußerlichen Rechtsbeziehungen ist hier als kongruentes Verhältnis zwischen subjektiver Verpflichtung und objektiver Reichweite des Rechts reformuliert.

Ich möchte einige Auswirkungen dieses restriktiven Moralitätsbegriffs andeuten, die man im gängigen strafprozessualen Verfahren erfahren kann. Im Strafprozeß gilt, ganz im Gegensatz zum Zivilprozeß, daß das Gericht den Gang des Verfahrens im der Hand hat und vorantreibt. Diese sogenannte Offizialmaxime fordert gleichsam als Komplement vom Gericht, genau darauf zu achten und zu respektieren, daß die rechtsförmigen Mittel, die das Verfahrensrecht dem Angeklagten einräumt, von diesem in vollem Umfang in Anspruch genommen werden können. Die Verfahrensordnung unterstellt also, daß das rechtsförmige Verfahren dem Angeklagten Schutz gewährt. Sie kann nicht davon ausgehen, daß er

31 Vgl. Hegels Theorie der Handlung, wiederabgedruckt in: M. Riedel (Hrsg.): Materialien zu Hegels Rechtsphilosophie, Bd. 2 (Frankfurt/M. 1975), S. 207.

Verantwortung für sein Handeln in jedem Fall übernimmt. Im Begriff der Rechtssicherheit, der die Verfahrensregeln dienen, liegt zweierlei: Er bindet den Prozeß an überprüfbare Regeln und er soll verhindern, dem Angeklagten mehr an Verantwortung zuzuschlagen, als mit der durch die Rechtsförmigkeit des Verfahrens erwarteten Rechtssicherheit vereinbar ist. Der »geschickte« Rechtsanwalt setzt genau mit diesen rechtsförmigen Mitteln seine Verteidigung an. Die Beweisregeln geben bis ins Detail Zeugnis von der Ambivalenz der rechtsförmigen Verfahrensordnung. Der Angeklagte, dessen Schutz die Verfahrensregeln dienen, kann sie insofern gegen den Zweck des Verfahrens wenden, als er die inhaltlichen Fragen nach Schuld und Nichtschuld in Fragen des Verfahrens übersetzt. Hier greifen die Verfahrensregeln in das materielle Recht über und bestimmen noch den Richterspruch, der ja seinerseits nur auf Inhalte sich stützen kann, die verfahrensrechtlich einwandfrei vorgetragen sind. Wenn wir den betroffenen Angeklagten trotz eines möglichen Freispruchs glauben, moralisch verurteilen zu müssen, dann schreiben wir ihm gerade den nichtrechtsfähigen Bereich der Verantwortung zu, auf den, wie vorhin gezeigt, J. Derbolav anspielte. Die Rede vom Recht des moralischen Willens behält demgegenüber die rechtsfähige Verantwortung im Auge und markiert die Handlungsspielräume des Einzelnen als Grenzen seiner Verantwortlichkeit. Moralisches Handeln ist auf die beschränkte Geltungschance des Rechts fixiert, nämlich auf diejenigen Inhalte, die von der Rechtsform thematisierbar sind. Was, wie ich schon bei der Diskussion der Privatrechtsinstitute zeigte, als materielle Ungleichheit und deshalb als Widerspruch zum normativen Rechtsprinzip ausverlagert ist und sich insbesondere in der verdinglichten Gestalt der Willensbeziehungen etabliert, entzieht sich der Anerkennungsforderung und braucht nicht zum Reflexionsgehalt moralischen Handelns zu rechnen. In diesem Sinn ist das Recht moralischen Handelns restriktiv zu nennen und erlaubt es, subjektives Handeln von der Verantwortung für die im rechtsfreien Raum angelegten Herrschaftsverhältnisse zu entlasten.

Die Autonomie des Rechtssubjekts und das allgemeine Rechtsprinzip bilden nur die Extreme des Rechs in der Sphäre moralischen Handelns, wenn das Recht unbedingte Gültigkeit beanspruchen können soll. Beide stimmen nur zusammen, sofern sie von der Logik des Begriffs des freien Willens abgedeckt werden. Soll der subjektive Wille und dessen rechtsförmige Orientierung an dieses vorausgesetzte Prinzip des Rechts geknüpft werden können, so wäre dies zunächst nur Ausdruck einer darstellungsmethodisch konsequenten Analyse. Insofern er dies tut, prägt er aber auch die ihm verbindlichen Inhalte. Es ist dieser Sachverhalt, den ich unter das Stichwort vom restriktiven Charakter des Rechts der moralischen Handlung fasse. Daraus ist unschwer zu erkennen, daß die inhaltliche Kongruenz des moralischen Handelns mit dem Prinzip des Rechts unter- und sichergestellt werden muß, um einer Handlung das Prädikat moralisch im Sinne der Anerkennungsforderung des Rechts zuschreiben zu können. Jenseits dieser Kongruenzbedingung bleibt ein rechtsfreier Raum, innerhalb dessen die Frage nach Verantwortung oder Verantwortungsentlastung nach anderen als rechtsfähigen Kriterien subjektiven Handelns entschieden werden kann. Inhaltlich hängt die moralische Qualität des Handelns nur davon ab, ob der Legalitätsrahmen des Rechts eingehalten ist. Mit ihm wird auch das Prinzip materiell einander gleichgültiger Willen zum Inhalt des »Sollens«. Nur um diesen Preis sind das Recht und subjektives Handeln zusammenzubringen. Was sich unmittelbar auszuschließen schien, weil freies Handeln allein nach subjektiver Meinung beurteilt werden könne, und was ganz unterschiedlichen Bestimmungsebenen moralischer Verpflichtung zugehört, reflektiert sich in dem für moralisches Handeln grundlegenden Verhältnis von Sein und Sollen: (subjektiver) Vorsatz und (objektive) Schuld, (subjektive) Absicht und (objektives) Wohl, (subjektives) Gewissen und (objektiv) Gutes sind die Indikatoren. Sie verbindet der gemeinsame Rechtsgrund, aber auch dessen begrenzte Reichweite. Weil dies der Fall ist, binden sie das Recht moralischen Handeln auch an dessen Schwäche, nämlich die verdinglichten Personenbeziehungen nicht subsumieren zu können. Sie setzen alle reale Herrschaft, die auf dem dinglichen Schein von Sozialbeziehungen ruht, aus der individuellen Verantwortlichkeit frei.

Diese Dialektik oder, anders gesagt, Hilflosigkeit des Rechts moralischen Handelns spitzt sich im Interessenwiderstreit des Notrechts zu; sie führt die Grenze rechtsfähiger moralischer Verpflichtung vor Augen. Ich erinnere an den klassisch gewordenen Fall der beiden Schiffbrüchigen, von denen jeder sich nur auf Kosten des anderen retten kann. Jedem Juristen wird dieser Fall mindestens einmal in seiner Ausbildung im Blick auf die positiv-rechtlichen Folgen, nicht aber hinsichtlich seiner rechtstheoretischen Bedeutung vorgeführt. Juristischer terminus technicus ist hier der übergesetzliche Notstand als Schuldausschließungsgrund. In ihm kollidiert das Interesse des Einzelnen mit einem anderen Rechtsgut, wobei das Übergesetzliche des Notstandsrechts treffend zum Ausdruck bringt, wie machtlos das Recht zur inhaltliche Steuerung und Orientierung moralischen Handelns ist. Oder, wie Hegel dies ausdrückt: »Die Not offenbart sowohl die Endlichkeit und damit die Zufälligkeit des Rechts als des Wohls – des abstrakten Daseins der Freiheit, ohne daß es als Existenz der besonderen Person ist und der Sphäre des besonderen Willens ohne die Allgemeinheit des Rechts« (§ 128). Das Recht will die Anerkennung des subjektiv freien Willens durchsetzen, dieselbe Anerkennungsforderung schlägt aber im Kollisionsfall in notwendige Rechtsverletzung um. Solchermaßen wird das Recht moralischen Handelns blind gegenüber nicht rechtsfähigen inhaltlichen Anforderungen, die an extensiv verantwortliches Handeln gemeinhin gestellt werden. Zumindest bleibt in einem solchen Fall ein ungutes Gefühl, im Zweifel die Stigmatisierung des Überlebenden zurück. Allein der Umstand, daß »das moralische Bewußtsein, die Moral, für Hegel von einer objektiv vernünftigen Außenwelt abhängt und deshalb von den Gesetzen, Institutionen dieser Außenwelt nicht getrennt werden kann«,[32] läßt er-

32 So Heinz Krumpel: Zur Moralphilosophie Hegels (Berlin 1972), S. 36.

warten, daß eben diese vernünftige Außenwelt solche Krisen des Rechts moralischen Handelns auffängt. Moralisches Handeln muß in ein Bedingungsverhältnis zur gesellschaftlichen Wirklichkeit eingespielt sein. Denn nur dann läßt sich die Krise der Moralität im Recht der Moralität verkleiden.
Das Paradigma des bürgerlichen Rechts hat sich nach der hier vorgetragenen Interpretation des Rechts moralischen Handelns nicht verändert. Entgegen vermuteten metaphysischen Bestimmungsgründen und vorausgesetzten Wertorientierungen sind wir konsequent in dem Recht als Bezugsrahmen geblieben. Für die Legitimationsstrategien moralischen Handelns bleibt das aber nicht folgenlos. Die Analyse läßt nämlich den Verdacht aufkommen, das Recht moralischen Handelns eröffne Freiräume, deren materieller Ungleichheit und Herrschaft gegenüber das Recht gleichgültig bleibt, ja die es, und sei es absichtslos, selbst noch rechtfertigt. Um diesen Verdacht produktiv zu wenden, knüpfe ich an der darstellungsmethodisch provozierten Erfahrung an, daß das, was als schlichter Idealismus erscheint, durch das vorausgesetzte Rechtsprinzip suggeriert ist. Bei näherem Hinsehen brechen auch hier wieder die immanenten und für das Recht objektiv folgenreichen Grenzerfahrungen auf.
Im Handeln liegt, einmal ganz abgesehen von seiner rechtsförmigen Integration, daß mit ihm Zielsetzungen und Interessen verfolgt werden. Ohne solche käme niemand auf die Idee zu handeln, es sei denn, seine Tätigkeit erschöpfte sich in unbewußtem Reagieren. Das geltende Recht unterscheidet deshalb z. B. mit dem subjektiven Tatbestand des Wissens und Wollens die rechtsrelevante Handlung von der unbewußten Reaktion. So gründet noch heute die Vorsatztheorie in der Strafrechtstheorie ihr Abgrenzungskriterium auf diesen Grundsatz. Fälle wie die des Aberratio ictus, des Dolus generalis oder des Irrtums über Person und Gegenstand des Handelns zeugen davon[33]; demgegenüber fällt die »klassische« Kontroverse darüber, ob auf den Erfolg der Tat oder auf den subjektiven Willen, der sie will, abzustellen sei, schon hinter Hegels Argumentation zurück und ist erst seit Hans Welzels finaler Handlungslehre wieder auf den Hegelschen Stand gebracht.
Trifft diese grundlegende Differenz zu, dann haben wir zwar die Bedingung für rechtsfähiges Handeln, nicht aber begriffen, wie das Recht des Handelns mit den materiellen Interessen der handelnden Subjekte umgeht, d. h. was mit ihnen im Blick auf ihre rechtsförmige Legitimation geschieht.
Anerkennungsverhältnisse zwischen den Gesellschaftsmitgliedern zu sichern ist das erklärte Ziel des bürgerlichen Rechts. Wenn im Rahmen dieses Vernunftentwurfs moralischem Handeln eine wichtige Funktion zukommt, so unterstellt das Recht, daß jedem Rechtssubjekt die gleichen Handlungschancen und deshalb prinzipiell Anerkennung auf der Grundlage von Gleichheitsbeziehungen möglich

---

33 Hierzu ausführlich R. Maurach: Deutsches Strafrecht – Allgemeiner Teil, 4.Auflage. (Karlsruhe 1972), S. 279 f. Auch die Frage nach der überholenden Kausalität findet hier ihr fundamentum in re: vgl. E.A. Wolff: Kausalität von Tun und Unterlassen (Heidelberg 1965).

sind. Es kommt nicht von ungefähr, daß unsere Erfahrungen im politischen Alltag immer wieder eng mit der Forderung nach gleichen Handlungschancen verknüpft sind. Hierzu ist vor allem die moralisch-politische Forderung nach gleichen Bildungschancen für alle zu rechnen. Sie schlug eine Generation von Bildungsreformpolitikern in ihren Bann und beginnt, aus der aktuellen politischen Auseinandersetzung zu verschwinden. Auch wenn man nicht – wie ich es tue – das Scheitern der Reformpolitik aus dem Widerspruch ihrer Prinzipien, nämlich Chancengleichheit *und* soziale Aufstiegshoffnung, deutet, gibt die seltsame Naivität zu denken, mit der von den rechtsfähig nicht integrierbaren materiellen Unterschieden derer abstrahiert wurde, auf die diese Forderung gerade abzielte. Deshalb scheinen gleiche Handlungschancen, die das Recht unterstellen muß, nach allen unserer Erfahrungen im ökonomischen und sozialen Feld mehr als unrealistisch zu sein. Wir erleben allzu alltäglich, daß sich in der bürgerlichrechtlich organisierten Gesellschaft unterschiedliche Interessen geltend machen, sich ökonomisch Ungleichheit ausbildet oder verschärft, Machtkonkurrenzen ausgetragen werden und dies alles ohne wirksame Steuerung durch das Recht geschieht. Offenbar können individuelle Interessen sanktionsfrei wahrgenommen werden, solange sie nur der Rechtsförmigkeit ihren Tribut zollen und von ihnen deshalb keine Gefahr für das Anerkennungsprinzip des Rechts ausgeht. Trifft das zu, so bewertet das Recht nur negativ, was sich im Rahmen seiner Reichweite gegen sein normatives Prinzip stellt. Jenseits seines Zugriffsbereichs kann es Chancengleichheit zum Handeln nicht sicherstellen. Es kann konkrete Handlungschancen und deren unterschiedliche Durchsetzungsfähigkeit nicht nivellieren, sobald diese sich der rechtlichen Qualifikation, also der Willensstruktur entziehen. Dies gilt, wie wir am abstrakten Recht sahen, für alle materiell verankerten Machtstrukturen, insbesondere für solche, die der ökonomische Prozeß der Verdinglichung von Personenbeziehungen aus der Willenssphäre herauslöst und als sachliche Verhältnisse erscheinen läßt. Auf dieses Eingeständnis stützt sich eine Anerkennung Hegels: »Aber das Gesetz handelt nicht, es ist nur der wirkliche Mensch, der handelt, und bei dem Werte des menschlichen Handelns kann es nach jenem Prinzip (= Glauben an die Vernunft des Gesetzes) nur darauf ankommen, inwiefern er jenes Gesetz in seine Überzeugung aufgenommen hat« (§ 140 Zusatz). Wenn der Mensch handelt und nicht das Gesetz, so liegt darin die These, Macht und Ohnmacht zum Handeln werde nicht vom Gesetz, vom Recht bestimmt und verteilt, sondern auf einer anderen als der Ebene rechtsförmiger Beziehungen entschieden. Kann das Recht hier nicht regulativ eingreifen, so werden die handlungsleitenden Interessen innerhalb rechtsfrei konstituierter, weil verdinglichter Macht- und Herrschaftsbeziehungen durchsetzungsfähig. Die sanktionsfreie Macht zum Handeln hängt offensichtlich von der Verdinglichungsform der Sozialbeziehungen im gesellschaftlichen Produktions- und Verteilungssystem ab. An diesem Punkt bricht wieder jene aus den darstellungslogischen Verfahren resultierende kritische Perspektive durch, die auf die kategorial im Rahmen des Rechts nicht thematisierbare »rechtsfreie« Konstitution gesell-

schaftlicher Beziehungen abzielt. Das rechtsfähige Anerkennungsprinzip setzte sie aus sich frei, da sie in ihrer materiellen, verdinglichten Gestalt mit den Kategorien des freien Willens nicht zu begreifen sind.
Aus diesem Sachverhalt ziehe ich den Schluß, daß materiell verankerte Macht und Ohnmacht eine jeweils unterschiedliche Stellung zum Recht moralischen Handelns suggerieren, aber in Wahrheit vom Recht gleichermaßen gedeckt sind. Die gängige Rede von der »doppelten« Moral der bürgerlichen Gesellschaft scheint darauf hinzudeuten und etwas Richtiges zu meinen. Sie hat ihren rationalen Kern darin, daß die Macht und Ohnmacht zum Handeln von der Verfügungsgewalt über die Mittel der gesellschaftlichen Reproduktion abhängen. Das wissen wir spätestens seit der Marxschen Kritik der politischen Ökonomie, eigentlich schon seit Ricardo. Das Recht kann aber nicht zwischen dem Machtpotential verdinglichter Personenbeziehungen und der Ohnmacht der von dieser Verdinglichung Betroffenen differenzieren, weil sich diese Differenz nicht auf der Willensebene formulieren läßt. Das Recht kann sie nicht reflektieren und erzeugt deshalb legitimatorisch eine Doppelrolle. Zur Begründung dieser meiner These knüpfte ich an dem Sachverhalt an, daß individuelles Handeln schon dann moralisch genannt werden durfte, wenn es die Prinzipien des Rechts zum Inhalt macht. Im Recht moralischen Handelns läßt sich diese Beziehung nur als Forderung formulieren, da ihre gesellschaftlich-institutionelle Anerkennung noch aussteht, aber schon als Forderung kann sie sich allein auf die vom Recht gesetzte Reichweite einlassen. Sie steht deshalb ständig in Gefahr, in eine selbsternannte Allgemeingültigkeit des Handelns als moralisch gutem umzuschlagen: »Diese letzte abstruseste Form des Bösen, wodurch das Böse in Gutes, und das Gute in Böses verkehrt wird, das Bewußtsein sich als diese Macht, und deswegen sich als absolut weiß, – ist die höchste Spitze der Subjektivität im moralischen Standpunkte, die Form, zu welcher das Böse in unserer Zeit, und zwar durch die Philosophie, d. h. eine Seichtigkeit des Gedankens, welche einen tiefen Begriff in diese Gestalt verrückt hat, und sich den Namen der Philosophie, ebenso wie sie dem Bösen den Namen des Guten anmaßt, gediehen ist« (§ 140 Zusatz). Die Schärfe, mit der Hegel hier gegen die Auffassung vom Subjekt als Maß moralischen Handelns vorgeht, hängt damit zusammen, daß er sieht, wie wenig individuelle moralische Maßstäbe selbst zum normativen Prinzip institutionellen Handelns gemacht werden können. Das hat zwei Gründe. Der erste brandmarkt für den Fall bloß individueller moralischer Urteile die mögliche Verkehrung von gut und böse, von Moral und Unmoral, weil ihnen keine objektiven Bestimmungsgründe zur Verfügung stünden, um dieser dezisionistischen Normierung zu entgehen. Der zweite Gesichtspunkt wiegt ebenso schwer, weil die subjektive Willkür sich die Macht der Entscheidung über moralische Wertorientierungen anmaßen müßte. »Das Bewußtsein, das sich als diese Macht weiß« widerspräche radikal der vom Recht gestellten Forderung nach gesellschaftlichen Anerkennungsbeziehungen. Dieser Kritik am subjektiven Moralitätsbegriff widerspricht und entspricht zugleich die Erfahrung im Alltagshandeln. Die Verteilung der realen

Chancen, eigenes Handeln zum Maßstab für Moral und Unmoral durchzubringen, scheint auf merkwürdige Weise, gleichsam hinter dem Rücken des Rechts, mit der gesellschaftlichen Verteilung der Macht und Ohnmacht zu korrespondieren und sich deshalb auch durchsetzen zu können. Gleichwohl sollen dem Rechtsprinzip gemäß soziale Anerkennungsverhältnisse durch rechtsförmiges Handeln gesichert sein. Wie läßt sich beides miteinander vereinbaren? Ist dies nur um den Preis möglich, daß das Recht Macht und Ohnmacht gleichermaßen vom moralischen Standpunkt aus rechtfertigt?
Materiell verankerte Interessen können sich, wie schon gesagt, dort durchsetzen, wo die Gesellschaft Machtdifferenzen mittels der Verdinglichung der Personenbeziehungen zuläßt und damit Handlungschancen unterschiedlich verteilt. Rechtliche Kategorien, die sich allein auf der Willensebene einrichten können, fassen solche Verdinglichung nicht. Ökonomisch ungleiche Handlungschancen sind gerade wegen der Gleichgültigkeit des Rechts gegenüber den Gebrauchsqualitäten der Güter und den materiellen Substraten des Handelns offen. Mangels ihrer rechtlichen Bestimmbarkeit sind sie auch nicht als moralisch oder unmoralisch im Sinne des Rechts zu diskreditieren. In dem Maße, wie sich Macht aus dem Rahmen der Rechtsförmigkeit freisetzt, hebt sie deren Prinzipien nicht auf, tritt also nicht in Konflikt mit ihnen. Dies ist überall dort der Fall, wo sich die Rechtssubjekte einerseits als virtuell gleichberechtigte begegnen, nämlich im Tauschverkehr, auf dem Markt, und andererseits die Individuen in der Produktion der Rationalität der Sache subsumiert werden. Denn der Markt unterstellt freie Vertragspartner, in ihm wird auch materiell und qualitativ Heterogenes unter gleichberechtigten Vertragspartnern getauscht. Das Handeln vom Standpunkt der Macht bezieht daraus seine Rechtfertigung. Der Kauf der Ware Arbeitskraft, die im Produktionsprozeß versachlicht wird, ist hier ebenso legitim wie der eines Autos. Wir müssen noch weiter gehen: Das Recht des moralischen Handelns gibt, sofern nur die vorgezeichnete Vernunft des Rechtsbegriffs und deren Reichweite in den Rechtsformen – Besitz, Eigentum, Vertrag – gewährleistet ist, der Ausübung realer Macht eine Rechtfertigung, die sie nachgerade vom Stigma des rechtsrelevant Unmoralischen befreit. Das Recht kann sein Vernunftversprechen materiell nicht einlösen, weil es über seine Wirkungsgrenze nicht hinauskann. So sind materielle Interessen mittels des Rechts gegen jeden Vorwurf legitimiert, der mit einem anderen moralischen Wertprinzip arbeitet; ja dies fordert die Wahrnehmung der Chance zur Machtentfaltung unter dem Deckmantel moralischer Rechtfertigung geradezu heraus. Das ist die eine Konsequenz des Rechts moralischen Handelns.
Komplementär zur Machtentfaltung privilegierter Gesellschaftsmitglieder kann der überwiegende Teil nur ohnmächtig zusehen. Das liegt daran, daß auch diese Rechtssubjekte unbeschadet der realen Unterschiede in gleicher Weise auf die rechtsförmigen Handlungschancen verpflichtet sind. Fehlende Macht verändert die Verpflichtung auf das Recht nicht, sondern sie gibt nur negatorische Interventionsmöglichkeiten, und dies nur in den Fällen, in denen ökonomische

Machtausübung gegen die rechtsförmigen Handlungsprinzipien verstößt. Das Recht moralischen Handelns sanktioniert nicht etwa die unterschiedliche Verteilung materieller Macht und Ohnmacht, sondern gibt den sozial Schwachen nur den Anspruch, auch gegen ihre objektiven Interessen die Einhaltung des Rechts zu fordern. Mit einer zynischen Formulierung ausgedrückt: Ihre eigene Lage als Unterworfene wird mit der Möglichkeit, die Macht zum Handeln zu rechtfertigen, gesichert, da der Kampf um die Macht sich nicht im Rahmen vom Recht bereitgestellter Rechtfertigungsstrategien, sondern im Feld der materiellen Reproduktion, also jenseits rechtsförmiger Qualifikation des Handelns entscheidet. Ich erinnere hier nur an die Fälle, in denen der sozial Schwächere an vertragliche Verpflichtungen gebunden bleibt, obwohl er nicht aus eigenem Verschulden zahlungsunfähig geworden ist, oder an die reale »Vertreibung« sozial schwacher Mieter aus ihren Wohnungen durch die Machtausübung der finanziell potenten Eigentümer. Diese Erfahrung spiegelt sich ebenso in den hilflosen Versuche wider, mit Rechtsmitteln sozial Schwachen, insbesondere sogenannten Randgruppen, bessere Lebenschancen einzuräumen. Gleichgültig ob es sich um ausländische Arbeitnehmer, um ältere Arbeitslose oder psychisch Kranke handelt, für die »die Gesellschaft« Verantwortung trägt, in allen Fällen läßt sich nachweisen, daß deren Ohnmacht eng mit den Bedingungen der materiellen Reproduktion zu tun hat. Soweit »moralische« Apelle nicht gehört werden – und dies geschieht allenfalls bei den freien Trägern, – drückt sich die soziale Verantwortung der Gesellschaft in gesetzlichen Maßnahmen aus. Aber weder das Ausländerrecht noch die Arbeitslosenversicherung oder die sozialen Therapienangebote binden die Ursache der Ohnmacht der Betroffenen an eben die materielle Produktion und damit an die Verantwortung der Privilegierten zurück.

Die doppelte Moral der bürgerlichen Gesellschaft greift dort, wo das Recht den wirklich Mächtigen zur Entfaltung ihrer Macht die Legitimation nachliefert, während die Schwächeren auf dieselbe Moral verpflichtet sind, die ihrer Beherrschung noch eben den Schein der Rechtfertigung umlegt. Es gehört zur Dialektik des Rechts bürgerlicher Moral, als Recht allgemeiner Anerkennungsbeziehungen alle unterschiedslos auf seine Realisierung zu verpflichten und darin zugleich reale Macht- und Unterwerfungsverhältnisse zu rechtfertigen. Wenn ich eingangs von dem Verdacht sprach, daß das Recht moralischen Handelns nur scheinbar die Autonomie der Subjekte sichert, so ist er begründet, weil das Recht in den materiell verankerten Widerspruchstrukturen der Gesellschaft keinen Platz findet. Die gängigen Moralvorstellungen, die die Subjektivität zum selbsternannten Maßstab moralischen Handelns machen und vom Recht gerade negiert werden, kehren hinter dem Rücken des Rechts in dem von diesem preisgegebenen Freiraum materieller Verfügungsmacht wieder. Die Analyse zeigt die Grenzen dieses Rechts in einer gesellschaftlichen Wirklichkeit auf, die ungleiche Verteilung von Macht ständig reproduziert, ja erweitert. Noch der Begriff der Autonomie des Rechtssubjekts verfällt darin der begrenzten Wirksamkeit des bürgerlichen Rechts.

Nach alledem liegt auf der Hand, daß die Theorie moralischen Handelns bei Hegel harte Kritik an allen moralischen Werturteilsgründen impliziert, die im Gegenzug gegen die objektive Ungleichheit und Ausbeutung in der Gesellschaft ihr Alibi in den Nischen subjektiver Überzeugungen suchen. Das Radikale des sozialen Anerkennungsprinzips im bürgerlichen Recht liegt in der Sperre, die es gegen individuelle Rechtfertigungsstrategien einbaut; eine Radikalität also, die noch die subjektiven Handlungsentscheidungen auf die objektiven gesellschaftlichen Rahmenbedingungen eines Rechts verpflichtet, das seinen Anspruch vor der Verantwortung für die Folgen der gesellschaftlichen Reproduktionsform rettet.

4. Hinter dem Rücken des Rechts: Die gesellschaftliche Reproduktion

Das Recht moralischen Handelns garantiert das Recht der doppelten Moral, weil es dem Subjekt die Verantwortung für die Rechtsgeltung aufbürdet, es zugleich aber auch von der ökonomisch verankerten Ungleichheit und Machtentfaltung entlastet. Letztere entziehen sich der rechtsförmigen Subsumtion. Will die Analyse der bisher verfolgten Darstellungsmethode nicht untreu bleiben und der Spur der Kritik folgen, dann gehen zwei Ergebnisse als Voraussetzungen in die weiteren Überlegungen ein. Das gilt zum einen für die normative Funktion des Rechtsbegriffs und der von ihm behaupteten objektiven Wirksamkeit des freien Willens; das gilt zum anderen für die objektiven Rahmenbedingungen, die mit dem Recht moralischen Handelns rechnen und die von ihm gesteckte Verantwortungsgrenze beibehalten müssen. Erst aus den sozialen und institutionellen Bedingungen des individuellen Handelns werden wir erfahren, wie es gesellschaftlich wirksam wird, welche gesellschaftlichen Folgen also gleichsam naturwüchsig aus der rechtsförmigen und insofern restriktiven Entscheidung über Umfang und Grenzen subjektiver Verantwortung erwachsen. Der normativen Prämisse entsprechend können wir unterstellen, daß die gesellschaftliche Realität und institutionelles Handeln Freiheit meinen, wenn sie rechtsfähig sind. Gerät diese apodiktische – aus der auf Kritik angelegten Darstellungslogik erzwungene – These aber nicht in merkwürdigen Kontrast zu der Diskontinuität und den anarchischen Zügen des ökonomischen und sozialen Reproduktionsprozesses unserer Gesellschaft? Und wenn an dieser These festgehalten wird, was bedeutet sie für den vom Recht in Anspruch genommenen Freiheitsbegriff? Und schließlich: kann sich das Recht des sittlichen Gemeinwesens gegenüber diesem Problem immunisieren?

Kann die Rede von objektiv gelungener Freiheit im Anschluß an das Recht moralischen Handelns noch gar nicht behauptet werden, ist also von der objektiven Identität des Rechtssubjekts und seiner gesellschaftlichen Stellung noch nicht begründet zu reden, so läßt sich aus der normativen Voraussetzung nur entnehmen, daß unter dieser Identitätsforderung das Recht der Sozialität auf der Grundlage von Anerkennungsbeziehungen garantiere. Damit ist nicht nur daran erinnert, daß freie Vergesellschaftung aufgrund von Anerkennungsbeziehungen das Kriterium für die Vernunft des bürgerlichen Rechts ist und deshalb auch auf der Stufe von Gesellschaft und Staat bleiben muß; die Logik des Rechts ist darüber hinaus Prinzip dieser Institution insofern, als es zum Brennpunkt und zur allein relevanten Vermittlungsinstanz für die sozialen Beziehungen gerät. Zur Objektivität von Freiheit gehört die Verrechtlichung als Komplement hinzu. Darin spiegelt sich die Selbstverpflichtung des Rechts wider. Ob sich hinter seinem Rücken alternative Formen, und das wären immer gescheiterte Anerkennungsbeziehungen, durchsetzen und wie die Konkurrenz zwischen den Rationalitätsstrukturen von Recht und Ökonomie entschieden wird, muß sich an der Integration des abstrakten Rechts und rechtsfähiger Verantwortung in dem Kontext des Gemeinwesens erweisen. Davon wäre auch die inhaltliche Rede von wirklicher bürgerlicher Freiheit betroffen.

Erinnern wir uns jenes Befundes zu den abstrakten Rechtsinstitutionen, den ich unter die Formel der Thematisierung des aus darstellungslogischen Gründen Nichtthematisierbaren brachte, und der rechtsfähigen doppelten Moral subjektiven Handelns und berücksichtigen wir beides im Zusammenhang mit der apodiktischen Redeweise, mit der das normative Prinzip des Rechts vorausgesetzt werden muß, dann zeichnet sich eine mögliche inhaltliche Konsequenz ab. Aus der Gleichgültigkeit des Rechts gegenüber den materiell verankerten, am Verdinglichungsprozeß der Personenbeziehungen festzumachenden Herrschaftsstrukturen – so möchte ich Hegel gleichsam gegen den Strich lesen – zieht die Darstellung des Rechts ihre kritische Perspektive gegenüber dem wirklichen rechtsförmigen Handeln in Gesellschaft und Staat. Sie tut dies in der Reflexion auf die Vernunftgrenzen des bürgerlichen Rechts – und sie könnte darin den gesellschaftlichen und staatlichen Institutionen die Grenzen ihrer Wirksamkeit nachweisen. Vor diesem Hintergrund wären die Diskontinuitäten zwischen der gesellschaftlichen Form der Reproduktion und staatlich-institutionellem Handeln zu verstehen.

Um meiner These näher zu kommen, will ich zwei Argumentationsschritte Hegels aufgreifen: seine zunächst explizierte Logik des Rechts der Sittlichkeit und die bloß relative Geltungschance des Rechtsprinzips aufgrund einer Reziprozität von Recht und Pflicht.[34] Beide scheinen mir die Schlüssel für das Verständnis nicht nur der gesellschaftlichen Vermittlungsfunktion des Rechts, sondern ebensosehr für deren Kritik in die Hand zu geben. Denn sie rekonstruieren die logische und reale Spannung zwischen dem formulierten Anspruch des Rechts und den wirklichen Verhältnissen in Gesellschaft und Staat. Nicht zuletzt F. Fuldas Vermutung, »daß das Recht der Philosophie sich auf doppelte Weise präsentiert: wie es für den sittlichen Willen besteht und wie es der spekulative Begriff faßt«,[35] rekurriert auf dieses Spannungsfeld, weil das Rechtsprinzip in den gesellschaftlichen und staatlichen Institutionen seinen objektiven Bezugsrahmen findet und zugleich von ihm behauptet ist, es sei deren konstituierendes Prinzip.

Diese Behauptung läßt sich zunächst mit Hegels Identitätsthese am Übergang des Rechts moralischen Handelns zum Recht der Sittlichkeit belegen: »Die, somit konkrete Identität des Guten und des subjektiven Willens, die Wahrheit derselben, ist die Sittlichkeit« (§141). Dem Recht der Moralität zufolge war der subjektive Wille dafür verantwortlich, das Gute mit der Idee des Rechts zu identifi-

34 Hegels Insistenz auf diesem Reziprozitätsverhältnis ist an zwei argumentativ entscheidenden Stellen abzulesen: in der Logik der Sittlichkeit (§ 155) und an der Stelle, an der die Bedingungen genannt werden, unter denen der Staat als sittlicher und Endzweck des Gesellschaftlichen ist (§ 261).

35 Vgl. F. Fulda: Das Recht der Philosophie in Hegels Philosophie des Rechts (Frankfurt/M. 1968).

zieren. Das solchermaßen eingegrenzte Gute, ausgezeichneter, aber noch nicht auf seine Objektivitätsbedingungen geprüfter Inhalt des Handelns, müßte als Bedingung der Realisierung der Freiheit in Gesellschaft und Staat wiederzuerkennen sein. Dies gilt, wenn eine Identifikation gelänge: das Gute zu wollen und mit ihm die rechtsfähigen Formen gesellschaftlichen und staatlichen Handelns anzuerkennen. Diese Identifikation bände, käme sie zustande, das Prinzip des Guten auch in das objektive Recht ein.

»Das Dasein der Freiheit, welches unmittelbar als das Recht war, ist in der Reflektion des Selbstbewußtseins zum Guten bestimmt; das Dritte, hier in seinem Übergang als die Wahrheit dieses Guten und der Subjektivität, ist daher ebensosehr die Wahrheit dieser und des Rechts« (§ 141 Zusatz). Es ist mitnichten an dieser Stelle auszumachen, mit welchem Recht Hegel diese Gleichsetzung behaupten kann. Man müßte sich darüber wundern, daß sie an einer so wichtigen Übergangsstelle eine argumentative Ableitung vortäuscht, wenn seine Vorgehensweise nicht aus seinem darstellungsmethodischen Kalkül heraus verständlich würde. Der inhaltlichen Analyse der sittlichen Institutionen geht nämlich die logische Explikation der Bedingungen voraus, unter denen das Recht objektiv sein kann und den sozialen und institutionellen Rahmenbedingungen als organisierendes Prinzip vorgeordnet ist. Lassen sich am Maßstab der logisch erzwungenen Geltungsbedingungen des Rechts demgegenüber wirkliche Schranken für dessen objektive Reichweite in Gesellschaft und Staat nachweisen, dann wäre die dadurch veranlaßte Kritik methodisch begründet und setzte sich nicht dem Vorwurf aus, sich aus alternativen Prämissen zu speisen.

Um die bekannten Widerspruchspotentiale reiner Legalität und restriktiver moralischer Subjektivität durch sittliche Normen zu überlagern, verbietet sich Hegel aus gutem Grund, das Recht als herrschende Macht um jeden Preis auch auf den inhaltlichen Vergesellschaftungsprozeß übergreifen zu lassen. In gesellschaftlichem und staatlichem Handeln müßte sich das Recht auch gegen ökonomische Ungleichheit und Machtentfaltung durchsetzen und ihm widerstreitende gesellschaftliche Rationalität, etwa die der Verdinglichung im Kapitalprozeß, ausschalten. Dieser Weg ist nicht rechtsfähig, weil direkter Zwang der Institutionen auf die vorausgesetzte Identitätsforderung verzichten müßte. Er trüge allenfalls zur Konfliktverschärfung bei, weil er selbst das Rechtsprinzip verletzte. Im Blick auf den Selbstwiderspruch einer solchen Herrschaftsform politischen Handelns ist leicht erkennbar, wie wenig sie zur Realisierung des vom bürgerlichen Recht gemeinten Prinzips der Freiheit beitrüge. Sie fiele hinter die Prämisse des Rechts des freien Willens zurück. An diesem Argument müssen sich z.B. auch aktuelle politische Forderungen wie die nach Investitionslenkung und -kontrolle durch den Staat messen lassen; sie werden vom konservativen Standpunkt aus zu Recht mit immanent überzeugenden Gründen als systemwidrig diskreditiert.[36]

36 Vgl. hierzu die Dokumente bei E. Denninger (Hrsg.): Freiheitliche Demokratische Grundordnung, Bd. 1, unter Kapitel 3: Staatliche Grundordnung und »Wirtschaftsverfassung« (Frankfurt/M. 1977) S. 241 f.

Vergesellschaftungsprozesse in freien Anerkennungsverhältnissen und diese im bürgerlichen Recht zu begründen widerstreitet allen Versuchen, das Recht der Sittlichkeit mit Machtausübung gegenüber auch nur einem einzigen Individuum zu verkoppeln. Hegel insistiert deshalb auf einem anderen Weg, der der Logik des Rechts folgt. Er gibt normative Bestimmungen dafür an, unter welchen Umständen die überkommenen Widersprüche des Legalitäts- und Moralitätsbegriffs im Handeln der gesellschaftlichen und staatlichen Institutionen rechtsfähig aufgehoben werden könnten. Die Identität des vom Recht gesetzten Begriffs des freien Willens mit dem individuellen Handeln sei nämlich so zu verstehen, »daß nunmehr jedes für sich selbst die Totalität der Idee ist und sie zur Grundlage und Inhalt hat« (§ 143). Wie uns aus der Logik der Reflexionsbestimmungen noch bekannt, indiziert diese Beziehung ein Einschließungsverhältnis zweier sich ausschließender Momente; in ihm wäre mit der Durchsetzung des einen Moments notwendig die Durchsetzung des jeweils anderen Moments impliziert. Also nicht vorausgesetzte, mithin unmittelbare Identität, sondern Identität als prozessuales, als herzustellendes Verhältnis steht in Wahrheit zur Diskussion.
Die Identitätsfrage erzwingt zwei Bedingungen, die erfüllt sein müssen, damit das Recht in Gesellschaft und Staat gleichermaßen wie im abstrakten Recht und im Recht moralischen Handelns oberstes Prinzip sein kann: Das Rechtssubjekt reflektiert auf den institutionellen Rahmen seines Handelns, auf »die an und für sich seienden Gesetze und Einrichtungen«; und es anerkennt diese als Ausdruck der Objektivität des Rechts, weil sich in ihnen dessen Autorität geltend mache. Diese Bedingungen sind die notwendigen und hinreichenden für jede Wirklichkeit, die sich der Logik des Rechts eines sittlichen Gemeinwesens unterwerfen will.
Unter diesen Bedingungen des Vernunftentwurfs des Rechts sind die abstrakten Rechtsinstitute und moralische Subjektivität in den objektiven Institutionen »aufzuheben«. Aber was heißt dies für den wirklichen Abstraktionsprozeß, um dessen Preis bisher die Forderung nach sozialen Anerkennungsverhältnissen aufrechterhalten werden konnte? Die Einlösung des logischen Entwurfs hängt von dem Schicksal des realen Abstraktionsprozesses ab. Denn je nach dem Umfang der Wirksamkeit des Rechts, den der genannte Abstraktionsprozess erst zum Problem werden ließ, entscheidet sich, ob sich die überkommenen Bedingungen von Legalitäts- und Moralitätsbegriff gegen gesellschaftliche Anerkennungsbeziehungen sperren oder mit diesen in Einklang stehen können. Erst wenn es gelingt zu zeigen, wie weit das Recht als soziales Vermittlungsprinzip von den Reproduktionsformen der Gesellschaft entkoppelt ist, läßt sich Triftiges über den gesellschaftlichen Umgang mit den Eigentums- und moralischen Handlungsprinzipien sagen.
Hegel nennt in § 155 der Rechtsphilosophie das Kriterium, demgemäß Anerkennungsbeziehungen mit rechtlich qualifizierbaren Sozialbeziehungen zu identifizieren sind. Es findet sich in der These, Pflichten und Rechte fielen in eins: »Der Mensch hat durch das Sittliche insofern Rechte, als er Pflichten, und Pflichten,

insofern er Rechte hat. Im abstrakten Recht habe ich das Recht, und ein anderer die Pflicht gegen dasselbe, – im Moralischen soll nur das Recht meines eigenen Wissens und Wollens, sowie meines Wohls mit den Pflichten geeint und objektiv sein.« Das Recht der Rechtsperson definiert sich ganz unabhängig von den möglicherweise korrespondierenden Pflichten; im Recht des Rechtssubjektes sind Pflichten genannt, die noch nicht auf die objektiven, vom Recht definierten Rahmenbedingungen des Handelns reflektieren. Das Recht des Gemeinwesens, das in diesem Sinne politische, behauptet nun deren wechselseitige Umfangsbestimmung und grenzt die objektive Geltungschance des Rechts ein. Hier haben wir den zweiten Argumentationstrang Hegels vor uns, der Darstellung und Kritik des Rechts der Sittlichkeit in eins setzt. Die Tragweite dieser wechselseitigen Eingrenzung ist nicht allein mit dem Hinweis ausgelotet, daß sie logisch zwingend für alle objektiven, dem Recht verpflichteten Instanzen unterstellt werden müsse; ihre Folgen für die strukturelle Rationalität von Gesellschaft und Staat sind gerade inhaltlicher Natur.

Zunächst fällt auf, daß Rechte und Pflichten der Gesellschaftsmitglieder im Reziprozitätsverhältnis zueinander stehen sollen; hinsichtlich seiner ist behauptet, das Recht setzte sich erst im Falle seiner wirklichen Anerkennung als Vergesellschaftungsinstanz umfassend durch. Recht und Pflichte stünden mithin in einem wechselseitigen Bedingungsverhältnis. Rechte seien zu garantieren, soweit Pflichten zum Handeln bestehen, und Pflichten seien nur so weit verbindlich, als sie rechtlich relevant sind. Was heißt dies für letztere? Daß »die ethische Pflichtenlehre, d.h. wie sie objektiv ist, nicht in dem leeren Prinzip der moralischen Subjektivität befaßt sein solle«, von Hegel systematisch entwickelt wird, erlaubt ihm eine Darstellung der »sittlichen Bestimmungen als notwendige Verhältnisse«. Die Rede vom systematisch Entwickeln rekurriert nach allen unseren bisherigen Überlegungen auf die logische Verfassung des Rechts und ist in der Darstellung affirmativ aufgenommen. Nur insofern der Pflichtbegriff vom Vernunftentwurf des objektiven Rechts eines sittlichen Gemeinwesens in dessen Rationalität eingebracht ist, hat er auch an der inhaltlichen Engrenzung teil, die dessen Reichweite auszeichnet.

Die Reziprozitätsthese hat inhaltlich zunächst eine negative Komponente. Das dem Recht verpflichtete soziale Handeln darf sich inhaltlich nicht von einer objektiv unausgewiesenen, weil nur subjektiv redlichen Überzeugung leiten lassen. Andernfalls wäre nicht auszuschließen, daß die individuellen Handlungsgründe mit den gesellschaftlichen Rahmenbedingungen kollidierten. Die subjektive Redlichkeit und objektive Naivität, die in einem solchen Fall zugleich sichtbar werden, sind literarisch eindrucksvoll etwa in der rechtsfähigen Doppelnatur des Michael Kohlhaas festgehalten. Jene objektiven Bedingungen sind zu reflektieren und zum Inhalt des Handelns zu machen, weil sie allein die Objektivität des Prinzips des freien Willens erst ermöglichen. Der Pflichtbegriff läßt sich dabei von demselben Standpunkt aus restriktiv und konstruktiv bestimmen. Restriktiv ist er, wenn man ihn von einem abstrakten Freiheitsbegriff und moralischen

Wertnormen aus betrachtet, die nicht auf die objektiven Bedingungen des Handelns eingehen. Konstruktiv ist er, sofern mit ihm spezifisch institutionelles Handeln in Rechnung gestellt ist, also auch die Differenz zwischen subjektiven und institutionellen Normen im Spiel bleibt. Auf beide, auf die restriktiven wie konstruktiven Momente des Pflichtbegriffs hebt Hegel ab. Grenzsituationen belegen dies, nämlich solche, die die Differenz zwischen Pflicht und Tugend als einer vom Recht erzwungenen sichtbar machen. Wo die Rechtsverhältnisse dem sozialen Handeln keine eindeutige Entscheidungshilfe geben, dort kann auch nicht von Pflichten des Handelns geredet werden. Das ist die Kehrseite der geforderten Reziprozität der Rechte und Pflichten. Solche Fälle sind rechtlich irrelevant und deshalb auch – heute so wenig wie früher – nicht mit rechtlichen, allenfalls mit gesellschaftlich-moralischen Sanktionen bedroht: »Unter einem vorhandenen sittlichen Zustand, dessen Verhältnisse vollständig entwickelt und verwirklicht sind, hat die eigentliche Tugend nur in außerordentlichen Umständen und Kollisionen jener Verhältnisse ihre Stelle und Wirklichkeit« (§ 150 Zusatz). Die Fälle »übergesetzlichen« Notstandes, die für die Schuldzuweisung im Strafverfahren eine Rolle spielen, sind hierfür paradigmatisch. Ihre Bezeichnung bringt treffend zum Ausdruck, daß der zu entscheidende Sachverhalt gar nicht unter Recht und Gesetz zu subsumieren ist, auch keine Rechtsfolgen haben darf. Ja, das Recht schließt Rechtsfolgen als unstatthaft gerade aus.[37] Darauf allein bezieht sich rechtsfähiges Pflichtverständnis. Pflicht macht die inhaltliche Forderung des Rechts zum Maßstab, zur »zweiten Natur« des bürgerlichen Subjektes als eines gesellschaftlichen. Hat das Individuum »Pflichten, insofern es Rechte hat«, so fordert dieses Verhältnis zwar die Anerkennung der vom Recht bestimmten Regel, aber eben auch nur dieser; komplementär zur subjektiven Verpflichtung kann der Einzelne auch nur dazu verpflichtet sein, den vom Recht vorgezeichneten Rahmen berücksichtigen zu müssen. Das Handeln, das keiner rechtlichen Qualifikation unterliegt, fällt auch nicht unter sanktionsfähige Pflichtverletzungen.

Hier nun haben wir die entscheidende Einbruchstelle vor uns, die dem Recht des sittlichen Gemeinwesens die Grenzen seiner Reichweite aus dem abstrakten Recht und dem moralischen Handeln aufzwingt. Denken wir nämlich an die Handlungsentscheidungen, in denen das Subjekt jenseits seiner gesetzlichen Verpflichtungen auf die Realisierung seiner Interessen abzielen kann, so finden wir gemäß der Analyse der abstrakten Rechtsinstitute und des Rechts der Moralität darunter gerade diejenigen, die aus der ökonomischen Verdinglichung unserer Sozialbeziehungen Kapital in einem doppelten Sinne schlagen und mit Machtausübung verknüpft sind. Gerade letztere wären unter dem Titel »rechts-

37 Liegt ein übergesetzlicher Notstand als Entschuldigungsgrund vor, so wird die Handlung zwar nicht zu einer rechtsmäßigen, aber sie bleibt ohne Rechtsfolgen. Obwohl subjektiver und objektiver Tatbestand erfüllt sind, geht der Täter straffrei aus. Vgl. Näheres hierzu bei H. Welzel: Das deutsche Strafrecht, 9. Auflage. (München 1967).

freies« Handeln zu subsumieren und entsprächen der genannten These der Reziprozität zwischen Rechten und Pflichten. Diese These enthält offenkundig jenen Abstraktionsprozess des Rechts, der das Recht gegen alle konkret-inhaltlichen Kriterien sozialen Handelns immunisiert. Was läßt sich nun daraus für das Schicksal der vorausgesetzten abstrakten Rechtsinstitute und des moralischen Rechtssubjekts auf der Ebene gesellschaftlichen Handelns entnehmen?

Rechtliche Relevanz und das heißt rechtliche Qualität konnte nur jenen sozialen Beziehungen zugewiesen werden, die mit dem freien Willen als allgemeinem Prinzip gleichgültig gegenüber materiellen, versachlichten Personenbeziehungen wurden. Dieses Resultat bleibt auch für das Recht sittlichen Handelns verbindlich. Ähnliches galt für das Recht moralischen Handelns, weil es die restriktive Auslegung subjektiver Verantwortung zuläßt. Auch diese Möglichkeit, sich von der Verantwortung für materiell verankerte Ungleichheit und Macht zu entlasten, bleibt im Recht sittlichen Handelns erhalten, weil sie mit den Grenzen der Reichweite rechtsfähigen, sozialen und institutionellen Handelns korrespondiert. Der Vernunftentwurf des Rechts der Sittlichkeit zeichnet die Grenzen der gesellschaftlichen Wirksamkeit des Rechts nach, weil sein Festhalten am Prinzip des freien Willens es unfähig macht, Macht und Unterdrückungsformen einzubinden, die materiell begründet sind und die die rechtsfähige Willensstruktur gerade aus sich herausverlagert. Die Aktualität der Hegelschen Analyse des bürgerlichen Rechts liegt darin, diese Komplementarität in der geschichtlichen Entwicklung der bürgerlichen – und kapitalistischen – Gesellschaft und des Staates aufscheinen zu lassen. Marx rennt deshalb offene Türen ein, wenn er die anarchischen Zustände in Deutschland anprangert und zugleich davon spricht, daß hinsichtlich dieser Zustände die Hegelsche Rechts- und Staatsphilosophie »die einzige mit der offiziellen Gegenwart al pari stehende deutsche Geschichte« sei. Das, so meine These, ermöglicht gerade, aus Hegels eigener Darstellung die Kritik an der behaupteten Vernünftigkeit des bürgerlichen Rechts zu entnehmen. Das Recht bleibt notwendigerweise gleichgültig dagegen, welche rechtlich nicht qualifizierbaren Sozialbeziehungen sich hinter seinem Rücken breit machen. Ich nenne sie auf der Ebene der bürgerlichen Gesellschaft gesellschaftliche Herrschaftsstrukturen, weil sie in verdinglichten, in der Form gesellschaftlicher Arbeit und Bedürfnisbefriedigung erwachsenen Sozialbeziehungen gründen. Die Integration des Eigentums und des moralischen Rechtssubjekts in das Recht gesellschaftlichen und institutionellen Handelns nimmt teil an dessen objektiver Reichweite, die durch die ausverlagerte Präsenz von Machtpotentialen begrenzt ist; und die logische Rekonstruktion macht verständlich, daß sie — nämlich Eigentum und moralisches Rechtssubjekt – die Bedingungen hierfür setzen.

Haben die Rechtssubjekte nunmehr als Bürger institutionelle Pflichten nur, sofern sie Rechte haben, und Rechte, sofern Pflichten, dann entsteht jenseits dieses Reziprozitätsverhältnisses ein rechtsunfähiger Raum, in dem Vergesellschaftung nach Anerkennungsgrundsätzen zufällig bleibt. Das logisch affirmativ und deshalb normativ gefaßte Reziprozitätsverhältnis, hinter das die bürgerliche Ge-

sellschaft und staatliches Handeln bei Strafe ihres eigenen Rechtsprinzips nicht zurückfallen können, sieht sich ohnmächtig gegenüber den Macht- und Abhängigkeitsverhältnisse hervortreibenden ökonomischen Reproduktionsformen der Gesellschaft. Unter diese fallen, wie ich noch zeigen will, nicht nur die unmittelbar ökonomisch bedingten Herrschaftsverhältnisse, also die über den Warentausch hergestellte Verdinglichung, sondern ebensosehr Herrschaftsmedien, die über Bildung, Wissenschaft und Technologie Herrschaft über die Natur zur Herrschaft über die menschliche Natur verlängern.
In ihrer naturwüchsigen Gestalt – der Familie – und im System gesellschaftlicher Reproduktion und Bedürfnisbefriedigung richtet sich rechtsfreie Herrschaft sozial ein; staatliches Handeln soll dann zwischen ihnen und dem normativen Anspruch des Rechts ein komplementäres Verhältnis sicherstellen.

Die naturwüchsige Gestalt materieller Reproduktion: Die Familie

Dem traditionellen Verständnis gilt die Familie als unvordenkliche soziale Einrichtung; deren Existenz und Funktion dürften nicht zur Disposition stehen. Erst in jüngster Zeit bahnt sich die Auseinandersetzung darüber an, wie weit an der Institution Familie um jeden Preis festgehalten werden müsse. Defizitäre Sozialisationserfahrungen und systemdysfunktionale Folgen motivieren sie: Gewaltmäßiges Verhalten gegenüber Kindern und Frauen, wachsende Kinder- und Jugendkriminalität, psychosoziale Fehlentwicklungen bei Jugendlichen sind nur einige Beispiele, vor deren Hintergrund die Familienpolitik des Staates ins Zwielicht – ins konservative wie ins reformerisch-technokratische – gerät. Jugendhilferecht, Bildungsreform oder Ehescheidungsrecht sind aktuelle Versuche, darauf institutionell zu reagieren. Parallel hierzu bilden sich autonome soziale Gruppierungen, die der Familie traditionell zugeschriebenen Funktionen Alternativen entgegensetzen möchten. Man denke hier nur an Frauenhausinitiativen, Teestuben, die Auseinandersetzung um die Wohngemeinschaften und anderes. Offenkundig haben solche Reaktionen einiges mit der zwiespältigen Stellung der Familie im gesellschaftlichen Reproduktionsprozeß zu tun. Einerseits ist sie eine staatlich geschützte soziale Institution, in der die bürgerliche Gesellschaft ihre eigene Keimzelle anerkennt und die sie deshalb unter verfassungsrechtlichen Schutz stellt[38] andererseits wird sie objektiv immer unfähiger, die ihr zugeschriebenen Funktionen in einer Gesellschaft zu erfüllen, deren Stigma es ist, von inhaltlich persönlichen Bedürfnissen zu abstrahieren. Warum es zu solchen Widersprüchen kommt, läßt sich beantworten, wenn wir nach dem Recht fragen, mit dem die Gesellschaft gerade der Familie und nicht etwa anderen sozialen Kleingruppen eine ausgezeichnete Stellung in der Genese der Sozialbeziehungen zuweist.

Sicherlich ließen sich zunächst historische Gründe benennen. Die Familie ist älter als die Ausdifferenzierung des Staates aus der Gesellschaft. Sie kann als historische Keimzelle für soziale Bedürfnisbefriedigung verstanden werden. An die historische knüpft die systematische Begründung dafür an, daß das bürgerliche Recht auf die Familie vorläufig nicht verzichten könne. Die Familie, im Normalfall der bürgerlichen schon reduziert auf zwei Generationen, liegt dem gängigen Vorurteil gemäß allen gesellschaftlichen Beziehungen voraus, weil sie, so die »herrschende Meinung«, originäre Sozialisationsleistungen erbringt. Im Kontrast zu den abstrakten Rechtsinstituten des Vertrages will ich diese Meinung erläutern.

38 Hierzu Lehmann/Heinrich: Deutsches Familienrecht (München 1967), S. 2 f, sowie die Kommentare zum Grundgesetz Art. 6 der in Abs. 2 ausdrücklich vom »natürlichen« Recht der Eltern redet und damit naturrechtliche Paradigmata als vorkonstitutionelles Recht ins Spiel bringt.

Im Vertrag wird in rechtsförmiger Weise über Sachbeziehungen entschieden; sein Inhalt hängt vom Willen der Vertragspartner ab und kann durch neue Übereinkünfte zwischen ihnen ersetzt werden. Demgegenüber beruhe – so das gängige Vorurteil – die Familie auf einer naturgemäßen Willensbeziehung, die unangesehen eines vergegenständlichungsfähigen Inhalts originäre soziale Qualität erreiche und etwa in der Geburt und Erziehung der Kinder eine originäre soziale Substanz enthalte. Die traditionellen Argumente heben vor allem auf diese Auszeichnung ab und gehen in die rechtsförmige Anerkennung der Familie ein. Die Familienbeziehungen seien deshalb auch nicht disponibel – andernfalls führten sie an die unmittelbaren und mithin naturwüchsigen Bedingungen des menschlichen Lebens- und Entwicklungsprozesses. Unter diesem Gesichtspunkt ist es plausibel, wie beide, die »substanzielle« Autonomie der Familie und ihre rechtsfähige Anerkennung, als Rechtssubjekt zusammenfallen können. Stellt die Familie kraft der ihr unterstellten Naturwüchsigkeit also ein rechtliches Aliud gegenüber disponiblen vertraglichen Beziehungen dar, dann ist sie auch nicht mit denselben Rechtskategorien wie Rechtsperson und Rechtssubjekt zu beschreiben, wie wir sie bislang als fundamentale im Spiel hatten. Das nötigt um so mehr dazu, sie daraufhin abzuklopfen, wie die Familienbeziehungen auf das normative Prinzip des Rechts zurückgeführt werden, wie sie mit ihm kompatibel zu machen sind. Muß das Recht angesichts des Umstandes, daß es sich in der Familie um die Bedingung für gesellschaftliche Anerkennungsbeziehungen handeln soll, zunächst nicht so tun, *als ob* es sich bei der Familie um ein originäres Rechtssubjekt handele, und läßt sich dieses »als ob« bruchlos auf objektive Rechtsformen zurückführen?

Diese Frage zielt auf verschiedene Argumentationsebenen. Der gerade genannte Gesichtspunkt, dem zufolge die Familie eine originäre soziale Identität ausbildet, fordert die rechtsfähige Rücksicht auf ihre spezifische Qualität gegenüber abgeleiteten oder gesetzten Rechtsformen. Das bürgerliche Recht darf sich angesichts seines normativen Prinzips damit aber nicht begnügen, weil die Rede von der Naturwüchsigkeit droht, mit dem normativen Anspruch des Rechts auf freie Willensbeziehungen in Konflikt zu geraten. Ich glaube, die Ambivalenz des Rechts der Familie am besten entlang der Logik des Identitätsbegriffs verständlich machen und deren inhaltliche Reichweite darauf zurückführen zu können.

Die Funktion des Identitätsbegriffs im Kontext der Hegelschen Reflexionslogik ist die des Beginns, und das heißt, daß Identität als vorausgesetzte noch interpretationsbedürftig ist. Seine anfänglich prinzipiell defizitäre Bestimmung kann nur im Rekurs auf das hinter ihm verdeckte Beziehungsgefüge aufgefüllt werden. In seiner ersten rechtsfähigen Gestalt deckt er deshalb nur den behaupteten naturgemäßen Bestand der Familie als soziale Einheit ab. Spielt der Hinweis auf die logische Referenz der Rechtskategorien zugleich auf die verdeckte Komplexität der Familienbeziehungen an, so stellt sich die Frage ganz neu, was sich eigentlich hinter der Rede vom »Recht« der Familie verbirgt. Die Rechtsbegriffe, die die Familienbeziehungen fassen sollen, scheinen einer äußerlichen und einer logisch-

begrifflichen Ebene zugeordnet. Familienmitgliedschaft und Selbständigkeit der Personen sind hierfür die Indizes.
Die erste Ebene, die auf die natürliche Identität der Familie abzielt, entspricht dem alltäglichen Vorurteil der unbestreitbaren Sittlichkeit dieser Institution. Mit ihm ist als unseriös stigmatisiert, was dieser Vorstellung nicht entspricht. In ihm drückt sich aber auch die Verlogenheit des Rückgriffs auf und des Schutzes von »naturwüchsigen« Prinzipien aus, weil zugleich mit dem Hinweis auf sie alle inhaltlichen Bedürfnisse öffentlich verwaltet werden, die sich nicht der Rechtsform der Familie unterwerfen. Die steuerrechtliche Behandlung der »wilden« Ehe zeugt davon gleichermaßen wie – auf umgekehrte Weise – ihre sozialrechtlichen Folgen oder die soziale Diffamierung der alleinstehenden Frau, deren Kind zum Stigma des außerehelichen Verhältnisses seiner Mutter mißbraucht wird. Als naturgemäße Sittlichkeit ist die Familie auch nicht mit rechtsfähigen Begriffen zu beschreiben: Liebe sei ihr verbindendes Prinzip; ihr sei die naturwüchsige Aufgabenteilung zwischen Mann und Frau scheinbar gleichermaßen konstitutiv wie die Fügsamkeit der Kinder, Mütterlichkeit der Frau ebenso charakteristisch wie geschlechtsspezifische Sozialisation der Kinder. Diese vorausgesetzten »Naturbestimmungen« lassen keine rechtsfähigen Strukturen erkennen; ex negativo verweisen, verdrängen sie solches in den Innenbereich der Familie und aus dem öffentlichen Bewußtsein. Respektiert das bürgerliche Recht diesen Innenbereich, so darf es auch nicht in ihn hineinregieren. Die Familie ist zunächst wie ein individuelles Rechtssubjekt zu behandeln. Sie muß so behandelt werden, um zwischen der naturwüchsigen sozialen Substanz und ihrer rechtsförmigen Qualifikation keinen Widerspruch aufkommen zu lassen. Er bleibt, wie wir sehen werden, nur verdrängt. Noch das geltende Familienrecht knüpft nämlich an dieser Bestimmung an und sichert einen rechtsfreien Raum, innerhalb dessen sich die familieninternen Beziehungen inhaltlich unkontrolliert entfalten. Ob sich hier streng hierarchische Machtverhältnisse, gewaltförmiger Umgang zwischen Mann und Frau – manifestiert an der Frage, unter welchen Bedingungen der Unzuchtsparagraph des Strafgesetzbuches auch innerhalb der Ehe gilt [39] – oder antiautoritäre Erziehungspraxis durchsetzen, ist rechtlich irrelevant, solange die Institution Familie nicht gefährdet ist. Hier können sich unter dem Signum der Naturwüchsigkeit die unterschiedlichsten sozialen und ethischen Normen bzw. Werthaltungen durchsetzen. Das Recht ist unfähig, sich dazu zu verhalten. Es respektiert diesen Sachverhalt mit dem Begriff der Familienmitgliedschaft. Das Recht des Einzelnen ist bloßes Moment des Rechts der Familie als Subjekt; als Familienmitglied hat niemand individuelle und originäre Ansprüche gegen sie – das gilt erst, wo die Familie sich auflöst. Hätten die Familienmitglieder eigene Rechtsansprüche gegen die anderen, so setzten sie sich mit ihrem Status, Familienangehörige zu sein, in Widerspruch. Deshalb ist die Familie vom Recht wie eine

39 Schönke/Schröder: Kommentar zum Strafgesetzbuch (München 1978), Anm. 2 zu § 177 StGB.

natürliche Person, als Rechtsperson und -subjekt behandelt. Die Assoziation zu charakteristischen Zügen einer totalen Institution (Erving Goffman), zu der rechtsfähigen Konstruktion eines »besonderen Gewaltverhältnisses« (vgl. z.B. Strafanstalt, geschlossene Heime, Schulen) drängt sich aus zwei Gründen auf. Zum einen haben beide mit der Familie gemeinsam, daß das Innenverhältnis der Mitglieder allein gemäß dem Zweck der Einrichtung als solcher – im Fall der Familie als Sozialisationsinstanz – ausdifferenziert ist; zum anderen gelten entscheidende Einschränkungen aus rechtlicher Sicht, die nicht einmal zulassen, gesellschaftlich selbstverständliche Ansprüche geltend zu machen. Die Rechtsprechung hat vielfältig darauf verwiesen, sei es im Fall der Schwangerschaftsunterbrechung nach § 218 des Strafgesetzbuches, sei es aus Anlaß des Ehescheidungsrechts oder im Anschluß an die Frage, wie weit der Schutz der Familie nach dem Grundgesetz auch für Ehen mit Ausländern zu gelten habe. Darin manifestieren sich die unsäglichen Folgen der vom Recht respektierten und vorausgesetzten Subjektivität der Familie, die auf den noch undifferenzierten Identitätsbegriff rekurriert. Allein die Identität gewährleistet nicht, daß die schon vorgängigen rechtsförmigen, weil auf Willensverhältnisse ausgelegten Bestimmungen der Rechtsperson und des Rechtssubjekts berücksichtigt wären. Die behauptete Rechtsidentität der Familie scheint vielmehr alle am subjektiven Willen ansetzenden Bestimmungen zugunsten der Familie als Rechtssubjekt zu absorbieren. Wie kann die Familie trotz ihrer vorausgesetzten originären Sozialfunktion dem normativen Anspruch des Rechts, freie Willensbeziehungen zwischen Personen durchzusetzen, Rechnung tragen, d.h. überschreitet sie die unmittelbare naturwüchsige Deutung der gängigen Vorurteile allererst durch ihre rechtliche Qualifikation?

Ist die Familie vom Standpunkt sittlicher Sozialbeziehungen aus gesehen originäre Einheit, so führt die Frage nach dem Schicksal der Individuen und ihrer Handlungsfreiheit als Rechtssubjekte auf das Integrationsvermögen des *Rechts* der Familie. In die vorausgesetzte Rechtssubjektivität geht nämlich nicht ein, daß sie selbst sich einem Prozeß der Bildung und Selbstauflösung verdankt. Solange ihre soziale Identität unmittelbar unterstellt ist, reicht der »einfache« Identitätsbegriff des Rechts, reicht die Familie als Rechtssubjekt aus. Näheres Hinsehen sprengt dessen Rahmen, weil die schrittweise Lösung der Familienmitglieder aus dem Familienverband – etwa im Selbständigwerden der Kinder oder in der Scheidung – für die soziale Aufgabe der Familie konstitutiv und elementar ist. Die vermeintliche Stabilität erweist sich in Wahrheit als labile.

Darauf muß auch ihre rechtsfähige Qualifikation Rücksicht nehmen. Sie erzwingt eine begriffliche Neuorientierung, die es erlaubt, dem Prozeßcharakter der Sozialisationsaufgabe der Familie Rechnung zu tragen. Oder anders ausgedrückt, die wirklichen rechtsförmigen Beziehungen sind erst im Verlust naturwüchsig erscheinender sozialer Identität und Sittlichkeit wiederzuerkennen. Mit dem Identitätsverlust wird die vorausgesetzte Rechtssubjektivität des Familienverbandes obsolet. Sie erweist sich im nachhinein als eine abgeleitete. In der

Analyse der nunmehr zutage tretenden Rechtsverhältnisse verliert der Begriff der unmittelbaren Identität seine Überzeugungskraft. Mit ihm geraten auch die zuvor genannten Erfahrungen über den Totalitätscharakter der bürgerlichen Familie in ein neues Licht, weil sie nachträglich ihr Kontingentes abstreifen und in die Entwicklung der rechtsförmigen Sozialbeziehungen integriert sind. Der rechtsfreie Innenraum der Familie trägt die Handschrift des Rechts, ist selbst dessen Moment. Die Logik des Rechtsbegriffs deutet darauf. Die rechtliche Qualifikation dessen, was sich in und an der Familie abspielt, läßt sich nämlich nur auf einer anderen Ebene, auf der wesenslogischer, also vermittelnder Rechtsbegriffe nachzeichnen. Die vorgegebene natürliche Sozialität der Familie führt in Wahrheit auf die strukturelle Analyse der in ihr wirksamen Willensbeziehungen zurück, weil nur diese rechtsförmig greifbar sind. So zeigt sich auch, daß die familiäre Entwicklungs- und Auflösungstendenz mit der Gestaltung rechtlich relevanter Willensbeziehungen zwischen den beteiligten Personen zu tun hat. Die soziale Identität ist auf der Basis von Willensbeziehungen hergestellt und führt jetzt nur auf sie zurück. Da dies erst retrospektiv aus der verlorenen Ehre der Familie als originärer sozialer Substanz deutlich wird, brauchen wir nun einen »entwickelten« Identitätsbegriff, der die rechtsfähige Identität der Familie als Prozeß der Aufhebung selbständiger Willen charakterisiert. Erst dort, wo die Familie so verstanden wird, ist ihre rechtliche Verfaßtheit im Blick. Sie hängt von den beteiligten Rechtssubjekten ab, weil diese ihr erst rechtsfähige Anerkennung verleihen: Die Familie ist nicht das vorgeblich wesentliche Subjekt und Grundlage sittlicher Institutionen, weil sich ihre Identität einem Vermittlungsprozeß verdankt, der, zwar nur ex post, ihre Genese in einem Rechtsverhältnis von Subjekten ansiedelt. Kategorial widergespiegelt im Begriff der personalen Selbständigkeit der Familienmitglieder, scheint mir dies der zweite Schlüsselbegriff zu sein, der zusammen mit der Familienmitgliedschaft die inhaltliche Spannung des Rechts der Familie absteckt.

Die Kehrseite der rechtlichen Formbestimmung, aber deren Moment ist die Familie als intern rechtsfreies Gebilde. Die Tragweite dieses Ergebnisses ist noch nicht ausgeschöpft. Würde das Recht in den familiären Innenraum hineinregieren, dann hätte es teil an deren Labilität; es müßte sich mit seinem eigenen Prinzip, das solche Labilität nicht verträgt, in Widerspruch setzen. Der Widerspruch ist nur vermeidbar, wenn das eine seiner Momente dem Zugriff des Rechts, also rechtsfähiger Qualifikation, entzogen wird. Die Dialektik des Rechts der Familie liegt darin, den Widerspruch zwischen der sozialen Realität und seinem eigenen Prinzip nur auflösen zu können, indem es diesen rechtsfreien Raum der Möglichkeit personaler Herrschafts- und Abhängigkeitsverhältnisse preisgibt und solchen Totalitätszügen gleichgültig gegenübersteht, die ich mit den Stichworten »totale Institution« und »besonderes Gewaltverhältnis« benannte. Die historische und systematische Erfahrung decken sich zwanglos. Sie lassen die Prognose zu, daß der Verrechtlichung der Sozialbeziehungen in der bürgerlichen Gesellschaft die Sicherung des rechtsfreien Raums innerhalb der Familienbeziehungen nicht nur korrespondiert, sondern als Bedingung vorgezeichnet ist. Nur wer diese immanente Logik des Rechts der Familie nicht versteht, der kann, wie K.H. Ilting, mit der »nicht unwesentlichen Akkumulation an die Restaurationspolitik Preußens« Hegel biographisch zu rechtfertigen versuchen, oder wie E. Topitsch, im Familienrecht bloß eine Rechtfertigungsideologie für den Status quo hergebrachter Verhältnisse erkennen wollen; ein Mißverstand, der sich gerade in den beiden genannten Fällen gegen die eigene politische Einstellung der Diskutanten wendet. Was haben dererlei Deutungsversuche noch mit dem Sachverhalt zu tun, daß die Theorie des bürgerlichen Rechts vom objektiven Recht handelt und dessen normativen Anspruch zum darstellungsmethodischen Leitfaden macht? Lassen sich Hegels Ausführungen nicht überzeugender als zwangsläufiges Resultat der Geltungsgrenzen des bürgerlichen Rechts auf der Ebene der sittlichen Institutionen deuten? Ein solches Verständnis kann sich mit mehr Recht auf systematisch entfaltete Kritik am bürgerlichen Recht stützen.

Diese meine Interpretationsthese ließe sich jetzt an einzelnen zentralen Begriffen durchspielen, und sie könnte nachweisen, wie ihr Gehalt aus dem Wechselspiel der in der Analyse unterschiedenen kategorialen Ebenen zum Vorschein kommt. Ich will mich indes nur mit zwei kurzen Hinweisen begnügen.

Der erste betrifft die Institution der Ehe. Sie soll einerseits von der »besonderen Neigung«, »natürlicher Lebendigkeit« und anderem getragen sein; sicherlich wünschenswerte, aber im Blick auf ihren rechtsbegründeten Charakter zufällige Motive, selbst wenn sie gemäß gängigen Vorstellungen über eheliche Beziehungen fundamental erscheinen. Wir reden etwa von »maßloser« Liebe und Zuneigung, ohne daß wir uns darüber Rechenschaft abgeben würden, was mit diesem maßlos eigentlich gemeint ist. Diese Redensart trifft insofern Richtiges, als die objektiven Bedingungen sozialer Beziehungen, also auch ehelicher, für diese Bedürfnisse und Bindungsgründe kein Maß darstellen, sondern gleichgültig sind. Erst dort, wo in sie sittliche, d.h. im Kontext des Rechts bewußte Anerkennung des anderen als Rechtssubjekt eingeht und auf die Genese und Geltung der sozialen Institution Ehe reflektiert ist, erreicht sie den Standard rechtsfähiger, objektiv anerkennungsfähiger Beziehungen. Die Ehe wird rechtserheblich nur, sofern sie rechtsrelevante Anerkennungsverhältnisse und bewußte und gewollte Bindungen der Beteiligten zur Grundlage hat. Was sich jenseits dessen an Motiven für die eheliche Gemeinschaft finden läßt, ist rechtlich indifferent. Damit ist nicht dem von Hegel diffamierten Vertragscharakter der Ehe das Wort geredet. Im Gegensatz zum Vertrag nämlich, der die Selbständigkeit der Vertragspartner zur Voraussetzung und zum Resultat hat, bleibt die Ehe dadurch charakterisiert, daß die Beteiligten bewußt ihre Selbständigkeit in die eheliche Beziehung einbringen und der Ehe eine soziale und rechtlich eigenständige Anerkennung verschaffen.

Der zweite Hinweis, Familienmitgliedschaft und Selbständigkeit der Personen zu den Schlüsselbegriffen des Rechts der Familie machen zu können, führt auf die materielle Basis der Familie, das Familienvermögen. Es ist als »soziales« Eigentum gegenüber dem privatrechtlichen Eigentumsbegriff zu unterscheiden: »Das im abstrakten Eigentum willkürliche Moment des besonderen Bedürfnisses des bloß Einzelnen und die Eigensucht der Begierde verändert sich hier in die Sorge um den Erwerb für ein Gemeinsames, in ein Sittliches« (§ 170). Das Interesse am Familienvermögen ist Bedingung für die dauerhafte materielle Existenz und Entwicklungschance der Familie. Es ist gemeinsames Eigentum, »so daß kein Glied der Familie ein besonderes Eigentum, jedes aber sein Recht an das gemeinsame hat« (§ 171). Das ist die eine Seite. In der Rede vom gemeinsamen Eigentum ist eine Paradoxie augenfällig, wenn wir uns an die rechtsförmige Bestimmung des Eigentumsbegriffs erinnern. Das gemeinsame Eigentum als naturwüchsige Existenzbedingung kann noch ursprüngliche Elemente gesellschaftlicher Gebrauchswertorientierung aufnehmen; aber vom Standpunkt des Rechts, in das die Familie reintegriert werden muß, entscheidet sich, daß solche Elemente nicht wirksam werden dürfen, um nicht mit dem vorausgesetzten Eigentumsbegriff des bürgerlichen Rechts zu kollidieren. Die wirkliche soziale Qualität ist alleine an den Rechtsformen zu messen, und diese schreiben es in das individuelle Eigentum zurück. Sichtbares Zeichen ist die Eigentumsnachfolge. Das Familienvermögen fällt mit der Erbfolge in abstrakt-individuelle Eigentumsbeziehungen zurück, sobald der Familienverband sich aufgelöst hat; in diesem Prozeß enthüllt sich die labile Verfassung einer familiären Vermögensordnung, die allein an den Sozialisationsaufgaben der Institution Familie ihren Zweck hat. Sobald dieser erfüllt ist, löst sie sich ebenso »naturwüchsig« wieder auf, wie sie eingerichtet wurde.

Die rechtsförmig vernetzten Privatinteressen: Die bürgerliche Gesellschaft

Die labile Verfassung der Familie als Rechtssubjekt schließt aus, ihr eine genuine Rolle im Prozeß der gesellschaftlichen Reproduktion zuzubilligen. Im Gegenteil, sie ist, jedenfalls vom Standpunkt des Rechts aus gesehen, im gesellschaftlichen Verkehr an die Peripherie gedrängt. Sinnlichkeit, Emotionalität, Mütterlichkeit und anderes sind für den durchrationalisierten gesellschaftlichen Alltag eher dysfunktionale, ja irrationalitätsträchtige Verhaltensweisen. Denen, die sie sich als Residuen von Naturhaftigkeit bewahren, schlagen sie negativ zu Buche.[40] Die Gesellschaft hat »ihre Rationalität« in der Ökonomie des Bedürfnissystems und der Arbeit. Das Recht hilft dieser Rationalität unter den Bedingungen individueller Freiheit und potentiell gleicher Teilhabe am gesellschaftlichen Reichtum auf den Weg.

Sollen Bedürfnisbefriedigung und Arbeitsprozeß gesellschaftlich und gemäß der Logik des bürgerlichen Rechts organisiert sein, dann sind das Prinzip des freien Willens und die mit ihm geforderten sozialen Anerkennungsverhältnisse durchgängig auf die fundamentalen Rechtsinstitute angewiesen. In welcher Weise immer sie gesellschaftlich aufgehoben sind, sie wären nur um den Preis der Objektivität des Rechtsprinzips zu verdrängen.

In dem Maße, wie die sittliche Natur der Familie unbewußt ihrem eigenen Vorurteil aufsitzt, war auch nicht von wirklichen Anerkennungsverhältnissen zu reden. Die Labilität der Institution Familie verhinderte das. Ob demgegenüber die Sittlichkeit der bürgerlichen Gesellschaft zu mehr imstande ist, entscheidet sich an der Frage, wie die vom Recht aufgenötigte Perspektive auf das Individuum als Rechtsperson, als Person des Privatrechts, in den Beziehungen der bürgerlichen Gesellschaft wieder auftaucht umd ob sie mit sozialer Anerkennung kongruent sein kann. Die Welt der Privatheit als Welt des Rechts sozialer Beziehungen – am Gelingen dieser Transformation entscheidet sich die Integrationskraft des bürgerlichen Rechts.

Unsere sozialen Qualitäten stellen sich in einem Beziehungsgefüge ein, in das der einzelne als Privatperson sein – privates – Recht und seine Verantwortung einbringt. Der Sache nach unterstellte dies schon bisher, im Recht den Maßstab anzuerkennen, mit dem auch qualitativ Heterogenes »ins Verhältnis« gesetzt werden kann – mit dem offenbar auch die Gesellschaft zu rechnen hat und an dessen Geltungsgrenzen sie möglicherweise aufläuft. Zwei wohl zu unterscheidende, weil gegenläufige Voraussetzungen sind im Spiel; und doch sollen sie erst zusammengenommen das Wesen der bürgerlichen Gesellschaft qualifizieren. Zum ei-

40 Vgl. hierzu die kritischen »Notate« R. Schwendters in: Zur Alternativen Ökonomie (Hrsg. vom Sozialpolitischen Verlag Berlin 1978).

nen verhandeln die gesellschaftlichen Beziehungen die Natur der Bedürfnisse der Beteiligten; sie erscheinen als Private und bringen zunächst Individuelles zur Geltung: die Person, die »sich als besondere Zweck ist, als ein Ganzes von Bedürfnissen und eine Vermischung von Naturnotwendigkeit und Willkür« (§ 182). Mit dieser Voraussetzung muß das Recht der Gesellschaft ebenso umgehen wie mit dem Umstand, daß dieselben Personen ihre partiellen Bedürfnisse nur über konkrete gesellschaftliche Kooperation vermittelt zur Geltung bringen können. Ihre Privatinteressen bedürfen des gesellschaftlichen Zusammenhangs als Bedingung dafür, sie zu befriedigen. Wie aber ist beides miteinander vereinbar? Kann Privatheit in Gesellschaftlichkeit ihren Ort finden, und umgekehrt, ist Gesellschaftlichkeit auf Privatheit zu reduzieren? Der fundamentale Widerspruch der bürgerlichen Gesellschaft scheint programmiert.

Sollte die Bedürfnisbefriedigung aller Mitglieder Maßstab der sozialen Beziehungen sein, so unterstellte dies eine Gesellschaft, die ihren vorhandenen Reichtum dementsprechend verteilt. Er dürfte nicht über die abstrakten Rechtsinstitute des Eigentums und des Vertrages in die Fänge einzelner abwandern können. Die bürgerliche Gesellschaft ist offenkundig von dieser Utopie weit entfernt, weil ihr Recht das Recht der Gesellschaftsmitglieder am Privaten zur Grundlage hat und objektiv garantiert; sei es auch darum, die Frage nach dem inhaltlichen, nach den materiell-sinnlichen Bedürfnissen in den jeweiligen Normen zu tabuisieren. Das Recht als Maßstab sozialer Anerkennungsbeziehungen bietet eine rationale Struktur an, in der auch und gerade dort von Gesellschaft die Rede ist, wo private, im Eigentumsrecht garantierte Interessen sich durchsetzen. Private Bedürfnisbefriedigung in der Form von Gesellschaftlichkeit wäre zur »Natur« der bürgerlichen Gesellschaft zu rechnen. Wenn dies so ist, disqualifiziert die Privatheit der geltungsbedürftigen Interessen Gesellschaft zum nur defizienten Modus konkreter, auf wirkliche Anerkennungs- und Aneignungsbeziehungen gründender Sozialbeziehung. Gesellschaftlichkeit bliebe formell-allgemein, mithin in einem für die inhaltlichen Folgen noch zu präzisierenden Sinn abstrakt. Die Form der Allgemeinheit wird zum logischen Äquivalent der Gesellschaftsbeziehungen als bloßer Erscheinung von Freiheit.

Diese Defizienz müssen wir in Kauf nehmen, weil nur sie offenbar erlaubt, das Recht zur vermittelnden Instanz und zum Wesen der bürgerlichen Gesellschaft zu stilisieren. Daran erinnert uns auch die Hegelschen Rede vom Not- und Verstandesstaat. Sie birgt, wie wir noch sehen werden, aktuelle Brisanz. In ihr drückt sich aus, wie wenig das bürgerliche Recht der immanenten Vernunft der Gesellschaft zutraut oder gar mit ihr rechnet, bzw. wie sehr es auf deren immanente Irrationalität und Widersprüchlichkeit Rücksicht nehmen muß. Was das bürgerliche Recht an Systemrationalität im Blick hat, scheint innerhalb der Gesellschaft nicht realisierbar zu sein: Das Recht erreicht hier noch nicht die von seinem Anspruch gesetzte objektive »Sittlichkeit«.

Folgen wir den reflexionslogischen Kategorien, die auf die Spur der widersprüchlichen Verfassung der Familie und der bürgerlichen Gesellschaft führten, ein Stück weiter, so hat die bürgerliche Gesellschaft als bloße Erscheinungsebene von Sittlichkeit teil sowohl am schlechten Schein noch nicht verwirklicher sozialer Anerkennungsverhältnisse wie am notwendigen Schein, der auf ihre wesentliche, also auf Rechtsverhältnisse anspielende Struktur vorweist.[41] Beide Momente sind Stadien, die wir in der Analyse der Gesellschaft wiedererkennen müssen, wenn diese im Recht ihren gordischen Knoten hat.

Trotz dieser thetischen und deshalb nur andeutenden Bemerkung zu den beiden widerstreitenden Konstitutionsprinzipien der bürgerlichen Gesellschaft ist das Zentrum erkennbar, auf das die Frage nach dem Recht hier vorstößt. Es geht um die inhaltlichen Ansprüche, die aus der logisch explizierten Struktur der »Form der Allgemeinheit« auf der Basis private Interessen respektierender Beziehungen erwachsen. Der Standpunkt des Rechts als ihnen übergeordneter Vernunft müßte beide Prinzipien subsumieren können. Das heißt, daß es ihm unter allen Umständen darauf ankommt, gesellschaftliche Beziehungen als Rechtsbeziehungen umzuformulieren. Das hätte auch zu gelten, wenn das Recht des freien Willens in Konflikt mit der gesellschaftliche Form seiner Realisierung im Produktions- und Reproduktionsprozeß zu geraten droht.

Gesellschaftlichkeit resultiert in der Tat aus privaten Interessenkonflikten; das ist die widersprüchliche Ausgangsthese. Sie scheint realistisch zu sein, wenn das Recht das Maß ist, auf das alle heterogenen Interessen übersetzt, über das sie miteinander »verrechnungsfähig« sind. Das Recht kann dies leisten, wenn die unterschiedlichen Interessen objektivierbar sind. Bedingung dieses Prozesses ist die Transformation personaler Beziehungen in versachlichte und quantifizierbare. Treten Interessen nämlich in versachlichter Gestalt auf, dann braucht das Recht keine Rücksicht auf sie zu nehmen, weil es sich allein in Willensbeziehungen etabliert. Diesen an die Paradoxie des Rechts gemahnenden Gedanken macht J. Ritter schon für den Eigentumsbegriff geltend: »Die Versachlichung aller Beziehungen von Personen zu Personen ist die andere Seite des Eigentums. In solcher Versachlichung aller Verhältnisse liegt für Hegel das allgemeine Prinzip der bürgerlichen Gesellschaft«. Versachlichung ist das Stichwort, mit dem das Recht als Entscheidungsmaßstab privater Interessen- und Bedürfniskonflikte in Kraft gesetzt ist. Mit ihr knüpft das Recht an seine eigene Vernunftsprämisse, an den freien Willen an und kann dessen Objektivität betreiben, ohne die materiell unterschiedlichen Interessen in Beziehung zueinander setzen zu müssen. Hier sei nur darauf hingewiesen, daß diesem Verrechtlichungsprozeß zugleich die Entsubjektivierung der gesellschaftlichen Beziehungen korrespondiert: Entsubjektivierung als Verdinglichung der Bedürfnisstruktur wird zur notwendigen Bedin-

41 »Das Wesen ist aber das an und für sich aufgehobene Sein; es ist nur Schein, was ihm gegenübersteht. Allein der Schein ist das eigene Setzen des Wesens« (Wissenschaft der Logik, Bd. 2, a.a.O. S. 7). E. Angehrn macht auf den »Durchgangspunkt« aufmerksam, der sich in dieser logischen Struktur abzeichnet und der ihn von der »Entzweiung, genauer: der Einheit in Form der Entzweiung« reden läßt. Vgl. ders.: System und Freiheit bei Hegel (Berlin 1977), S. 232.

gung umfassender Rechtsgeltung in der bürgerlichen Gesellschaft. Dieser Prozeß verkehrt die beiden eingangs genannten Voraussetzungen, die als naturhaft interpretierten Bedürfnisse und das Faktum, daß sie sich im gegenwärtig entwickelten Stand der Arbeitsteilung nur über soziale Medien und Erfahrungen, nämlich über den gesellschaftlichen Charakter der Arbeit realisieren lassen; wobei ich mit »verkehren« den Prozeß der Bedeutungsveränderung der beiden Voraussetzungen meine. Ich will ihn kurz begründen.

Der Begriff der Bedürfnisse ist zunächst Index für das Naturhafte an den subjektiven Interessen. Bedürfnisse hängen von vielfältigen und zufälligen Motiven ab; weil dies so ist, entziehen sie sich – wie uns die empirische Sozialforschung unbewußt immer wieder nahelegt – auch einer kategorialen Begründung und lassen sich nicht auf Prinzipien zurückführen. Erinnern wir uns demgegenüber an die Privatrechtsdiskussion, so reflektiert die Rationalität des Rechts nur Willensverhältnisse, nicht jedoch deren verdinglichte, vom materiellen Substrat bestimmte Qualitäten. Die Identität der privat handelnden Personen mit dem Prinzip des freien Willens konnte dort unterstellt werden, weil die inhaltlichen Interessen aus dem rechtsrelevanten Willensverhältnis ausgeklammert, weil gleichgültig sind. Diese These gilt, soll das Recht keinem Paradigmenwechsel aufsitzen, auch für das Recht der bürgerlichen Gesellschaft: Es wäre gleichgültig gegenüber jenem Naturhaften, das dem Begriff des Bedürfnisses inhäriert. Hegels Rede vom System allseitiger Abhängigkeit, das man zunächst »als den äußeren Staat – Not- und Verstandesstaat – ansehen solle«, lenkt auf diesen Gedanken. Auf der Stufe der Gesellschaft sei von wirklichen Anerkennungsverhältnissen kaum, um so mehr aber von zwangsweise zustande kommenden, aber deshalb gleichwohl über das Recht kalkulierten Sozialbeziehungen zu handeln. Die Individuen verfolgten ihre Interessen im Rahmen der gesellschaftlichen Reproduktion nämlich keineswegs mit Blick auf die Frage, ob sie dabei der Freiheit zur allgemeinen Geltung verhelfen oder sie gar zum Inhalt ihres Handelns machen – als naiv wurde verlacht, wer dies im Alltagsgeschäft von sich behauptete. Gegenüber ihrer relativen Gleichgültigkeit unterstellt das Recht, daß gesellschaftsbezogenes Handeln die von ihm gesetzten Rahmenbedingungen mit reflektiere. Hier komme es nicht darauf an, welche konkreten Zwecke die einzelnen Gesellschaftsmitglieder jeweils verfolgen, sondern in welcher rechtlich zulässigen Weise sie dies tun. Die Identität gesellschaftlichen und individuellen Handelns könnte nur Resultat eines Prozesses sein, in dem differente und tendenziell widersprüchliche Bedürfnisse und Interessen der Einzelnen auf einer Ebene in Beziehung gesetzt sind, in der die subjektiven Besonderheiten ihrerseits außer acht bleiben. Das sei auf der Ebene rechtsfähiger Willensbeziehungen alleine der Fall.

Privates bedürfnisorientiertes Verhalten auf der Basis rechtsförmiger Sozialbeziehungen, das ist auf einen verkürzten Nenner gebracht die konfliktträchtige Konstellation, der das bürgerliche Recht eine Bewegungsform gibt; es tut dies, ohne die sachlichen Substrate unter sein Äquivalenz-, und das ist auch, Totalitätsprinzip zu zwingen. Insofern das Recht solchermaßen gleichgültig ist, bietet es der bürgerlichen Gesellschaft den verrechnungsfähigen Maßstab ihres »Systems allseitiger Abhängigkeit«. Aber es war schon in der Rede von der Erscheinungsform des Sittlichen mitgesetzt, eben nur in der *Form* der Allgemeinheit, in seiner nur abstrakten Struktur, die von den subjektiven Besonderheiten nicht tangiert ist.

Ich möchte an diesen Sachverhalt die Vermutung anschließen, daß unser Recht im gesellschaftlichen Kräftespiel das Moment individuell-konkreter Bedürfnisse und Interessen nicht thematisieren darf, sondern verdrängt. Folgt das schon logisch aus dem partialen Charakter der Bedürfnisse und dem Totalitätsanspruch des herrschenden Rechts, so optiert das Recht zugleich für die Medien, in denen sich die allseitige Abhängigkeit herstellt: für den arbeitsteiligen gesellschaftlichen Reproduktionsprozeß und dessen Mittel sowie deren Rückkoppelung an die Rechtssubjekte, an Eigentums- und Vertragsverhältnisse. Die Privatheit ist vom Standpunkt des Rechts nicht mehr in den konkreten, individuellen Bedürfnissen gegründet, wie dies zunächst aussah. Vielmehr resultiert sie aus dessen Integrationskraft, aber auch aus dessen begrenzter Reichweite. Die gesellschaftliche Anerkennung der Privatinteressen ist nicht mehr Bedingung, sondern Leistung des Rechts. Das Recht – und das ist die paradoxe Situation – verkehrt die wirklichen Verhältnisse, weil es die gesellschaftlich notwendige arbeitsteilige Kooperation auf seine eigene Vermittlungsleistung zurückführt und als logische Folge seines Prinzips suggeriert. Das Spannungsfeld zwischen Privatheit und gesellschaftlicher Kooperation löst sich auf, weil es dem Recht gelingt, die gesellschaftlichen Momente des Reproduktionsprozesses in den Kategorien seines vorausgesetzten Prinzips, in den Kategorien der Rechtsperson, des Eigentums- und Vertragsverhältnisses zu reformulieren. Die Gesellschaftsmitglieder sind darauf verpflichtet, ihre privaten Interessen und Bedürfnisse allein rechtsförmigen Handlungsspielräumen zu überantworten. Kehrseite dieser Forderung ist der Zwang, die rechtsrelevanten Sozialbeziehungen von der Natur der Arbeit befreit zu haben. Der Befreiung von der Bedürfnisebene der menschlichen Natur, im Begriff der Rechtsperson idealisiert, korrespondiert im rechtsförmig gestalteten Gesellschaftssystem die Befreiung von der naturwüchsigen Form gesellschaftlicher Arbeit, der Kooperation. Das Recht der bürgerlichen Gesellschaft ignoriert sie, ja muß sie ignorieren, um seinen Anspruch auf rechtsförmige Anerkennungsverhältnisse nicht in gesellschaftlichen Verhältnissen aufgelöst zu sehen, die ernst machten mit der bewußten arbeitsteiligen Kooperation und Bedürfnisbefriedigung und damit das Rechtsprinzip gleichsam ins Leere laufen ließen. Das Recht der Gesellschaft vermeidet dies, weil es sich auf die abstrakten Rechtsinstitute und deren Abstraktion von Handlungsgründen zurückziehen kann, die der »Natur der Sache«, hier der Natur kooperativer Arbeit verpflichtet wären. Die abstrakt vorausgesetzten Rechtsinstitute und das Recht moralischen Handelns erweisen sich in dem Maße auch hier konstitutiv, in dem es gelingt, die gesellschaftliche Reproduktion von der Genese naturgemäßer Kooperation zu entkoppeln, den sozialen Kontext über das Recht sicherzustellen und die Macht ökonomischer Verdinglichung aus ihm herauszuverlagern. Ich möchte hier nur kurz an das System der Tarifautonomie und Koalitionsfreiheit im Arbeitsrecht hinweisen, das die am Produktionsprozeß unmittelbar beteiligten Interessengruppen wie Privatpersonen über den gesellschaftlichen Charakter des Arbeitsprozesses verhandeln läßt. Auf diesem Wege wird ein wesentlicher Teil des gesellschaftlichen Reproduktionsprozesses aus dem gesellschaftlichen Bereich selbst herausverlagert. Das Verbot der sogenannten wilden oder politischen Streiks, in denen gesellschaftliche Entscheidungen zur Disposition gestellt werden sollen, tut ein übriges.

Das System gesellschaftlicher Arbeit und Bedürfnisbefriedigung reduziert auf diesem Wege inhaltliche Interessen der Gesellschaftsmitglieder auf rechtsförmig greifbare Strukturen. In ihre Rationalität übersetzt, nivellieren sie qualitativ unterschiedliche Interessen. Diese machen sich nur mehr in den verdinglichten Substraten des Arbeitsprozesses breit, so daß dem Recht der bürgerlichen Gesellschaft auch der letzte Rest unmittelbar bedürfnisorientierter Sozialbeziehungen aus dem Blickfeld entschwindet. Das Recht und dessen Vergesellschaftungsmonopol kann solchermaßen die Möglichkeit seiner Selbstgefährdung aus sich freisetzen und der Rationalität der ökonomischen, weil verdinglichten und der Willensebene scheinbar entzogenen Verkehrsformen überantworten. Es selbst ist von seiner Verantwortung für gesellschaftliche Macht und Ohnmacht entlastet. Die Unschuld des bürgerlichen Rechts ist hier eine doppelte: Sie ist Resultat seiner Logik, die ihre Prämisse nicht nur Disposition stellen darf; und sie zeigt sich hilflos gegenüber der alternativen Rationalität ökonomischer Verdinglichung, die das Recht deshalb preisgibt. Eine auf das Recht eingeschworene Gesellschaft wie die bürgerliche ist bloß äußerliches, aus der Not der Privatheit geborenes System allseitiger Abhängigkeit. »Not- und Verstandesstaat« ist sie, weil sich alle Gesellschaftsmitglieder im Recht die optimalen Bedingungen für die gesellschaftliche Anerkennung ihrer Privatinteressen ausrechnen können. Das gilt gleichermaßen für den Produktionsbereich wie für die Verteilung des gesellschaftlich erzeugten Reichtums.

Ich komme damit näher zur rechtsförmigen Gestalt des arbeitsteiligen gesellschaftlichen Produktionsprozesses. Die zuvor schon erwähnte Rede von der Gesellschaft als Erscheinungswelt des Sittlichen unterstellte, daß die beiden in Frage stehenden Maßstäbe, Bedürfnisorientierung und Rechtsgeltung, in der Gesellschaft auf zwei verschiedenen Ebenen und demnach unter verschiedenen Blickpunkten lokalisiert sind. Das Recht setzt sich nur durch, wenn ihre Beziehung sich als Reformulierung der Bedürfnisstruktur in der von Rechtsbeziehungen wiedererkennen läßt. Diesen Gedanken legt der Hinweis auf die Kategorie des wesentlichen Scheins in Hegels Reflexionslogik nahe.

Das System gesellschaftlicher Arbeit ist um der Substanzsicherung der Gesellschaft willen gesellschaftliche Produktion, die quasi naturwüchsigen Erfordernissen Rechnung trägt. Arbeitsteilung, maschinelle Produktion und andere sind ihr Ausdruck und scheinen schon wegen der vielfältigen menschlichen Bedürfnisse und ihrer produktiven Befriedigung die Individuen aufeinander zu beziehen. »Die Natur der Sache«, ein auch vom Recht reflektierter Begriff[43], bestimmt hier die kollektive Abhängigkeit. Betrachten wir denselben Sachverhalt demgegenüber vom Rationalitätsstandpunkt des Rechts aus, also vom Standpunkt der Anerkennungsfähigkeit der Personen als freier, dann folgt der Produktionsprozeß den Kriterien, die mit dem Recht auf Eigentum und der Privatheit gesetzt sind. Wir können die Ebene der durch den Arbeitszusammenhang hergestellten Beziehungen von der ihrer rechtsspezifischen Qualifikation also unterscheiden. Die erste, die des Naturhaften, ist unter die zweite, das Recht, zu subsumieren, auf diese zu reduzieren und auf deren Rationalität zu verpflichten. Erst das Resultat des Ineinanderblendens der beiden Ebenen gibt den sachlichen Kern von Hegels zunächst befremdlicher Rede frei, die mit dem »Scheinen der Vernünftigkeit« den Zusammenhang der konkreten Arbeitsbeziehungen charakterisierte: »Indem sein (des subjektiven Bedürfnisses) Zweck die Befriedigung der subjektiven Besonderheit ist, aber in der Beziehung auf die Bedürfnisse und die freie Willkür anderer die Allgemeinheit sich geltend macht, so ist dies Scheinen der Vernünftigkeit in diese Sphäre der Endlichkeit der Verstand, die Seite, auf die es in der Betrachtung ankommt und welche das Versöhnende innerhalb dieser Sphäre selbst ausmacht« (§ 189). Der Verstand, das Berechnende, so fragt man sich, sei als versöhnende Instanz zu denken? Muß dies nicht eine höchst instabile Versöhnung bleiben, weil sie an äußerlichen, an Privatheit geknüpften Bedingungen sich festmacht?

Das System arbeitsteiliger Produktion meint einerseits den banalen Sachverhalt, daß die Individuen gemeinsam die vorgefundene Natur bearbeiten und die Arbeitsprodukte Resultat der gemeinsamen Antrengung sind. Dieser Prozeß folgt auf der historisch erreichten Stufe unserer Gesellschaft der Rationalität ihrer Produktionsmittel. Sie sind Gegenstand derjenigen Wissenschaft, die sich nicht mit der personalen, sondern mit eben dieser materiellen Seite der Reproduktion befaßt: die Ökonomie. Sie stellt Überlegungen an, wie sachliche Prozesse optimal verlaufen können, etwa zum Verhältnis zwischen materiellen Inputs und optimiertem Output der Produktion. Dabei spielen die beteiligten Subjekte hinsichtlich ihrer sozialen Stellung eine nur untergeordnete Rolle in dem Sinne, daß soziales Handeln immer schon unter dem sachlichen Optimierungsziel interpretiert ist. Augenfällig abzulesen ist die Trennungslinie zwischen Recht und ökonomischem Bereich an der Selbstimmunisierung betrieblicher Rationalität gegenüber aller erdenklichen privat- und öffentlichrechtlichen Normierung, die auf die innerbetriebliche Organisation der Produktion Einfluß nehmen möchte. Der Betrieb, in dem jemand »eingestellt« wird, gehört zu jenen rechtlichen Freiräumen, die das Rechtssubjekt absorbieren und nach der Übereignung der Arbeitskraft nur mehr aus Sachverhalten und Produktionsnormen zu bestehen schei-

43 Dieser Gedanke durchzieht seinen Beitrag, »Person und Eigentum« in: Metaphysik und Politik, a. a. O., S. 273. (Anm. 42 entfällt)

nen. Der von der Rechtsprechung geschützte »eingerichtete und ausgeübte Gewerbebetrieb« bringt dies auf den Begriff. Die vielfältigen arbeits- und sozialrechtlichen Schutzvorschriften stehen dem nicht entgegen, da sie allein den Schutz der Ware Arbeitskraft zum Gegenstand machen, mit der innerbetrieblichen Struktur jedoch wenig im Sinn haben. Die Reduktion sozialer Beziehungen auf schlicht Sachliches macht den Betrieb zur totalen Institution der Sache, des Produkts, des Kapitals als Subjekt. Sein Innenbereich ist rechtsunfähig, das Recht muß ihm gegenüber gleichgültig bleiben. Die Ökonomie folgt den »einfachen Prinzipien der Sache« (§189 Zusatz), nicht den Bedürfnissen der beteiligten Personen. Sachzwänge, Abhängigkeit von äußerlichen und zufälligen Bedingungen scheinen immer dem Naturhaften, dem Unvermeidlichen verhaftet. Andererseits fordert das System arbeitsteiliger Produktion aber auch die am Arbeitsprozeß Beteiligten dazu auf, bewußt miteinander den gemeinsamen Arbeitszusammenhang zu gestalten. Scheint diese bewußte Entscheidung zur Kooperation von der Rationalität der Produktion verdrängt zu sein, so bleibt sie in dieser verdrängten Form dennoch konstitutiv für den Arbeitsprozeß. Die arbeitsteilige Produktion ist selbst ambivalent, weil sie schon logisch zwei Prinzipien von Vergesellschaftung impliziert: die naturnotwendige, die sich der Rationalität der Sache verdankt, und die bewußter Anerkennung von Gesellschaftlichkeit. Beiden hätte das Recht Rechnung zu tragen, beide hätte es einzubinden.
Abgesehen davon, daß mit diesen Argumenten die Grenzen staatsökonomischer Analysen abgesteckt sind – insofern ist M. Riedels These, daß das Modell der modernen Nationalökonomie der Hegelschen Darstellung zugrunde liege, mißverständlich –, abgesehen davon gewinnen sie dem Recht aus prinzipiellen Gründen die angesonnene soziale Vermittlungsleistung in einem Vergesellschaftungsprozeß zurück, der auf der Oberfläche der Rationalität der Sache folgt. Die Frage ist nur, unter welchen Bedingungen das geschieht. Gilt: »Was Hegel mit der bürgerlichen Gesellschaft in das Bewußtsein seiner Zeit erhob, war nichts Geringeres als das Resultat der modernen Revolution: die Entstehung einer entpolitisierten Gesellschaft und die Zentralisierung der Politik im fürstlichen bzw. revolutionären Staat und die Verlagerung ihres Schwerpunktes auf die Ökonomie ...«[44], so meint das »Scheinen der Vernünftigkeit« in der bürgerlichen Gesellschaft die Form universeller Herrschaft des vorausgesetzten Rechtsbegriffs. Was zunächst unvermeidbarer Zwang, Abhängigkeit gemäß der Natur des Arbeitsprozesses ist, wird zum defizienten Modus des Rechts stilisiert. Führt in der materiellen Reproduktion allein die Ratio des Verstandes, der technischen Mittel und des Sachzwanges die unterschiedlichen Interessen zusammen, so reflektiert das Recht ihre andere Seite, nämlich ihre sozialen Folgen. Daß dies um den Preis der Deklassierung der Natur des Arbeitsprozesses zum bloßen Schein, sprich um den Preis geschieht, nunmehr dem ursprünglichen gesellschaftlichen Zusammen-

44 So M. Riedel in: Studien zu Hegels Rechtsphilosophie (Frankfurt/M. 1969), S. 75.

hang der Produktion gleichgültig gegenüberzustehen, das tritt nicht offen zutage. Darin liegt die ungeheuere Zumutung an das Recht. Gesellschaft und Staat gründen nur dann auf wirklichen Anerkennungsverhältnissen, wenn das Recht die Genese und Geltungsbedingung der bürgerlichen Gesellschaft in der materiellen Reproduktion noch übergreift. An dieser Selbstüberschätzung des bürgerlichen Rechts setzt die Kritik an.

Eine vergleichsweise einfache Überlegung führt auf die Spur dieser Kritik. Wenn die Gesellschaft nach Rechtsprinzipien gestaltet sein soll, weil dem Recht universelle Vernunft überantwortet wird, dann brauchen wir den Reproduktionprozeß nur daraufhin zu betrachten, ob und inwieweit er selbst schon immer an die Schranken des Rechts stößt. Wir stellen dabei fest, daß die vorhandenen sachlichen und personellen Mittel des Arbeitsprozesses ihrerseits ja nicht im rechtsfreien Raum existieren, sondern schon immer in Rechtsformen eingebettet sind. Das gilt vorzüglich für die abstrakten Rechtsinstitute, insbesondere für die rechtlich geschützte Sphäre individuellen Eigentums. Wer immer Maschinen, Arbeitskräfte, Energie oder Rohstoffe braucht, kann sie sich nicht einfach aneignen, sondern hat jeweils auf ihre rechtsförmige Gestalt und die vom Recht vorgesehenen Transferregeln zu achten. Dasselbe gilt wiederum für die Arbeitsprodukte und deren Reintegration in rechtsförmige Privatheit. So ist der gekaufte, aber noch nicht abbezahlte Baukran weiterhin Eigentum des Verkäufers, und die Sicherung dieses Eigentums wird nicht etwa durch diesen Eigentumsvorbehalt wertmäßig abgedeckt, sondern durch den Wert der Produkte, die das Bauunternehmen »sicherheitshalber« an den Verkäufer abtritt. Es gehört zu den alltäglichen Erfahrungen des Geschäftslebens, daß jeder Produktionsschritt und jede Transaktion potentielle Veränderungen oder Eingriffe in individuelle Rechtsbereiche implizieren. Warum dies so einfach und doch leicht vergessen ist, will ich mit Anmerkungen zur Arbeitswertlehre der Nationalökonomie begründen.

Da die Arbeitswertlehre »die einfachen Prinzipien der Sache« und »das Verhältnis und die Bewegung der Massen in ihrer qualitativen und quantitativen Bestimmtheit und Verwicklung darzulegen hat« (§ 189 Zusatz), sind unmittelbare Verhältnisse ihr Untersuchungsgegenstand. Qualität und Qualität sind ihre zentralen Kategorien und nicht von ungefähr seinslogischer Provenienz. Der Aspekt der dahinter verborgenen personalen Beziehungen gerät dabei gänzlich aus dem Blick. Die Arbeitswertlehre nimmt auch keine Rücksicht auf die Rechtsbeziehungen zwischen den Gesellschaftsmitgliedern. Sie kann gar nicht begreifen, daß aller Zugriff auf kollektiv erzeugte Arbeitsprodukte die Rechtsform des Eigentums berücksichtigen muß, bzw. sie kann die Folgen dieses Sachverhaltes nicht einschätzen. Sie weiß deshalb auch nichts von ihrer »verkehrten Welt«, die nicht der Rationalität der Produktion ihrer Mittel folgt, sondern diese Mittel zum Zweck der Produktion selbst macht. Dies liegt ihr nämlich allemal unbewußt voraus. Die Arbeitsmittel sind nicht »Mittel« – als Mitte – zwischen Mensch und Natur. Zwar sind auch die »verkehrten« kollektiven Produktionsprozesse rational im Blick darauf, daß sie den größtmöglichen Produktreichtum erzeugen.

Aber der Nutzen ist nicht nach Bedürfniskriterien, sondern nach der Reintegrationsfähigkeit des Produkts als Mittel der materiellen Reproduktion auf erweiterter Stufenleiter bestimmt – womit wir auch schon eine entscheidende Bestimmung des Kapitalverhältnisses vor uns haben. Mit der ausschließenden Perspektive auf die »einfachen Prinzipien der Sache« reduziert die Arbeitswertlehre das Bedürfnissystem auf bloß sachliche, an materiellen Größenverhältnissen gemessene Produktionsnormen. Sie übersieht völlig, daß an der Sache anzuknüpfen zugleich unbemerkt das Recht und damit die Sozialbeziehungen ins Spiel bringt, insofern alle Sachen prinzipiell der privaten Aneignung und dem Tausch offenstehen. Das macht es übrigens höchst unwahrscheinlich, ohne Veränderung der prinzipiellen Inhalte des Rechts verfassungsrechtliche Angebote wie die der Sozialisierung gemäß Artikel 15 des Grundgesetzes auch in die politische Tat umsetzen zu können. Im kollektiven Arbeitsprozeß liegt zwar unmittelbar die Chance, Produkte zum Zwecke der Bedürfnisbefriedigung herzustellen, aber unter Rechtsgeltungsgesichtspunkten zugleich die Möglichkeit, der Natur des Rechts folgend, individuell Eigentum, Reichtum anzuhäufen. Allerdings ist nicht ausdrücklich thematisierbar, daß solchermaßen die Bedingung für rechtlich geschützte Machtentfaltung mit der individuellen Aneignung des gesellschaftlichen Arbeitsprodukts einhergeht.

Die Arbeitswertlehre folgt der naiven Vorstellung, die Rationalität der Arbeitsvollzüge diene eo ipso den Bedürfnissen aller Gesellschaftsmitglieder. Sie übersieht die List dieses Prozesses, der die sich der Formgebung des Rechts verdankenden Verformungen der kollektiven Arbeit verdrängt. Sie kann wegen dieses Mangels auch nicht erklären, warum sich trotz aller beteuerten Chancengleichheit gesellschaftlich Macht ausbildet. Denn erst das Recht – Eigentum, Vertrag – mit seiner spezifisch gesellschaftlichen Variante, dem freien Markt, setzt den Bereich materiell-verankerter Machtverhältnisse aus seinem Zugriff frei. Hegels Rede vom »Scheinen der Vernünftigkeit« im System gesellschaftlicher Reproduktion weist diesen Kritikansatz nur aus, weil die rationale Argumentationsbasis in der Natur der Sache sich ganz »dem Verstand der subjektiven Zwecke und moralischen Meinungen« überläßt und sich nicht aus den objektiven Rahmenbedingungen rechtlicher Anerkennungsbeziehungen legitimieren muß. Vernunftgemäßer, d. h. hier rechtsfähiger Vermittlung ist die Subsumtion eben dieser äußerlichen Beziehungen unter die Formierungsleistung des Rechts aufgegeben. Diesen Verdacht will ich an der Rechtsqualität gesellschaftlicher Arbeit erhärten. Zwei Aufgaben wären zu lösen, um die vom Recht geforderten Anerkennungsverhältnisse in der gesellschaftlichen Produktion zu verankern: zum einen die Lösung von der Rationalität naturwüchsiger menschlicher Beziehungen mit der Folge, die Produzenten auf die Möglichkeit ihrer Selbstbefreiung zu lenken, und zum anderen die Funktion der Arbeit, vermittelndes Medium zu sein, das mit Qualifikationen durch die Arbeit deren gesellschaftliches Moment erhält. Beide Aufgaben bürden der Arbeit auf, durch ihre Gestaltung Natur und Freiheit aufeinander zu beziehen. Die Natur in der gesellschaftlichen Arbeit zu unterwerfen, aber als Befreiung des Menschen zum gesellschaftlichen Subjekt zu begreifen, das wäre das Programm des bürgerlichen Rechts für wirkliche Sittlichkeit. Insofern wir es nur mit einem Programm zu tun haben, ist seine Geltungschance zu prüfen, wo Rechtsförmigkeit Maßstab ist. Wie sieht gesellschaftliche Arbeit aus, um von den Bedürfnisschranken loszukommen und die Individuen auf ihre selbstbewußte Befreiung zu lenken? Oder haben wir mit dem programmatischen Entwurf von sittlichen Beziehungen eine Folie zur Kritik der Verrechtlichung des Bedürfnissystems gewonnen?

Das System gesellschaftlicher Arbeit setzt mit der scheinbar naturwüchsigen, der Geschichte der Gattung eigenen Ausdifferenzierung von Fähigkeiten an, um dabei schon die bemerkenswerte Korrespondenz des Naturhaften mit den sozialen Qualifikationen ins Spiel zu bringen. Die Ironie, mit der wir von dem »Konkretum, das wir Mensch nennen« sprechen können, läßt ihn im Regen der Darwinschen Entwicklungsgeschichte stehen. Sie hat mit Vergesellschaftungsformen als Resultat bewußter gesellschaftlicher Handlungsentscheidungen noch nichts zu tun. Die Perspektive auf jene Ebene, die von der Unmittelbarkeit auf den Verhältnischarakter gesellschaftlicher Arbeit abhebt, wird mit der Abwendung von der Natur bezahlt. Je mehr die Kooperation als Kehrseite der Zergliederung des Arbeitsprozesses von anderen als von menschlichen Instanzen übernommen wird, etwa von der Maschinerie, desto stärker lösen sich die Individuen aus dem Naturzusammenhang und wenden sich ihren eigenen, durch die und in der Arbeit erworbenen technischen und wissenschaftlichen Fähigkeiten zu. Allein unter diesem Gesichtspunkt ist in Wahrheit von einer Befreiung aus dem Naturverhältnis zu reden – wobei Befreiung hier wenigstens noch das Eingeständnis der unverzichtbaren Relevanz von Praxis einschließt. Wird die »Abstraktion, die eine Qualität der Bedürfnisse und der Mittel wird, auch eine Bestimmung der gegenseitigen Beziehung der Individuen aufeinander« (§ 192), so bleibt diese Erfahrung nicht folgenlos für die Momente eines Arbeitsprozesses, der zunächst ganz auf materiell sinnliche Bedürfnisse abzielt und dies mit kooperativen Formen leisten wollte.

Die Formierungsleistung gesellschaftlicher Arbeit ist nicht schon damit zureichend beschrieben, daß die ausdifferenzierten kollektiven Arbeitsformen ausdifferenzierte Fähigkeiten hervorbringen und umgekehrt. Die Individuen verhalten sich in der Arbeit nämlich nicht nur zu ihrer Natur, sondern zur Genese ihrer Produkte in der kooperativen Form. Diese reflexive Struktur der Arbeit müßten sie erfahren, um frei und selbständig zu sein. Das Bildungsmoment ist von der materiellen Grundlage im gesellschaftlichen Arbeitsprozeß nicht zu trennen. Vielmehr deckt der Arbeitsbegriff auf, daß Bildung ohne ihre Genese in der kollektiven Praxis gerade nicht möglich ist. Der häufig diskreditierend gebrauchte Begriff vom Bildungsbürger ist hierfür ein gutes Beispiel; er beklagt im Grunde nichts anderes als das fehlende Bewußtsein einer Bildungsschicht, die ihre eigene Fähigkeit kollektivem Handeln, kollektiver Praxis in der Produktion verdankt. Bildung wäre nur dort wirkliche Bildung, wo die Individuen kollektiv produzieren, darin besondere Fähigkeiten ausbilden *und* sich zu ihren eigenen Produkten als kollektiven verhalten können. An diesem Maßstab bemißt sich die Kritik der herrschenden Produktionsform. Der in der gesellschaftlichen Produktion gelegene Abstraktionsprozeß ist ambivalent, weil er einerseits die Fähigkeit erzeugt, sich bewußt in gesellschaftliche Kooperation zu begeben und sie als Bedingung der Befreiung von der Natur der Sache zu erfahren; zugleich besteht aber ebensosehr die Gefahr der Entfremdung des Einzelnen vom gesellschaftlichen Charakter der Produktion, also von dessen Genese, weil mit dem Verlust der Genese des Befreiungsprozesses – der gesellschaftlichen Arbeit wechselseitig abhängiger Produzenten – unter demselben Rechtsprinzip, das auf Befreiung abzielt, die Produkte reprivatisiert werden. Damit geht auch die Kontrolle über die aus der Rechtsform ausverlagerten materiellen Machtverhältnisse verloren. Die Einheit der Produktion erweist sich hier als Zusammenspiel wechselseitig abhängiger Produzenten; zugleich gerät ihre spezifisch menschliche Qualität aus dem Blick, wenn sie von ihrer Genese in gesellschaftlicher Arbeit und durch sie vermittelter Bildung im Zuge der eigentumsrechtlichen Zuordnung des Produkts entkoppelt ist. Für die rechtsförmige Integration des gesellschaftlichen Arbeitsprozesses, die nach der Voraussetzung allein möglicher Maßstab ist, heißt das (a) die Erfahrung der gesellschaftlichen Qualität der Produktion verlorenzugeben und (b) die gesellschaftliche Praxis als konstitutives Element der Bildung aus dem Auge zu verlieren.

Weil gesellschaftliche kooperative Produktion der Sache nach gesellschaftlicher Reichtum ist, in den die jeweils einzelne Arbeitsleistung gleichsam ununterscheidbar mit anderen zusammengeflossen ist, wird es zum Problem, nach welchen Kriterien jeder Produzent an diesem Reichtum teilhaben soll. Die virtuell getrennten Bereiche der unmittelbaren Produktion, der Zirkulation und der Konsumtionsphäre, können nicht Maßstab einer »gerechten« Verteilung sein, weil sie nur Teilfunktionen, aber eben notwendige für den Reproduktionsprozeß insgesamt sind. Spätestens seit Marxens Analyse der Einheit der gesellschaftlichen Reproduktion, insbesondere in den Grundrissen der Kritik der politischen Ökonomie, ist dies bekannt. Der Kaufmann, der die Waren handelt, der Sozialtherapeut, der die Tauschfähigkeit der Arbeitskraft wiederherstellen soll, oder der Fließbandarbeiter, der die Schraube in das vorgestanzte Metallteil eindreht, sind alle gleichermaßen an diesem Prozeß beteiligt. Gerade weil solch qualitativ unterschiedliche Arbeiten und Qualifikationen zum gesellschaftlichen Reichtum beitragen, ist die Teilhabe am produzierten gesellschaftlichen Vermögen allein nach Rechtsprinzipien zu entscheiden, die, wie wir sahen, von eben solchen qualitativen Differenzen abstrahieren.

Ich will an Hegels systematischer Reprivatisierung der ehedem politischen Stände der vorbürgerlichen Gesellschaft sachliche Folgen für die Organisationsform der bürgerlichen Gesellschaft andeuten.

R. Hocevar arbeitete in einer Interpretation der frühen Schriften Hegels dessen Einschätzung der politischen Funktion der Stände in der Epoche des sich stabilisierenden Bürgertums heraus.[45] Er kam zu dem Ergebnis, Hegel verneine in der Ständeschrift von 1817 den politischen Charakter der Stände und verweise sie aus dem Konstitutionszusammenhang politischer Macht. Diese Auffassung habe er auch in der Rechtsphilosophie beibehalten. Es gibt gute Gründe für diese These – auch wenn sie von Hocevar so nicht diskutiert sind. Die Entpolitisierung der Institutionen, deren politisches Gewicht in der vorbürgerlichen, der feudalen Epoche eminent bedeutsam war, ist Folge eines Geschichtsprozesses, in dem sich die Produktivkräfte ungehindert von politischer Gängelung und persönlichen Abhängigkeiten freisetzten, damit aber nicht mehr legitimiert waren, an den politischen Entscheidungen teilzunehmen. Sie kehren deshalb auch in der Rechtsphilosophie in die Privatsphäre der bürgerlichen Gesellschaft zurück. Die Pointe liegt darin, daß mit der Reintegration der Stände in die Gesellschaft diesen aufgrund des Rechtssystems eine neue Stellung und Funktion zugeschrieben wird. Die Stände haben partielle Interessen, die sich nicht mehr politisch ausdrücken. Sie nehmen sie als Privatinteressen wahr und müssen dies in der Form tun, die das Recht der bürgerlichen Gesellschaft für diese Fälle bereithält. Das heißt, die gleiche Teilhabe am gesellschaftlichen Reichtum und deren Anerkennung muß rechtsförmig stattfinden, so daß auf die relative Macht oder Ohnmacht der beteiligten Interessengruppierungen und auf deren Gehalte in der gesellschaftlichen Reproduktion nicht reflektiert werden muß. Der gesellschaftliche Dissoziationsprozeß gewinnt über die kellektiven Interessenkonflikte eine private Dimension, weil er an der Interessenidentität des jeweiligen Standes anknüpft. Die Stände sind nicht Träger oder Teilhaber politischer Macht, sondern Interessengruppen, die ihre jeweiligen Teilinteressen aus der beschränkten Erfahrung ihres Reproduktionsbereiches entwickeln. Als solche sind sie voll und ganz in die Widerspruchsstruktur der bürgerlichen Gesellschaft und deren ökonomisch segmentierte Tätigkeitsfelder eingetaucht. Ich erinnere hier nur an die modernen Formen ständischer Interessen im Falle der Gewerkschaften, der Arbeitgeberverbände und ähnliches. Hegels Argumentation liegt konsequent auf der Linie, den Energien der Gesellschaft prinzipiell freien Lauf zu lassen; deshalb darf das bürgerliche Recht die Stände nicht in ihrer politischen Macht der vorbürgerlichen Epoche bestätigen. Der Kampf um die politische Macht ist in den Kampf um die gesellschaftliche und ökonomische Anerkennung partieller Interessen abgedrängt. Daß die Stände gleichwohl im Rahmen des politischen Bargainings an der Konstitution und Ausübung politischer Macht beteiligt sind, bleibt unter dem Siegel des Rechts der bürgerlichen Gesellschaft als eines Rechts der Privatinteressen ausgeblendet. Wir erfahren dies ebensosehr im Rahmen von Gesetzgebungsverfahren wie in der folgenreichen Kritik an politischen Entscheidungen: Die politische Macht der Interessenverbände hat denn auch manche schon vom Verbandsstaat reden lassen.

45 Vgl. ders.: Stände und Repräsentation beim jungen Hegel (München 1968).

Avineri spricht in diesem Zusammenhang von einem Prozeß des universellen Egoismus, in dem »ich jeden als ein Mittel für meine eigenen Zwecke behandele«.[46] Teilnahme am gesellschaftlichen Reichtum hängt ab von der Fähigkeit, die eigenen gegen die Interessen anderer möglichst massiv in den Vordergrund zu schieben – ganz unabhängig davon, daß die objektive Einheit der gesellschaftlichen Reproduktion die bornierten Interessenkämpfe zum Problem bloß ideologischen Bewußtseins disqualifiziert.[47] Auf den Einwand, das Recht wolle doch Anerkennungsformen realisieren, müssen wir erinnern, daß die innere Verfassung der bürgerlichen Gesellschaft das Recht nur in seiner, wie Hegel es nennt, »Entzweiung und Differenz«, also gemäß dem rechnenden Verstand anerkennt: Auch der radikale Widerspruch des Eigentums- und Vertragsverhältnisses ist Konstituens der Gesellschaft. Das »Scheinen der Vernünftigkeit« reproduziert sich in der selbsternannten Herrschaft partieller Interessen, nämlich in dem jeweiligen gesellschaftlichen Bewußtsein, freier Produzent zu sein. Die logische Doppelbödigkeit der ständischen Repräsentanz im Kampf um die gesellschaftliche Anerkennung kehrt in der widersprüchlichen Stellung der Stände wieder, wie sie Hegel vorführt: Der Bauernstand, so Hegel, sei der »substanzielle oder unmittelbare«, der Stand des Gewerbes der »reflektierende oder formelle«, der Stand der Denkenden der »allgemeine«. Liest sich die Ständetheorie Hegels als Theorie der rechtsförmig gesetzten Chancen zu sozialer Anerkennung und der Teilhabe am gesellschaftlichen Reichtum, dann deshalb, weil die Rechtsform sich nicht auf die materiellen Interessen und deren Genese einläßt, sondern der Erscheinungsebene, dem gesellschaftlichen Bewußtsein der Beteiligten zugehört. Um sicherzustellen, daß die unterschiedlichen materiellen Interessenperspektiven nicht am Ende doch zum Kampf aller gegen alle ausarten, bleibt nur ein Ausweg: Gegen die Sprengkraft solcher Widersprüche muß die Rechtsförmigkeit um jeden Preis aufrechterhalten werden – auch um den, daß die Rechtsform selbst zum ausschließlichen Inhalt des bürgerlichen Rechts auf der Ebene der Gesellschaft verkommt. Hegels Reprivatisierung der politischen Stände hat ihr fundamentum in re im historischen Prozeß der entpolitisierten bürgerlichen Gesellschaft, die auf diesem Wege die gleiche Chance aller zur Entfaltung ihrer Produktivkräfte und zur Teilhabe am gesellschaftlichen Reichtum gewähren will; was nichts anderes bedeutet, als daß die ständisch-partiellen Interessen im Recht aufgefangen werden müssen. Dort treten sie in verkleideter, schwer erkennbarer Gestalt als verkehrtes gesellschaftliches Bewußtsein gegenüber ihrer objektiven ökonomischen Abhängigkeit auf.

Die Entpolitisierung der Stände in der bürgerlichen Gesellschaft entpuppt sich nach alledem als Problem der Anerkennung partieller Privatinteressen und for-

---

46 S. Avineri: Hegels Theorie des modernen Staates (Frankfurt/M. 1976), S. 162.

47 Autorenkollektiv der FU Berlin (Hrsg.): Klassenlage und Bewußtseinsformen technischer-wissenschaftlicher Lohnarbeiter (Frankfurt/M. 1973) und Kern/Schumann: Industriearbeit und Arbeiterbewußtsein (Frankfurt/M. 1977).

dert deshalb vom Recht Integrationskraft. Ihm müßte es entsprechend seiner Vernunftbehauptung gelingen, die unterschiedlichen Inhalte und entsprechend differenzierten Selbsteinschätzungen in Beziehung zueinander zu bringen und in verrechenbaren Kalkülen auszudrücken. Frage ist nur, unter welchen Bedingungen dies geschieht; denn qualitativ unterschiedliche Interessen sind nur zu nivellieren, wenn sie auf einheitliche Kategorien reduzierbar sind. Reduktion aber heißt immer auch, gegenüber bestimmten Erfahrungen gleichgültige Strukturen zu oktroyieren. Genau dies gilt für die Rechtsform der Gesellschaft, für den mit den abstrakten Rechtsinstitutionen besetzten »freien Markt«. Er ist Conditio sine qua non, aber auch nur abstrakteste Vergesellschaftungsform, weil die Marktbeziehungen unterstellen, alle marktfähigen Individuen seien imstande, dort ihre Interessen frei durchzusetzen. In die Unterstellung geht ein, der Interessenaustausch über die Rechtsformen des Marktes sei die Sphäre der Konstitution gesellschaftlicher Anerkennung. Deren Kehrseite wäre, denjenigen Gesellschaftsmitgliedern die soziale Anerkennung versagen zu müssen, die nicht marktfähig sind – sei es weil sie über kein Geld oder weil sie nicht einmal mehr über ihre Arbeitskraft verfügen; viele der sogenannten gesellschaftlichen Randgruppen sind typische Beispiele hierfür. Marx diffamierte sie im Rahmen der politischen Ökonomie als Lumpenproletariat.

Aus dem systematisch von Hegel begründeten Zwang, die Teilnahme am gesellschaftlichen Reichtum allein über rechtsfähige Mittel sicherstellen zu müssen und darin der Abstraktionsleistung des Rechts der bürgerlichen Gesellschaft gegenüber allen inhaltlichen Interessen zu verfallen, folgt nicht nur die Reprivatisierung der Stände, sondern auch die große Bedeutung der Rechtspflege für das Rechtssystem der Gesellschaft. Sofern die bürgerliche Gesellschaft nicht am Anerkennungskonflikt ihrer widersprüchlichen Interessen zerbrechen soll, bleibt sie dieser ihrer Not verhaftet, sich allein auf Rechtsfähigkeit stützen zu können. Sie muß damit umgehen. Dem Recht und seiner Bestandspflege kommt deshalb eine hervorragende Rolle zu, eine Aufgabe, die nach rechtsförmigen, nicht politischen Gesichtspunkten gelöst werden sollte, um allen Mitgliedern die je eigene Chance der Interessenartikulation nicht durch politisch vorentschiedene inhaltliche Wertorientierungen zu beschneiden. Die Gesellschaft hat nur »relatives« Recht, mithin Recht als Regelung von Verhältnissen ernst zu nehmen. Sie darf sich hier nicht auf unbedingte inhaltliche Prinzipien berufen. »Die Herrschaft des Gesetzes erstreckt sich auf die allgemeine Person und nicht auf das konkrete Individuum, und sie verkörpert Freiheit genau so weit, wie es allgemein ist.«[48] Marcuses Feststellung reflektiert den logischen Standort der in der bürgerlichen Gesellschaft verwirklichten Freiheitsbeziehungen. Er schränkt das Gesetz auf die regelgebende Funktion für formelle Freiheit zwischen den Personen als Rechtspersonen ein und schließt so das mögliche Mißverständnis aus, mit der Rechts-

48 Ders.: Vernunft und Revolution, 3.Auflage (Neuwied 1970), S. 182.

pflege als Sicherung von Gesetzlichkeit habe man schon den Hebel für die objektive Vernunft des Rechts in der Hand. Die Rechtspflege stellt nämlich die Frage nach den Inhalten des positiven Rechts und der Weise ihrer Realisierung nicht als politische Geltungsfrage.[49] Diese ist ausgeklammert, so daß deren Gegenstand konsequent auf die bürgerlichen Vergesellschaftungsformen reduziert ist. »... die Allgemeinheit der Freiheit nur abstrakt, somit als Recht des Eigentums ...« (§ 2o8) ist Bezugspunkt. Sie gewährleistet in den Entscheidungsprozessen der Gerichte allein die Rechtsförmigkeit sozialer Beziehungen, und das bedeutet in Wahrheit eben wiederum nur die förmlichen Rechtsinstitute, insbesondere das Eigentumsrecht. Die radikale Offenheit, mit der schon Hegel den Aufgabenkatalog der Rechtspflegeinstanzen systematisch auf den Schutz des Eigentums eingrenzt, macht darauf aufmerksam, daß die Rechtspflege nur die Anerkennung formeller Freiheit fördern kann – und das ist dann auch schon ihr Inhalt.
Weil das gesetzte Recht deutlich auf Positivierung angewiesen ist, teilt es auch deren Risiken, nämlich fehlerhaft oder inhaltlich ungerecht sein zu können. Spektakuläre Beispiele aus dem Mietrecht wären hier ebenso zu nennen wie solche aus dem Arbeitsvertrags- oder dem Kaufrecht; sie sind möglich, weil die Positivierung sozialen Verhaltens nie gänzlich zuläßt, den zu entscheidenden Sachverhalt bis in deren Details und Besonderheiten hinein gerecht zu werden. Wie wir zudem aus der Wissenschaft der Logik erinnern, enthält Positivität ein Moment von Unwahrheit, Unvernunft, weil sie noch ganz den Zufälligkeiten äußerer Verhältnisse preisgegeben ist: »Indem das Gesetztsein die Seite des Daseins ausmacht, in der auch das Zufällige des Eigenwillens und anderer Besonderheiten eintreten kann, so kann das, was Gesetz ist, in seinem Inhalt noch von dem verschieden sein, was an sich Recht ist« (§ 212).
Gesetztes Recht und Vernunft des Rechts können in der bürgerlichen Gesellschaft auseinanderklaffen; so die aus der Analyse gewonnene These. Sie gilt, wenn man zugesteht, daß das Recht in den Gesetzen nicht über die allgemeine Anerkennung des abstrakten Rechts in seiner gesellschaftlichen Verkleidung hinausgeht – Eigentum und Vertrag sind im Recht des freien Marktes aufgehoben. Das Recht knüpft auf der gesellschaftlichen Ebene an den legalen Formen des abstrakten Rechts, an der Reduktion auf Legalität an. Sie ist die inhaltliche Grenze allen positiven Rechts. Hegels Kritik am Recht der bürgerlichen Gesellschaft, das sich zu deren politischer Vernunft meint aufspielen zu müssen, »die Herrschaft des Gesetzes (sei) die einzig adäquate politische Form der modernen Gesellschaft«, meint bloß relatives Recht, nicht unbedingte Inhalte. Das Recht des freien Marktes wurde und ist deshalb nach wie vor vordringliches, von den

49 Daß dies bis in die personalrechtlichen Entscheidungen bei Gericht durchschlägt, ist der Öffentlichkeit weitgehend unbekannt. Oder erfährt man als Außenstehender doch etwas darüber, daß »Strichlisten« über die Urteile eines Richters geführt werden, die Zahl der revisions- und berufungsbeständigen Urteile Kriterium für seine Beförderung ist? Kann man es Richtern verdenken, wenn sie ihre Entscheidungen so anlegen, daß sie möglichst günstig in diesen Strichlisten abschneiden?

politischen Instanzen nicht in Frage gestelltes Zentrum des gesellschaftlichen Verkehrs und für die soziale Anerkennungsfähigkeit der Gesellschaftsmitglieder. Das Recht der Gesellschaft, d. h. vor allem die Gesetze des Marktes, zielen darauf ab. Der freie Markt ist als vom ökonomischen Reproduktionsprozeß entkoppeltes Moment ihr Anwendungsbereich und gibt den Gesellschaftsmitgliedern den Bezugsrahmen für ihre »Freiheit«. Der Schutz des Eigentums, Grundlage aller rechtsfähigen Personen und Index ihrer Freiheit, ist auf dem Markt auch Index des gesellschaftlichen Verkehrs geworden. Weil dies so ist, verfällt das Recht der bürgerlichen Gesellschaft jener Abstraktionsleistung, die ökonomisch begründeter gesellschaftlicher Macht freien Lauf gewährt. Mit der Herrschaft des Gesetzes, der allgemeinen Form der Freiheit, geht Hand in Hand dessen Ohnmacht gegenüber materieller Unfreiheit, weil die rechtlich geschützten Formen aller marktfähigen Beziehungen auch die in den Produkten verdinglichten Personenbeziehungen sich subsumieren.

Wenn ich zuvor davon sprach, die rechtsförmige Organisation der Privatinteressen in den Verbänden, in Rechtspflegen und im »freien Markt« seien ganz auf die Bedürfnisse der bürgerlichen Verkehrsform zugeschnitten, so hatte ich dabei auch im Blick, daß wir es immer noch mit Momenten des »Not- und Verstandesstaates« zu tun haben. Die Entscheidungen sind allein an den rechtsförmigen Verfahren zu messen, und die inhaltliche Entscheidung über die Vernunft oder Unvernunft der – politischen – Gesetzgeber steht nicht zur Diskussion: »Das Rechtliche des Eigentums und der Privathandlungen über dasselbe erhält nach der Bestimmung, daß das Rechtliche ein gesetztes, anerkanntes und dadurch gültiges sei, durch die Förmlichkeiten seine allgemeine Garantie« (Enzyklopädie § 530). Die bloße Anerkennung und Beachtung vorgeschriebener Entscheidungsverfahren, das ist der Tatbestand, der die Integrationskraft des Rechts der Gesellschaft, aber auch die Gesetzesinflation vorantreibt – wie ihre Unfähigkeit, inhaltliche Neuorientierungen für die gesellschaftlichen Verkehrsformen zu setzen. In ihm kommt die ganze Hilflosigkeit der dogmatischen Gesetzeslehren unserer Rechtswissenschaft auf den Begriff, weil das Formprinzip schon hinreichender Geltungsgrund für das Recht des freien Willens in seiner gesellschaftlichen Erscheinungsform ist. Die Kontroverse zwischen Naturrecht und positiver Rechtslehre ist deshalb jeder systemtheoretischen Funktionsbestimmung weit unterlegen, was angesichts der Grenzen der Systemtheorie (vgl. N. Luhmanns »Legitimation durch Verfahren«) vernichtend wirkt. Von der Rechtsdogmatik als Antinomie behandelt, zeigt die Systemtheorie, daß Form und Inhalt durchaus – im Sinne der Rationalität des bürgerlichen Rechts – bruchlos ineinanderpassen. Ich will nur an zwei rechtsdogmatisch immer noch viel diskutierten Beispielen, am Bestimmtheitsproblem der gesetzlichen Vorschriften und am richterlichen Subsumtionsverfahren, diese vermeintliche Antinomie rekonstruieren.

Mit dem Postulat der Bestimmtheit gesetzlicher Formulierung ist der Sachverhalt gemeint, daß gesetzliche Regelungen einen hinreichenden Grad an präziser Beschreibung von Tatbeständen erreichen, an die dann Rechtsfolgen geknüpft werden. Es fällt auf, daß die Frage nach der Gesetzesgeltung an keiner Stelle die Entscheidungsgründe beim Zustandekommen des Gesetzes reflektiert. Dies ist konsequent, weil die politischen Entscheidungsinstanzen das Recht im Gesetz »vorausgesetzt« haben und der bürgerlichen Gesellschaft als Prämisse ihrer Verkehrsformen vorgeben. Die konfliktträchtige Willensbildung in der Gesellschaft wäre ohnehin nicht der Ort, an dem Konsens über bestimmte Inhalte zu erwarten oder gar herbeizuführen wäre. Es ist scharf zwischen entpolitisierter Gesellschaft und politischer Vernunft getrennt. Betrachten wir die Gesetze so, wie sie uns entgegentreten, dann stellen wir durchweg fest, daß die formulierten Gebote, Verbote, Anspüche usw. in ganz unbestimmten Begriffen gehalten sind und doch so bestimmt sein sollen, daß eine Vielzahl einzelner Lebens- und Entscheidungssituationen von ihnen erkennbar abgedeckt, andere aus ihnen ausgeschlossen werden. Man denke nur an die unbestimmten Rechtsbegriffe wie »öffentliche Sicherheit und Ordnung«, »Eignung für ein Amt«, »Verwahrlosung« oder an die sogenannten Legaldefinitionen, die den Gebrauch bestimmter Rechtsbegriffe vorschreiben. Zwei Bedingungen sind für die Geltungskraft offenbar zu erfüllen: Das Gesetz muß einerseits hinreichend einfach und allgemein formuliert sein, um überhaupt anerkannt zu werden; und es muß zum zweiten noch so klar umrissene Bestimmungen enthalten, daß konkrete Sachverhalte, die das Gesetz im Auge hat, zugeordnet werden können. Hegel behandelt beide Forderungen als antinomische und drückt damit aus, daß es bei der Geltungsfrage nicht um definitiv geregelte Einzelsachverhalte gehen kann, sondern allenfalls um Möglichkeiten der Annäherung an politisch vorentschiedene Inhalte. Gegenmodell wäre z. B. das sogenannte Einzelfallgesetz, das wegen Nichterfüllung der zuletzt genannten Bedingung verfassungswidrig wäre.

Der genannte Annäherungsprozeß ist mangels inhaltlich umschreibbarer Einzelfälle nur gesichert, wenn die strikten Regeln des förmlichen Verfahrens eingehalten sind. Sobald wir, wie etwa im Fall der Auffangtatbestände »Sittenwidrigkeit« (§ 138 BGB) oder »Wegfall der Geschäftsgrundlage« nunmehr kasuistisch Einzelfälle aufzählen können, sind die Grenzen der zulässigen Unbestimmtheit gesetzlicher Regelungen überschritten: »Die Erwerbungen und Handlungen über Eigentum müssen (daher) mit der Form, welche ihnen jenes Dasein gibt, vorgenommen und ausgestattet werden. Das Eigentum beruht auf Vertrag und auf den dasselbe des Beweises fähig und rechtskräftig machenden Förmlichkeiten« (§ 217). Erkennbar ist hier der Mangel an inhaltlichem Ausweis und Legitimation des Einzelfalles. Der Mangel muß durch nachprüfbare förmliche Verfahrensschritte einigermaßen kompensiert werden. Die Antinomie zwischen Allgemeinheit und Bestimmtheit gesetzlicher Regelungen wird verdeckt, indem die Förmlichkeit des Streitverfahrens zum Rechtsgrund der inhaltlichen Ansprüche gemacht werden kann. Kein Richter, und sei er noch so sehr von einem andersartigen Verlauf einer Auseinandersetzung z. B. hinsichtlich eines Mietverhältnisses oder einer strafbaren Handlung überzeugt, kann mit dieser Überzeugung die förmlichen Verfahrensregeln überspielen. Im Extremfall, dem Versäumnisurteil im Zivilprozeß, wird nach Lage der Akten entschieden, und das impliziert die Möglichkeit, daß der Richterspruch allen inhaltlichen Gerechtigkeitsvorstellungen Hohn spricht. Form und Verfahren sind damit ungeheuer aufgewertet, ersetzen sie doch tendenziell die inhaltliche Rechtfertigung von Ansprüchen und Rechtsverhältnissen. Wer die Praxis der Gerichtsverfahren kennt, in denen es um zivilrechtliche oder strafrechtliche Entscheidungen geht, der wird bestätigen können, welch ungeheuere Bedeutung die prozessualen Mittel der an den Prozessen Beteiligten für die »Rechtsfindung« gewonnen haben. Wir erkennen hier jenen Abstraktionsprozeß wieder, dem im rechtsförmigen Verfahren Tribut gezollt wird. Im abstrakten Recht war von den freigesetzten materiell-sinnlichen Substraten der Rechtsinstitute die Rede, hier im Recht der bürgerlichen Gesellschaft müssen wir schon davon reden, daß Inhalte durch die Rechtsförmigkeit von Verfahren ersetzt, die Form zum Inhalt gemacht wird. Daß hierher Überlegungen gehören, die wie N. Luhmanns Legitimation durch Verfahren, die Verkehrung von Legalität und Legitimität zur Rationalität des Gesellschaftssystems rechnen, wird mich an späterer Stelle noch beschäftigen. Hegel zeichnete aus der Logik des bürgerlichen Rechts schon recht deutlich eine Tendenz vor, die bis heute den Prozeß der Verrechtlichung unserer Sozialbeziehungen begünstigt. Das darf hier aber erst in zweiter Linie interessieren. Zunächst ist für unseren Zusammenhang entscheidend, daß dieses Formprinzip des Rechts dessen Gleichgültigkeit gegenüber sozialen Machtverhältnissen und dem Dissoziationsprozeß der bürgerlichen Gesellschaft austrägt. Die Schranken rechtsförmiger Verfahren erweitern die Anerkennungsstruktur in der bürgerlichen Gesellschaft. Die Not der Vernunft des Rechtsbegriffs ist zur defizitären Sittlichkeit der Rechtsform denaturiert, die der Verstand, der berechnende, vorschreibt.

Das zweite Beispiel, auf das ich zurückgreife, zeigt die Perversion des Rechts zur bloß instrumentellen Vernunft am Fall derjenigen Instanz, von der allgemein erwartet wird, daß durch sie die Sache des Rechts zur Geltung komme: am Subsumtionsverfahren des Gerichts. »Das Mitglied der bürgerlichen Gesellschaft hat des Recht, im Gericht zu stehen, sowie die Pflicht, sich vor Gericht zu stellen und sein streitiges Recht nur von dem Gericht zu nehmen« – so Hegels Erwartung. In dieser scheinbar banalen Beschreibung der Situation, der wir alltäglich im Gerichtssaal begegnen, ist ein prinzipielles Problem versteckt. Kontrahenten des Streits sind, vom Standpunkt des Rechts aus betrachtet, die einzelnen Gesellschaftsmitglieder und – personalisiert geredet – der Vernunftanspruch des Rechts, verkörpert in der Institution Gericht. Kontrahenten sind, vom Standpunkt der Privatinteressen der Gesellschaftsmitglieder aus gesehen, die sich um *ihr* Recht streitenden Einzelpersonen. Beide Aspekte des Streitverfahrens kehren wieder, wo das Gericht anstelle der verletzten Partei das Recht vertritt, aber das Rechtsfindungsverfahren davon abhängt, daß und wie die Parteien die Verfahrensmittel wahrnehmen: »Indem den Parteien das Recht, solchen weitläufigen Formalismus durchzumachen, der ihr Recht ist, zusteht, so ist, indem er ebenso zu einem Übel und selbst Werkzeuge des Unrechts gemacht werden kann, es ihnen von Gerichts wegen – um die Parteien und das Recht selbst als die substanzielle Sache, worauf es ankommt, gegen den Rechtsgang und dessen Mißbrauch in Schutz zu nehmen, – zur Pflicht zu machen, einem einfachen Gerichte und dem Versuche des Vergleichs sich zu unterwerfen, ehe sie zu jenem schreiten« (§ 223). Das Vergleichsverfahren wird von Hegel offensichtlich als Mittel betrachtet, die Gefahr des Mißbrauchs von förmlichen Verfahrensrechten zurückzudrängen. Dieser Vorschlag indiziert den wachsenden Widerspruch zwischen individuellen Verfahrensrechten und dem Inhalt des Rechts, der als Sicherung von Freiheit vom Gericht vertreten sein soll. Der Versuch, diesen Widerspruch zu lösen, spiegelt sich in der Doppelstruktur des Erkenntnisverfahrens beim Gericht wieder: in der Abstufung von Tatbestandserforschung und Subsumtion des beweiskräftigen Tatbestandes unter die geltende Norm. Die erste Stufe, die Tatbestandsfeststellung, hängt mit ihren förmlichen Beweisregeln ganz von dem Geschick und der Mitwirkung der streitenden Parteien ab, sie beruht, wie Hegel richtig feststellt, auf ihrem Recht. Allein die Subsumtion des gewonnen Tatbestandes unter die gesetzlichen Bestimmungen ist das Recht des Gerichts, aber darin doch ganz von den Tatsachenfeststellungen eingegrenzt. Der interessante und für uns wichtige Aspekt besteht darin, daß die Subsumtion gänzlich von den formalisierten Verfahren der Beweisführung der Parteien her interpretiert werden muß. Die Funktion der Recht-Sprechung nimmt wegen ihrer relativen Gleichgültigkeit gegenüber der vorgeschalteten Tatsachenermittlung zunehmend fiktiven Charakter an, weil letztere Resultat des parteibestimmten Beweisverfahrens ist. Beweislastregeln bestimmen weit mehr den Ausgang eines Rechtsstreits als der richterliche Akt der Subsumtion. Der materiell gerechte Subsumtionsakt ist zunehmend ersetzt durch die allgemeine Form des Erkenntnisverfahrens – eine Einsicht, die das zentrale Problem der Prozeßordnungen bei Gericht benennt und auch heute noch bzw. wieder zur Diskussion steht.[50] Hier haben wir nur eine weitere Folge dessen vor uns, daß die Rechtspflege zur Veranstaltung der entpolitisierten Gesellschaft verkommt und an deren äußerlichen Notwendigkeiten hängenzubleiben droht.

Vom Not- und Verstandesstaat zu reden wird mit der gesellschaftlichen Degeneration politischer Vernunft plausibel. Sie ist Bedingung der rechtsfähigen gesellschaftlichen Beziehungen, insbesondere der des freien Marktes. Mit dieser Rede ist klar, daß das Recht unserer Gesellschaft allenfalls zur Vorstufe, also zum zwar notwendigen, aber irrationalen Erscheinungsbild des Rechts zu rechnen ist. Der Not- und Verstandesstaat *ist* Ausdruck bürgerlicher Freiheitsrechte, aber zugleich nicht das, was das Recht in Wahrheit als Freiheitsidee verwirklichen will. Der Gesellschaft müssen deshalb Rahmenbedingungen vorausliegen, innerhalb deren die Inhalte von Freiheit rechtsfähig und in diesem Sinne angemessen ver-

50 Zur historischen Problematik F. Bomsdorf: Prozeßmaximen und Rechtswirklichkeit (Berlin 1966): prozeßtechnisch siehe Lent-Jauernig: Zivilprozeßrecht, 16. Auflage (München 1972), § 25.

treten sind: »Was nach der Konzeption der Rechtsphilosophie die Desintegration der Gesellschaft verhindert, ist allein ihr Eingeordnetsein in einem sittlichen Gemeinwesen, das sich als Staat bestimmt. Gegenüber dem reflektierend-Verständigen der Gesellschaft ist diese das an und für sich Vernünftige«.[51] Im Klartext heißt das, daß zwar erst der politische Staat Freiheit realisiere; es heißt vor allem aber auch, daß man unter der Vernunftprämisse des bürgerlichen Rechts die Gesellschaft mit allem ihren Schwächen und Widersprüchen als notwendige Erscheinungswelt des Rechts, also als dessen Unwahres in Kauf nehmen muß.

Sowohl der arbeitsteilige Produktionsprozeß als auch die Rechtspflege und der freie Markt haben es mit der sozialen Beziehung zwischen den Gesellschaftsmitgliedern als Privatpersonen, zwischen den vom abstrakten Recht her bekannten Rechtspersonen zu tun. Der Bruch zwischen der »allseitigen Abhängigkeit« der Rechtspersonen mit der bewußten Identifikation von Einzelnen und Ganzem des Gemeinwesens wäre als einer zwischen bürgerlicher Gesellschaft und politischer Vernunft des Staates unvermeidlich und deutete auf zwei mit dem Rechtsprinzip unverträgliche verschiedene Rationalitätsprinzipien hin – wenn nicht innerhalb der Gesellschaft schon auf eben diese Identifikation hingearbeitet werden könnte. Im Produktionsprozeß gibt es hierfür keinen Hinweis, weil er allein der Vernunft der Sache folgt; ähnliches gilt für den freien Markt, über den die unterschiedlichen Produzenteninteressen mit Hilfe der privatrechtlichen Institute des Eigentums und des Vertrages in verrechenbare Beziehungen treten und der von ökonomischen Gesetzen dominiert wird. Aber auch die Rechtspflege hat nur »relatives« Recht, nicht das Gemeinwesen selbst im Auge. Das Recht der bürgerlichen Gesellschaft braucht aber rechtsfähige Institutionen, die gegenüber der schlichten Privatheitsperspektive diejenige auf das Ganze, auf die Rechtsverfassung zur Geltung bringen. Nur dann wäre zu verhindern, daß zwischen Gesellschaft und Staat sich eine unüberbrückbare Kluft und ein Machtgefälle auftun, die der Autonomie der Gesellschaft, aber auch dem Anerkennungsprinzip des Rechts widersteiten.

Zwei Institutionen kämen dafür in Frage, das Gemeinwesen als Ganzes zu repräsentieren und in der Gesellschaft gegen die Privatheitssphäre zur Geltung zu bringen: die Polizei und die Korporationen, wobei letztere in der modernen Gesellschaft als Interessenverbände charakterisiert sind. Sie könnten deren widersprüchliche Seiten, Privatheit und Gesellschaftlichkeit, zumindest partiell einbinden. Um welchen Preis gelänge es mit ihrer Hilfe, den diagnostizierten Dissoziationsprozeß der Gesellschaft zu stoppen? Ich möchte hier zunächst auf Hegels Argumente eingehen und dies nur soweit, wie der historische Gestaltwandel von Polizei und Kooperation deren rechtsrelevante Bedeutung nicht tangiert.

51 Vgl. E. Angehrn: Freiheit und System bei Hegel, a.a.O., S. 234.

»Die Polizei hat zur Bestimmtheit, die vom Begriff der bürgerlichen Gesellschaft her noch vorausgesetzte Einheit des Allgemeinen mit dem Besonderen in der Ausdehnung auf den ganzen Umfang der Besonderheit, zunächst als relativer Vereinigung zu verwirklichen, während die Aufgabe der Kooperation darin besteht, dieselbe Einheit auf einzelnen gesellschaftlichen Sphären beschränkt, aber in konkreter Totalität wiederherzustellen«.[52] M. Riedel sieht, wenn auch verklausuliert, zu Recht die umgekehrte Proportionalität der logischen Bestimmtheit von Polizei und Kooperationen im Blick auf die in die Gesellschaft hineinwirkende Identitätsforderung des Rechts. Die Polizei sei äußerer Repräsentant des Gemeinwesens, weil für die Ordnung des Verkehrs zwischen den Gesellschaftsmitgliedern zuständig; die Kooperationen verstünden sich demgegenüber gleichsam von innen heraus als bewußte Zusammenschlüsse einzelner gesellschaftlicher Gruppen, deren Mitglieder bewußt eigene Rechte delegierten, aber eben beschränkt auf diese Gruppen. Relative Totalität von außen bzw. von innen, das sei das jeweilige Charakteristikum.

Die äußere Totalität repräsentierend, ist die Polizei »öffentliche Macht«, die die »Aufsicht und Vorsorge über die allgemeinen Geschäfte und gemeinnützigen Veranstaltungen« betreibe. Bei näherem Hinsehen ist es nicht mehr haltbar, den historischen Aufgaben der Polizei entsprechend – Marktwesen, Gesundheitswesen usw. – diese auf die ökonomischen Betätigungsfelder der Gesellschaft einzugrenzen. Dagegen spricht mindestens zweierlei. Erstens wären nur »die einfachen Prinzipien der Sache, der in ihr wirksame und sie regierende Verstand« gemeint, und die Polizei würde die Herrschaft des Verstandes über die Vernunft des Rechts festschreiben, bliebe selbst also hinter ihrer Qualifikation als Rechtsinstanz zurück. Zweitens läßt sich die Notwendigkeit der »Aufsicht und Vorsorge der öffentlichen Macht« nur begründen, wenn die Forderung nach dem allgemeinen Recht auf Freiheit gegen die negativen Folgen der freien ökonomischen Bestätigung der Gesellschaft – die Hegel in Armut und Hilfsbedürftigkeit sehr wohl gesehen hat – ins Spiel kommt. Jede Ordnungsmacht, die diese defizitäre Struktur zusammenhalten will, hätte zugleich die relative Autonomie der Handlungssubjekte als Privatpersonen, als Eigentümer zu respektieren. Dieses Dilemma begrenzt notwendig die Funktionen der Polizei auf die Verwaltung des Mangels an wirklicher Freiheit und schließt ihre Macht aus, politische Vernunft gegen das Wesen der bürgerlichen Gesellschaft durchzusetzen. Wir finden hier also deutliche Argumente zur Kritik jeder rechtsstaatlichen Entwicklung, die der Polizei politische Aufgaben über die bloß ordnungsrechtlichen hinaus zuweisen wollte; Argumente also, die die ganze Problematik einer »politischen Polizei« sichtbar machen, auf die wir in Teilbereichen des Polizeirechts heutzutage zusteuern.[53] Die Polizei hätte sich als Rechtsinstanz der Gesellschaft der bloß for-

52 M. Riedel: Bürgerliche Gesellschaft und Staat bei Hegel (Neuwied 1970), S. 60.

53 Vgl. E. Denninger (Hrsg.): Freiheitliche Demokratische Grundordnung, a.a.O., Bd.2, S. 699 f.

mellen Allgemeinheit der Gesellschaftsordnung zu verpflichten und wäre insofern unpolitische Veranstaltung mit ausschließlich förmlichem Zwangscharakter. Indem sie ihre Ordnungsfunktion aus dem Recht ableitet, ist sie an dessen Genese und Geltungsgrund in der Gesellschaft gebunden und verweist darin auch auf das Rechtsprinzip als die die Sozialbeziehungen integrierende Instanz: »Als die sichernde Macht des Allgemeinen, des Begriffs der bürgerlichen Gesellschaft also, der sie mit dem Staat zur Deckung bringen soll, kämpft die Polizei gegen die Tendenzen zur Desintegration, Dekorporation, die dem System der Bedürfnisse immanent sind« (M. Riedel). Die Polizei hätte also Vorsorge zu leisten, daß jedes Gesellschaftsmitglied zu seinem spezifischen »relativen« Recht kommt. Sachliche Bedingung dieser Logik ist die Reziprozität des Rechts auf freie Entfaltung des Einzelnen mit dessen Pflicht, das Recht der Gesellschaft, ihres Bestandes – und ihrer Strukturschwächen anzuerkennen, »So ist das Individuum Sohn der bürgerlichen Gesellschaft geworden, die ebensosehr Ansprüche an ihn, als er Recht auf sie hat« (§ 238). In der Reziprozität von gesellschaftlichen Rechten und Pflichten liegt der Schlüssel auch für das Verständnis der der Polizei zugewiesenen Aufgaben. Einerseits hindert sie die Polizei daran, Eingriffe in die widerspruchsgenerierende Macht der Privatinteressen vorzunehmen und materiell verankerten Herrschaftsformen in der Gesellschaft entgegentreten zu können. Andererseits greift sie dort ordnend ein, wo gesellschaftliche Macht Einzelner oder die Macht der Ohnmacht des »Pöbels« und der Armut – Hegel nennt hier den Fall des Aufstandes aus Not – den förmlichen Bestand des Rechts der Gesellschaft gefährden könnte. Wenn der Polizei vielfach unterstellt wird, sie verteidige oder erwirke immer nur das Recht des Stärkeren in der Gesellschaft, dann verkürzt diese Behauptung nicht nur den wirklichen Sachverhalt, sondern verdeckt die strukturell bedingte Abstraktionsleistung einer Ordnungsinstanz, die das Recht in den Vordergrund stellt, aber, indem sie dies tut, zugleich der gesellschaftlichen Machtverteilung Freiräume verschafft. Auf die rechtsförmige Ordnungsfunktion sollten deshalb auch die Machtmittel der Polizei ausgelegt sein; eine rechtspolitische Einschätzung, vor deren Hintergrund die gegenwärtigen Diskussionen über das neue Polizeirecht ihre ganze Brisanz enthüllen. Rechtsfähige polizeiliche Aufgaben sind von diesem Standpunkt aus als Mittel der Selbstimmunisierung der Gesellschaft gegenüber dem Bereich politischer Vernunft interpretierbar. Insofern sichern sie der bürgerlichen Gesellschaft die Autonomie gegen den Staat. Weil die Polizei aber ihr Recht zugleich auf eben diese politische Vernunft bezieht, hätte die bürgerliche Gesellschaft sich hier eine Instanz geschaffen, die selbst im Widerspruch zwischen Genese und Geltungschance des Rechts verstrickt ist. Sie rückt das Recht dadurch in den Blick, daß sie seine wirklichen Freiheitsidee aus der Gesellschaft ausschließt: nämlich die von gesellschaftlichen Anerkennungsverhältnissen.

Erscheint die Polizei als »Staats-Polizei« und ist sie in Wahrheit zu einer Institution dequalifiziert, die die sachlichen Interessen der Gesellschaftsmitglieder auf den rechtsförmigen Weg bringt, so ist die Korporation eine Institution der bürgerlichen Gesellschaft, »in welcher der besondere Bürger als Privatmann die Sicherung seines Vermögens findet, ebensosehr als er darin aus seinem einzelnen Privatinteresse heraustritt und eine bewußte Tätigkeit für einen relativallgemeinen Zweck, wie in den rechtlichen und Standespflichten seine Sittlichkeit hat« (Enzyklopädie § 534). Einerseits kann der Einzelne als Mitglied einer Korporation von dieser die Sicherung seines – materiellen wie bildungsmäßigen – Vermögens erwarten und ihren Schutz gegen Übergriffe in sein Privatinteresse auf gesellschaftlicher Ebene verlangen. Andererseits impliziert korporative Mitgliedschaft auch die Anerkennung eines gemeinsamen, von der Privatsphäre unterscheidbaren und manchmal auch gegen sie gerichteten Zwecks, der entsprechend der standesmäßigen Einbindung in den gesellschaftlichen Reproduktionsprozeß auch auf diesen Rahmen begrenzt bleibt. Erfahrungen, wonach man als Mitglied einer Korporation manchmal geneigt ist auszutreten, wenn Beschlüsse gegen die eigenen Interessen gerichtet scheinen, letztlich jedoch die Interessenidentität aufs Ganze bezogen vorgeht, sind nicht neu. Die Institution der Korporation insistiert in erster Linie darauf, die Bedingungen für die Durchsetzung berufsspezifischer – und damit nur relativer oder privater – Interessen gegen andere innerhalb der Gesellschaft zu verbessern. Das Privatinteresse wird mit der Macht korporativer Identität zur Rückendeckung ausgestattet. Die Analyse Hegels bringt also moderne Entwicklungen auf ihren Begriff. Wir erfahren dies heute auf allen Ebenen des gesellschaftlichen Bargaining-Prozesses. Ob bei Gewerkschaften, berufsständischen Vereinigungen, Handwerkskammern, Bauernverband usw., sie behaupten durchaus redlich, das Interesse des Gemeinwesens im Blick zu haben, und fallen doch auf Privates zurück, weil sie zugleich aus Legitimationsgründen der Machtsicherung innerhalb der Ökonomie der bürgerlichen Gesellschaft und der Teilhabe am gesellschaftlichen Reichtum das Wort reden. Denn nur aus der Delegation des Rechts ihrer Mitglieder als Privatpersonen ziehen sie Rückendeckung. Ihr Willensbildungsprozeß ist anerkennungsfähig, weil er sich allein dem konsequenten Rekurs auf die Verhältnislogik des Rechts der Gesellschaft als eines Rechts selbständiger Individuen verdankt, die dies delegieren. Die Gesellschaft bildet Korporationen aus, um partikularen Interessen auf rationaler, d. h. im Sinne des Rechts: auf entpolitisierter Ebene zur Geltung zu verhelfen. Wenn sie, wie Hegel festhält, im Rahmen dieses Prozesses Anerkennungsbeziehungen ins Spiel bringt, mithin auf Sittlichkeitsmomente angewiesen ist, dann deutet dies nur auf rechtsfähig zustande gebrachte Strukturen, die über die bürgerliche Gesellschaft hinaus- und auf die Vernunftforderung des Rechts eingehen. Nur wenn wir Hegels ambivalente Bestimmungen der Korporationen würdigen, mittels bloß partieller Kollektivität gerade widersprüchliche Interessenkonfikte auszutragen, entgehen wir der Gefahr, in sie schon wirkliche politische Vernunft und Sittlichkeit hineininterpretieren zu wollen.

Ich möchte dieses Plädoyer für die Korporation als eine gesellschaftliche Institution, in der sich die gesellschaftlichen Interessenkonflikte eher verschärfend kristallisieren, denn dem Prinzip von Sittlichkeit unterstellen, an einer häufig diskutierten, Textstelle bei Hegel absichern. Es handelt sich um den Text, in dem Familie und Korporation zu sittlichen Wurzeln des Staates avancieren: »Zur Familie macht die Korporation die zweite, die in der bürgerlichen Gesellschaft gegründete sittliche Wurzel des Staates aus«; und wenig später: »Heiligkeit der Familie und die Ehre in der Korporation sind die zwei Momente, um welche sich die Desorganisation der bürgerlichen Gesellschaft dreht« (§ 255, Zusatz). M. Riedel entnahm dieser Stelle, die Korporation bedeute so »die Versittlichung der bürgerlichen Gesellschaft, den Zusammenschluß der besonderen Arbeiten und Zwecke zu allgemeinen, für welche die Individuen mit dem Bewußtsein der Existenz eines Gemeinsamen tätig sein können«, und solle die Möglichkeit des »bruchlosen Übergangs zum politischen Staat garantieren«. Solchermaßen auf und von der Ebene des Politischen her gedacht, ist die Korporation als sittliche Wurzel des Staates vollständig vom Bestimmungskontext der bürgerlichen Gesellschaft entkoppelt, obwohl sie bei Hegel ausdrücklich in der bürgerlichen Gesellschaft verankert ist. Hegels eigene Formulierung verrät indes, inwiefern von der Korporation behauptet werden kann, sie sei eine der sittlichen Wurzeln des Staates. »Das Bewußtsein der Existenz eines Gemeinsamen« ist nur in der subjektiven Gesinnung der Korporationsmitglieder als Anerkennungsverhältnis verankert, ohne daß sie der objektiven Struktur innewürden, der zufolge es der Sache nach um ökonomische und soziale Interessen geht. Das Bewußtsein des einzelnen als Korporationsmitglied trägt Züge des Sittlichen, erliegt aber noch einer Täuschung, weil es in Wahrheit eben gerade noch nicht auf das Ganze des Gemeinwesens geht. Subjektives Bewußtsein und objektive Struktur fallen noch auseinander; dieser Sachverhalt entspricht durchaus der Rationalität des Rechts in der bürgerlichen Gesellschaft.

Nach diesen eng mit Hegels Argumenten bestrittenen Überlegungen greife ich auf das Verhältnis der entpolitisierten Gesellschaft zum politischen Staat vor. Von gesellschaftlichen Verhältnissen zu reden scheint heutzutage unproblematisch geworden zu sein. Wann immer dieser Angriff verwendet wird, ist Einverständnis über die mit ihm gemeinten Sachverhalte unterstellt. Nur lehrt uns aber gerade Hegels emphatische Verwendung des Verhältnisbegriffs ebenso wie Marxens Bemühung um ihn in seinen Frühschriften, daß hinter dem Verhältnisbegriff ein spannendes Problem steckt. Gesellschaftliche Verhältnisse verknüpfen nämlich ganz unterschiedliche Sachverhalte und Interessen und sollen doch diese als Momente einer Struktur erweisen, weil Einheit gewährleisten. Hinsichtlich der Logik des Verhältnisbegriffs wäre hier nur auf Hegels Reflexionslogik hinzuweisen, die sich als Kritik am affirmativen Gebrauch des Begriffs der Einheit liest.

Nun möchte ich die Verrechtlichung der gesellschaftlichen Verhältnisse mit derjenigen Erfahrung in eine Argumentationslinie bringen, die aus der Interpretation der abstrakten Rechtsinstitute überkommen ist. Dort ging es um die Bedingungen, unter denen Personen als Rechtspersonen anerkennungsfähig sind. Ich hatte herausgestellt, wie der Objektivierungsprozeß des Rechts von dessen gegenständlichen Substraten abstrahieren muß, um die Geltung des Rechtsprinzips durchzudrücken. Meine aus der Hegelschen Darstellung entnommene Kritik knüpft an der Paradoxie an, der zufolge das bürgerliche Recht mit seiner selbstbehaupteten Vernunft den Zugriff auf die Bedingungen, die die Forderung nach eben dieser Vernunft motivieren, aus der Hand gibt: die macht- und ohnmachtgenerierende Verdinglichung, und das ist auch Entsubjektivierung der Sozialbeziehungen. Im Unterschied zu den abstrakten Rechtsinstituten haben wir es in der bürgerlichen Gesellschaft mit der sozialen Qualifikation rechtsfähiger Individuen zu tun, und das bedeutet, daß auf der Stufe gesellschaftlicher Verhältnisse zwar alle Beziehungen nur als verrechtlichte zum Thema gemacht werden, darin aber nicht von dem Rechtsstatus, von der Rechtsfähigkeit der Individuen als Privatpersonen abgesehen werden kann. Hand in Hand mit der Verallgemeinerung der Rechtspersonen im gesellschaftlichen Anerkennungsgefüge entwickeln sich Beziehungen zwischen Gesellschaftsmitgliedern auf jener Grundlage, die dem Zugriff des Rechts entzogen ist, weil es von ihr abstrahiert: auf der Grundlage materiell konstituierter Macht- und Abhängigkeitsbeziehungen, die Hegel aus dem darstellungsmethodischen Blickwinkel der Rationalität des Rechts äußerst konsequent als die Ebene des ökonomischen, des berechnenden Verstandes diskreditiert. Wenn der »Pöbel« gleichsam naturwüchsig aus der »ungehinderten Wirksamkeit der bürgerlichen Gesellschaft« herausspringt, ohne daß dies von Rechts wegen als Problem hätte bearbeitet werden können, zeigt dies an, wie in der Gesellschaft zwei einander zunächst gleichgültig erscheinende Konstitutionsprinzipien wirksam sind. Die Macht des Rechts scheint auf merkwürdige Weise ihre Ohnmacht gegenüber verdinglichten Herrschaftsformen mitzusetzen, wenn sie diese Gleichgültigkeit nicht reflektieren kann. Der Konflikt zwischen der logischen Rationalität des Rechtsbegriffs und der materiellen Machtentfaltung in dem vom Recht freigesetzten Spielraum der Verdinglichung sozialer Beziehungen ist prinzipieller Natur, weil er eine Konstitutionsfrage stellt. Bleibt das Recht alleiniger Maßstab der Gesellschaftsbeziehungen und läuft es dennoch beständig gegen das »Unrecht« der Versachlichung von Personenbeziehungen auf, so zeugt dieser Sachverhalt von dem konstitutiven Widerspruch zweier Rationalitätsprinzipien, die dennoch aufeinander bezogen sind: Die ökonomische »Vernunft der Sache« gewinnt offenbar ihre Durchsetzungsfähigkeit aus der begrenzten Reichweite des Rechts. Insofern besteht die Chance eben dieser Vernunft der Sache nicht unabhängig von der Verfaßtheit des Rechtsprinzips. Sie verhalten sich komplementär zueinander.

Erinnern wir uns: Hegels Programm der Sittlichkeit, die Identität von Individuum und Gemeinwesen, nannte eine Bedingung für die umfassende Geltung des Rechts. Pflicht und Recht, so hieß es, fielen in eins, »und der Mensch hat durch das Sittliche insofern Rechte, als er Pflichten, und Pflichten, insofern er Rechte hat«. Die Tragweite der geforderten Reziprozität von Rechten und Pflichten zeichnet sich erst jetzt, auf der Ebene gesellschaftlicher Beziehungen ab. Hier, wo es um Anerkennungsverhältnisse gehen müßte, wo die Rechtspersonen ihren

sozialen Status am Recht legitimieren sollen, werden soziale Handlungsnormen nur in dem Umfang verbindlich, wie sie mit dem Recht der Rechtsperson, also dem Recht auf Eigentum und Vertragsfreiheit kongruent sind. Der gesellschaftliche Standort und die sich daraus ergebenden einklagbaren Verpflichtungen sind so weit geregelt, wie die Anerkennung aller Mitglieder als Rechtspersonen dazu nötigt. Demgegenüber, und das macht die eigentliche Brisanz dieses Reziprozitätsverhältnisses zwischen Rechten und Pflichten aus, läßt sich das Gefüge gesellschaftlicher Beziehungen nicht unter rechtliche Verpflichtungen fassen, das sich jenseits dieses Reziprozitätsverhältnisses breitmacht. Ja man muß sogar so weit gehen zu behaupten, daß das Recht der bürgerlichen Gesellschaft die Unvernunft der dort herrschenden Verdinglichung aller Sozialbeziehungen als seine Kehrseite unterschlägt. Darin liegt der Grund dafür, die bürgerliche Gesellschaft als entpolitisierte darzustellen und in ihr alle Ansätze wirklicher Sittlichkeit auf den Status des Rechts der Gesellschaft zu reduzieren. Die Gesellschaft bestreitet noch die Vernunft der Freiheitsidee, weil sie mit Rechtsmitteln nichts gegen die Verdinglichung ihrer Sozialbeziehungen unternehmen kann. Das macht ihre erzwungene politische Gleichgültigkeit möglich. Hierin liegt auch der Grund, warum die materiellen Abhängigkeiten, die grenzenlose Entfaltung von materieller Macht und Ohnmacht, von Reichtum und Armut usw. nicht Thema gesellschaftlicher Rechtsbeziehungen sind.
Darstellungslogisch und der Sache nach korrekt ist die Perspektive affirmativ auf den Standpunkt des Rechts verpflichtet. Daß dennoch gegen Hegels Analyse stereotyp eingewandt wird, er habe die bürgerliche Gesellschaft idealisierend dargestellt und ihre Defizite unterschätzt[54], liegt wohl daran, daß Hegels Analyse als Analyse der bürgerlichen Gesellschaft gelesen wird, nicht aber als das, was sie nur sein will: Darstellung des *Rechts* der bürgerlichen Gesellschaft. Nur wenn dies berücksichtigt ist, gewinnt der Umstand Sinn, daß trotz der mannigfaltigen Hinweise auf das gesellschaftlich produzierte Elend, auf Armut und Not keine rechtsfähigen Folgen legitimiert werden könnten. Hegels Einsicht macht sich an der Unfähigkeit des Rechts fest, auf diese Probleme angemessen zu reagieren, weil es in einem solchen Fall in die ökonomische Sphäre der Gesellschaft als eine Sphäre unmittelbar eingreifen müßte, die es aus sich gerade ausgeschlossen hat. Nur wenn die Konkretisierung des Rechts um den Preis der Gleichgültigkeit gegenüber materiellen, verdinglichten Sozialbeziehungen zustande kommt, springt der vorausgesetzte Rechtsbegriff auch als Resultat der Gesellschaftsanalyse heraus. Der allein rechtlich relevante Status der Gesellschaftsmitglieder, rechtsfähige Subjekte im gesellschaftlichen Verkehr zu sein, übersetzt die konkreten gesellschaftlichen Verkehresformen in solche des Rechts, um die gesellschaftlichen Dissoziationsprozesse in eben das Recht zurückzubinden, einmal ganz abgese-

54 Zu diesem Problem vgl. R.P. Horstmann: Über die Rolle der bürgerlichen Gesellschaft in Hegels politischer Philosophie, in: Materialien zu Hegels Rechtsphilosophie, a.a.O.

hen von der Frage, wie hoch das Selbstzerstörungspotential der Gesellschaft wäre, wie weit sie von ihrem eigenen anarchischen Produktionsverhalten zugrunde gerichtet würde, wenn sie im Recht nicht zu ihrem Maßstab fände. Was bleibt, ist der manifeste Widerspruch zwischen der Vernunft von Anerkennungsbeziehungen und der gegenläufigen Tendenz, mit der Verdinglichung von Sozialbeziehungen als Medium der gesellschaftlichen Reproduktion die Grenzen der Reichweite des Rechts zu markieren. Wie mit diesem Widerspruch umgegangen wird, entscheidet auch über Recht und Unrecht der These, Hegel habe sich in der Darstellung des bürgerlichen Staates zur Apologie der ihm gegenwärtigen politischen Verhältnisse hinreißen lassen.

5. Die verdrängte Unvernunft des Rechts im Staat – oder Macht und Ohnmacht des Rechtsstaates

»Hegel selbst konstruiert das Verhältnis von bürgerlicher Gesellschaft und Staat nach dem Modell des Zusammenhangs von Reflexionslogik und Begriffslogik«[55]. Die These suggeriert, der Übergang in der Logik könne als Modell und bruchlos auf die Analyse des Rechts übertragen werden. Der Übergang von der Reflexions- zur Begriffslogik zielt jedoch, wie Hegels Beginn in der Begriffslogik zeigt, »auf die Vollständigkeit des Begriffs« ab und »geht in die Einheit der Totalität über, die Subjektivität des Begriffs in seine Objektivität« (Logik, 3. Buch, 1. Abschnitt). Mit der Logik ist das Ganze rational ausweisbaren Wissens Thema, wird die komplexe Struktur des Denkens dargestellt und gegen schlechte Spekulation verwahrt. Daß wir es dort mit dem Denken selbst zu tun haben, unterscheidet die Logik von der Rechtsphilosophie, die als Sozialtheorie die immanente Rationalität einer vorfindlichen Wirklichkeit ausfindig machen will. Diese Differenz nötigt dazu, zwei Aspekte der begriffslogischen Interpretation des Rechts im Staat vorab genauer ins Bild zu bringen: (a) die mögliche metaphysikkritische Implikation, die sich aus der Logik des Rechts aufdrängt, und (b) die Partialität der Vernunft des Rechts als Gegenstand einer Realphilosophie. Unterstellt die explizierte Logik des Begriffs dessen Gelingen, dessen denkendes Übergreifen über die Realität, so enthält er dieser Rationalität gemäß neben aller affirmativen Erfahrung ebensosehr deren Negatives, deren Unwahrheit. Dies so, daß sich Affirmation als das der Vernunft Unangemessene, als Unwahrheit selbst zeigt, weil sie in Wahrheit nur durch Vermitteltheit zu begreifen ist. Vornehmlich auf diesen Gedanken zielt M. Theunissens These der Einheit von Kritik und Darstellung metaphysischen Denkens bei Hegel.

Nun sahen wir, daß mit Hegel vom bürgerlichen Rechtsbegriff zu reden und seine Analyse in einem methodisch strikten Darstellungsprozeß einzubinden denselben Anspruch verfolgt: dem Verwirklichungsprozeß des Rechtsbegriffs nachzugeben. Gleichwohl mit Theunissen von der Korrektur der Rechtsphilosophie durch die Logik überzeugt zu sein verändert die Stellung zu dem in der Theorie des Rechts darzustellenden Gegenstand. An die Stelle metaphysischen Denkens tritt der vorausgesetzte Rechtsbegriff, aber so, daß Darstellung und Kritik nach dem Modell der Logik wirksam bleiben. Daran schließt sich der Verdacht an, der Rechtsbegriff und die mit ihm verfolgte Idee der Freiheit werde von Hegel so behandelt, *als ob* in ihm ein metaphysischer Vernunftentwurf vorgelegt sei, dessen Darstellung zugleich dessen Kritik hervortreibe. Die Korrektur der Vernunft des

55 M. Riedel: Bürgerliche Gesellschaft und Staat bei Hegel, a.a.O., S. 60.

Rechts durch die Logik bestünde demnach in der Kritik an der affirmativen Selbstbehauptung des Rechts als wirklich gewordener Freiheit.

Die Gemeinsamkeit zwischen Logik und Rechtsphilosophie liegt in dem darstellungsmethodisch unterstellten Gelingen des jeweiligen Begriffs. Aber die Einheit von Darstellung und Kritik der Metaphysik in der Logik hat »den immanenten Zusammenhang der Denkbestimmungen oder Denkformen zu enthüllen«, und indem sie dies tut, gelingt ihr die Darstellung der über ihre Unwahrheit übergreifenden Wahrheit. Die Einheit von Darstellung und Kritik in der Theorie des Rechts hingegen ermöglicht es, die soziale Wirklichkeit ausschließlich an der Rationalität des Rechts zu orientieren. Indem sie dies tut, gibt sie preis, was sich dem Zugriff dieser Rationalität entzieht. Wissenschaft der Logik und Theorie des Rechts, die beide Wahrheit zum Thema haben, haben ihre Differenz, wo die Logik den Begriff über dessen unwahre Gestalten übergreifen läßt, während dem Recht dies nicht gelingt. Ist in der Logik die Bedingtheit der Vernunft selbst noch reflektiert, so verfügt der Begriff des bürgerlichen Rechts nicht mehr über seine Realisierungsbedingungen; er macht sie nur ex negativo sichtbar. Die Korrekturfunktion des logischen Darstellungsmodells bezieht sich also sowohl auf die affirmative Selbstbehauptung der Rationalität des Rechts wie auf dessen Totalitätsanspruch.

Wir kommen also zu dem merkwürdig zwiespältigen Befund, daß Hegel dem darstellungslogischen Verfahren seiner konstruktiven Logik folgt, um die Wahrheit des bürgerlichen Rechts im Mißlingen ihres Herrschaftsanspruchs über die sozialen Beziehungen, nämlich über deren verdinglichte Gestalt der kapitalistischen Ökonomie zu entdecken. Meine These von der darstellungsmethodisch erzwungenen Thematisierung von – im Rahmen der Strukturanalyse des Rechts – nicht thematisierbaren Vergesellschaftungsprinzipien, schon an früherer Stelle behauptet, deckt sich mit diesem Befund.

Die Differenz der Wahrheitsfähigkeit von Logik und Rechtsphilosophie ist nicht folgenlos für die Einschätzung des bürgerlichen Staates als der Sphäre des Politischen. Eine Deutung, die das Hegelsche Staatsrecht affirmativ *oder* kritisch gegen die politischen Zustände seiner Zeit wenden will, kann nicht dem Ziel eines konstruktiven Entwurfs bürgerlicher Freiheit Rechnung tragen. Ich vertrete hier vielmehr die These, Hegels Staatsrecht nehme entsprechend dem Korrektiv seiner darstellungsmethodischen Modellierung affirmative *und* kritische Momente auf; mit beiden werde nicht prinzipienlos verfahren, sondern sie seien höchst differenziert eingesetzt. Hegels Theorie des Staates muß dort affirmativ erscheinen und apologetisch wirken, wo ihn die Darstellungslogik dazu verpflichtet. Sie schlägt dort in Kritik um, wo die schon diagnostizierte »Unvernunft« des bürgerlichen Rechts wirksam ist und sich gegen das Recht selbst wendet. Wenn Marx mit der Behauptung zu Hegels Kritiker wird, Hegel dürfe »nicht die Idee am Bestehenden, sonder er muß das Bestehende an der Idee messen«, so unterschätzt er –wie sich aus dem Gang seiner Kritik durchgängig nachweisen läßt – die entscheidende darstellungsmethodisch vorbereitete Korrektur an der Ratio-

nalität des Staatsrechts. Erst die strikte Logik des Rechtsbegriffs bringt mit dessen Vernunftsentwurf auch dessen verdrängte, weil ihr nicht absorbierbare Unvernunft zum Vorschein.
Am umstrittenen Verhältnis von Gesellschaft und Staat bricht der Konflikt zwischen den affirmativen und kritischen Impulsen wieder auf: der Staat als Vernunftinstanz der Gesellschaft und damit bedingungslos dem Recht verpflichtet, und der Staat als alternative Vernunft gegenüber der Unvernunft der bürgerlichen Gesellschaft. Beides zugleich spielt hier offenkundig hinein. Mit Rücksicht auf die bisherige Analyse bricht der Konflikt zwischen dem vom Recht nicht aufgelösten widersprüchlichen Prinzip bürgerlicher Vergesellschaftungsformen und dem unbedingten Geltungsanspruch des Rechts im politischen Staat auf und fordert eine Entscheidung auf eben der Basis dieses Rechts. Die kritischen Impulse der Staatstheorie wären dort namhaft zu machen, wo sich in den Institutionen des Staates Anhaltspunkte dafür aufdrängen, daß die Rationalität des Rechts eben doch bedingte und damit gefährdete ist, ihr widerstreitende soziale Erfahrungen sich als bloß verdrängte Unvernunft geltend machen und den Herrschaftsanspruch des Rechts als bloß partiell realisierbaren erweisen.
Spielte schon im Recht der bürgerlichen Gesellschaft die relative Gleichgültigkeit der Interessen eine entscheidende Rolle, so verstärkt sich der Verdacht, daß im Übergang zum politischen Staat die Geltungs- und Herrschaftsansprüche rechtlicher und ökonomischer Rationalität in ein neues und zwar in ein Konstitutionsverhältnis zueinander treten. Diese Konstitutionsbeziehung zwischen Gesellschaft und Staat ließe die Machtkonflikte zwischen dem Prinzip des Rechts der Privatperson und dem unbedingten Recht des Politischen als Probleme des Rechtsbegriffs selbst rekonstruieren. Die Gleichgültigkeitsbeziehung innerhalb der bürgerlichen Gesellschaft würde als Moment des politischen Staates aufgehoben, ihre Unvernunft, das ist ihr ökonomischer Verstand, würde zur unabdingbaren Voraussetzung für das Recht des Staates, weil dieser nur dann über die bürgerliche Gesellschaft übergreift, wenn er in ihr sein eigenes Moment, seine eigene Bestimmung anerkennt. Das Recht des Politischen müßte die rechtsunfähigen Verdinglichungserfahrungen des gesellschaftlichen Reproduktionsprozesses als Momente seiner eigenen Struktur gelten lassen. Ich will diesen Prozess der Dethematisierung der ökonomischen Vernunft der Sache vor allem im Blick darauf verfolgen, inwiefern der politische Staat und die Gesellschaft als Realisierungsstufen des Rechts sich gesellschaftlichen Erfahrungen verweigern.
Daß mit dem Begriff des modernen Staates hier Rechtsstaatlichkeit, das Recht als politisches Prinzip gemeint ist, liegt in der Logik der Entfaltung des Rechtsprinzips. Der Staat ist nur Wirklichkeit der konkreten Freiheit (Hegel), insofern er Rechtsstaat ist. Diese These deckt sich durchaus mit den herrschenden gegenwärtigen Auffassungen von Rechtsstaatlichkeit, auf der zu insistieren lohne, weil allein mit ihr Freiheit, Chancengleichheit, Gerechtigkeit und Rechtssicherheit durchzusetzen seien; kaum eine politische Auseinandersetzung, in der diese Hinweise fehlten. In dieser Hoffnung wird jedoch eine entscheidende Grenze überse-

hen. Denn mit Rechtsstaatlichkeit ist auch die Wirksamkeitsgrenze gesetzt, die aus der Differenz zwischen rechtsfähigen sozialen Beziehungen und Institutionen einerseits und nichtrechtsfähigen, also dem Zugriff des Rechts entzogenen andererseits erwächst. Rechtsstaatlichkeit erhebt zwar durchaus den Anspruch, Freiheit umfassend durchzusetzen, kommt aber über die Grenzen der Fähigkeit der Sozialbeziehungen, sich unter Rechtskategorien subsumieren zu lassen, nicht hinaus. Jeder weitergehende, mit Rechtsstaatlichkeit verknüpfte Anspruch erwiese sich vor dem Hintergrund unserer bisherigen Analyse als unsachlich. Das verwundert nicht, wenn wir uns daran erinnern, daß die Stärke des bürgerlichen politischen Staates – die Identität von Privat- und Allgemeininteresse – darauf gründen soll, daß die Individuen »insofern Pflichten gegen ihn haben, als sie zugleich Rechte haben«. Ohne das Reziprozitätsverhältnis von Recht und Pflicht als objektives Kriterium ließe sich der politische Staat nicht auf das Recht hinführen. Die These: »jener Begriff von Vereinigung von Pflicht und Recht ist eine der wichtigsten Bestimmungen und enthält die innere Stärke der Staaten«, formuliert dies noch positiv, nennt aber deutlich die Reduktion auf ein staatliches Handeln, dessen Inhalte und Funktionen nach Rechtskriterien interpretierbar sein müssen.

Marx legte in seiner Kritik des Hegelschen Staatsrechts gegen diesen vermeintlich »logischen, pantheistischen Mystizismus« Hegels vehement Einspruch ein, beschrieb darin gleichwohl durchaus angemessen, was Hegel tut: »Die Idee wird versubjektiviert, und das wirkliche Verhältnis von Familie und bürgerlicher Gesellschaft zum Staat wird als ihre innere imaginäre Tätigkeit gefaßt.« Daß etwa der Übergang der Familie und der bürgerlichen Gesellschaft in den Staat »ganz derselbe Übergang, der in der Logik als der Sphäre des Wesens in die Sphäre des Begriffs bewerkstelligt« sei, ist von Marx scharfsinnig erkannt; er bringt aber nicht ins Spiel, ob das Gelingen des Übergangs der Logik in der Theorie des bürgerlichen Rechtsbegriffs ebensogut möglich ist. Marx unterschlägt den Aspekt, daß es in der Theorie des Staates allein um die Theorie des Rechts geht und deshalb auch das Verhältnis zwischen bürgerlicher Gesellschaft und Staat nur so vorgestellt werden darf, wie es mit Rechtskategorien zu fassen ist. Jene Notwendigkeit des darstellungslogisch motivierten Zwangs hat Marx nur diskreditierend beschrieben: »über die Darstellung Hegels ist zu bemerken: (a) zu Subjekten werden gemacht: die abstrakte Wirklichkeit, die Notwendigkeit (oder der substantielle Unterschied), die Substantialität; also die abstraktlogischen Kategorien«.

Als »Nachfolgebestimmung der Gesellschaft muß der Staat zwar die in dieser an sich verhandene Einheit ausdrücken, dies jedoch nicht so, daß er etwas an der Radikalität der vorangegangenen Selbstentzweiung wegleugnete. Um wirklich als das übergreifende Allgemeine sich erweisen zu können, muß er diese als sein eigenes Moment in sich aufnehmen«.[56] Aus E. Angehrns weiterer Argumenta-

---

56 So E. Angehrn: Freiheit und System bei Hegel, a.a.O., S. 235.

tion, die dieser These folgt, ist nicht ersichtlich, welche Folgen seiner Meinung nach aus dieser richtigen Interpretation des logischen Fortgangs der Darstellung für die Theorie des bürgerlichen Staates zu ziehen seien. Ich glaube weiterzukommen, indem ich an dem schon im abstrakten Recht angesiedelten Gedanken anknüpfe, der im übrigen auch in der Darstellung des Rechts der Gesellschaft zum Verständnis der kritischen Pointe Hegels beitrug: Die Analyse zeigte an, was dem Begriff des Rechts nicht kompatibel ist, was ihm entgeht, indem sie darstellungsmethodisch affirmativ verfahrend dessen Geltungsgrenzen absteckt. Für den politischen Staat, der zur politischen Vernunft der bürgerlichen Gesellschaft geraten soll, bedeutete dies, daß Rechtsstaatlichkeit über die wirklichen Strukturen der Gesellschaft nur insofern übergreift, als sie politische Vernunft mit dem Staat als Rechtsstaat identifiziert; der Rechtsstaat besetzt den Bereich des Politischen bzw. das Politische ist nur anerkennungsfähig, insoweit es Rechtsbestimmungen unterworfen werden kann. Das Rätsel des rechtsfähigen Verhältnisses zwischen bürgerlicher Gesellschaft und Staat beginnt sich aufzuklären: Die darstellungslogisch affirmative Analyse behauptet das Gelingen des Rechtsbegriffs im Staat – und indem sie dies tut, fordert sie ihren Preis: Der Staat muß sich die bürgerliche Gesellschaft als politische Unvernunft zurechnen, ohne sie beseitigen zu können. Von der Korrektivfunktion der Logik Hegels für die Rechtsphilosophie (M. Theunissen) ist zu reden, weil das programmierte Gelingen des Übergangs der bürgerlichen Gesellschaft zum Staat vor dem Hintergrund der Logik des Rechtsbegriffs dessen wirkliches, nur partielles Gelingen, also Mißlingen zeigt.

Im Gegensatz zu der reflexionslogischen Entzifferung der gesellschaftlichen Verhältnisse antizipiert die Lehre vom Staat die Objektivität des Rechts. Die Gewaltenteilung, das Grundmodell des sich demokratisch legitimierenden politischen Staates, hätte dann auch weniger zufällige als Rechtsgründe; so jedenfalls muß dies der Entwurf von Rechtsstaatlichkeit vorsehen. Diese Überlegung macht auch die häufig diskutierten Streitpunkte zum Hegelschen Begriff des Politischen entscheidbar. Das gilt für seine Kritik an der Auffassung, man müsse den Völkern eine vernünftige Verfassung geben, ebensosehr wie für seine Ausführungen zur konstitutionellen Monarchie oder zur exekutiven Gewalt. Aber auch die Frage der politischen Gesinnung – Patriotismus – oder die nach der nur relativen Selbständigkeit der Staatsgewalten zueinander werden gemäß dem Prinzip beantwortet werden können, daß alles politische Handeln in letzter Instanz rechtsfähiges sein müsse. Ich möchte hier einige dieser Streitpunkte aufgreifen.

Die Verfassung ist Ausdruck der immanenten Vernunft des jeweiligen Gemeinwesens. Sie läßt sich nur entschlüsseln, wenn man sie als in sich vernünftige, geschichtlich gewordene und aus ihrer inneren Logik heraus zu begreifen versucht. Deshalb muß jeder Versuch, einem Volk aus angeblich besserem Wissen heraus eine dessen Wesen fremde Verfassung zu oktroyieren, scheitern. Die Argumentationslinie der in der Vorrede diskutierten darstellungsmethodischen Voraussetzung setzt sich auch hier durch; die Analyse der wirklichen Verhältnisse eines

Gemeinwesens müsse der Wirklichkeit Vernunft unterstellen, um hinter deren interne Verfaßtheit und leitende Prinzipien zu kommen. Nur wer dieses Verfahren einhält, kann Kritik der Wirklichkeit auch methodisch sichern: »Die wahrhafte Widerlegung muß in die Kraft des Gegners eingehen und sich in den Umkreis seiner Stärke stellen; ihn außerhalb seiner selbst anzugreifen und da Recht zu behalten, wo er nicht ist, fördert die Sache nicht« (Logik, 3. Buch, Vom Begriff im Allgemeinen). Es bliebe nach Hegels ideologiekritischer Voraussetzung in der Wissenschaft der Logik zufällig, ob eine konzipierte politische Verfassung für ein Gemeinwesen die wirkliche Verfaßtheit seiner Sozialstruktur und seiner staatlichen Einrichtungen trüge. Aktuelle politische Erfahrungen belegen dies. Man denke hier nur an die erschreckenden Folgen, die der Transfer rechtsstaatlich-bürokratischer Entscheidungsverfahren in Länder der »Dritten Welt« provozierte. Mit den eingeleiteten Bürokratisierungsprogrammen als vorbereitenden Maßnahmen für die kapitalmäßige Erschließung der Ressourcen in diesen Ländern geht der Verlust von gewachsenen Sozialbeziehungen, von angestammten Produktionsnetzen oder handwerklichen Fähigkeiten Hand in Hand.

Das zweite Thema, über das Streit um Hegels Begriff des Politischen entbrannte, ist seine Analyse der konstitutionellen Monarchie. Am häufig mißverstandenen Begriff der Souveränität läßt er sich entscheiden, weil die politische Macht des Monarchen eng an den Souveränitätsbegriff als einen Rechtsbegriff gebunden ist. Die Souveränität des Staates ist nämlich Ausdruck der Einheit politischer Macht in ihrer konstitutionellen Verzahnung. Die verantwortlichen Entscheidungsträger sind auf das Recht institutionalisierter Entscheidungsprozesse festgelegt. Dieser ambivalente, weil auch Grenzen setzende Souveränitätsbegriff ist alleiniger Rechtsgrund für politisch legitime Macht. Der »Grundbestimmung des politischen Staates« zufolge sind zwei Ebenen unterscheidbar, die erst in ihrem Zusammenhang die Souveränität als Ausdruck der unteilbaren Einheit des Politischen im Staat begründen. Das ist zum einen die Ebene der staatlichen Gewalten und ihrer politischen Machtzuweisung, zum anderen die der ausführenden Organe, der politisch handelnden Individuen. Hinsichtlich der institutionellen Verfaßtheit gilt, daß die politischen Gewalten nicht unabhängig voneinander Macht ausüben, sondern aus ein und derselben Quelle »ihre« Macht herleiten: nämlich aus der Vernunft des Rechts, weshalb vom Rechtsstaat die Rede ist. Die Einheit des Staates und der politischen Verfassung gründen darauf, die unterschiedlichen Gewalten auf ihre jeweilige »Berechtigung« festzulegen. Sie sind darin nur Momente der im Recht gegründeten Souveränität politischer Macht. Die einzelnen Staatsgewalten verfügen, so der rechtsstaatliche Entwurf, nicht über originäre, sondern nur über abgeleitete politische Legitimität. Das heißt, daß es zur Grundbestimmung des politischen Staates gehört, wenn institutionelle Macht von den Wirkungsgrenzen der vorausgesetzten Logik des Rechts abhängt. Machtvollzug durch die politischen Entscheidungsträger darf dann auch nicht hinter die vorgezeichnete Vernunft des Rechts zurückfallen. Souveränität wahrt die Autonomie des politischen Staates, indem sie den Entscheidungsauftrag an die politischen Subjekte, also auch an die Monarchen mit der Rationalität rechtsfähiger Entscheidungsprozesse verknüpft. Deshalb kann Hegel behaupten, die Souveränität mache »im gesetzlichen, konstitutionellen Zustande das Moment der Idealität der besonderen Sphären und Geschäfte aus, daß nämlich eine solche Sphäre nicht ein Unabhängiges, in ihren Zwecken und Wirkungsweisen Selbständiges und sich nur in sich Vertiefendes, sondern in diesen Zwecken und Wirkungsweisen vom Zweck des Ganzen bestimmt und abhängig sei« (§ 278). Das ist die Logik der Verfassung rechtsstaatlicher Souveränität. Betrachten wir dieses Verständnis von Souveränität als Grundlage der konstitutionellen Monarchie und ihrer politischen Entscheidungsinstanzen, so klärt sich die scheinbare Mystifikation, die mit der Institution des Monarchen auf der Hand zu liegen scheint, leicht auf. Hegel verankert die Macht des Monarchen als die Macht des Politischen in rechtsstaatlicher Souveränität und unterstellt die institutionellen und individualisierten politischen Entscheidungen der Rationalität des bürgerlichen Rechts. Politische Macht darf nur auf die allgemeine Durchsetzung der Rechtssubjektivität hinauslaufen; sie ist im Monarchen personifiziert. Dem Mißverständnis, Hegels Staatstheorie habe mit der in der Person des Monarchen zugespitzten politischen Macht »das Moment des individuellen Willens, der grundlosen Selbstbestimmung, der Willkür« (Marx) zur entscheidenden Instanz der politischen Vernunft des Staates gemacht, ist mit Blick auf den Souveränitätsbegriff entgegenzuhalten, daß die konstitutionelle Verpflichtung auf die objektiven Institutionen des Verfassungsrechts Willkür gerade ausschließen sollen. Im Gegensatz zum abstrakten Recht, in dessen Rahmen die Rechtspersonen nur relativ gültiges Recht setzen, ist das Handeln des Monarchen in dem Sinne absolut zu nehmen, als es den objektiven Bedingungen des Verfassungsrechts, dem Ganzen des Gemeinwesens verpflichtet ist. Das »Ich will« des Souveräns ist nicht mit diktatorischer Willkür in eins zu setzen; käme es zu dieser, dann wäre dies nur Indiz dafür, daß die Grenzen rechtsfähiger Souveränität nicht eingehalten wurden. Liest sich die Verfassungslehre als das, was sie sein will, nämlich als der Rationalität des Rechts verpflichteter Entwurf rechtsfähiger Macht, dann klärt sich dieses Mißverständnis auf. Allerdings weisen Hegels Überlegungen auch in eine andere Richtung, nämlich in eine kritische. Sie indizieren, wie eng die rechtsstaatlich verfaßte politische Macht mit Diktatur schwanger geht, wenn es gerade nicht gelingt, die Entscheidungsträger in eben die rechtsstaatlichen Entscheidungsprozesse einzubinden. Eines der jüngsten verfassungspolitischen Beispiele ist die leidvolle Geschichte des Machtzuwachses des Bundesverfassungsgerichts. Die Vorwürfe, es nehme mittlerweile die Kompetenz eines Verfassungsgebers jenseits der geschriebenen Verfassung ein – die Diskussion zu § 218 Strafgesetzbuch ist nur das letzte Beispiel dafür –, sind zwar berechtigt, verdanken sich aber dem schlichten Sachverhalt, daß die anderen Verfassungsorgane, insbesondere das Parlament, entscheidungsunfähig bzw. rechtsunfähig zu werden drohen. Ähnliches gilt auch für die Auseinandersetzungen über den Standort von Atomkraftwerken, die verfassungspolitisch in den parlamentarischen und nicht in den Jurisdiktionsbereich gehören.

Die virtuell in der Person des Monarchen konzentrierte politische Macht, so mein Interpretationsvorschlag, ist in dem Maße universell anzuerkennen, wie sie ihre allgemeine Anerkennung aus der Quelle politischer Macht im Recht legitimiert und am Gedanken der Souveränität des Rechtsstaates anknüpft. Soll das mit dem bürgerlichen Rechtsbegriff entworfene Prinzip allgemeiner Anerkennung der Rechtsfähigkeit in der politischen Verfassung seinen konkreten und nicht mehr hintergehbaren Ausdruck finden, so darf das Recht politischer Macht nicht dahingehend gefährdet werden, »in die Sphäre der Besonderheit, deren Willkür, Zwecke und Ansichten herabgezogen zu werden, den Kampf der Fraktionen gegen Fraktionen um den Thron, und der Schwächung und Zertrümmerung der Staatsgewalt« (§ 281). Behalten wir demgegenüber im Auge, daß nur die affirmative Logik der Selbstbehauptung des bürgerlichen Rechts rekonstruiert ist, so ist mit dem Monarchen und dessen konstitutionell verankerter Souveränität die Einheit mit dem Stand des objektiven Rechts charakterisiert. Rechtsstaatlichkeit löst ihre konstruktive Rationalität ein, wenn sie politisch nicht heterogen, sondern autonom, also nicht als Resultat des Kampfes um die Macht, sondern als Ausdruck der allgemeinen Anerkennung ihres Rechtsprinzips verstanden ist. Was sich auf dieser Folie als Nichtgelingen des bürgerlichen Rechts zur Krise steigert, wird dann zum unumgänglichen Thema.

Ich möchte nicht mißverstanden werden: Weit davon entfernt, in Hegels Theorie ein Plädoyer für die konstitutionelle Monarchie als höchste Verfassungsform des bürgerlichen Rechts sehen zu wollen, kam es mir darauf an, wichtige Aufschlüsse über den Zusammenhang des Rechts mit dem Begriff des Politischen, mit dem des Rechtsstaates zu gewinnen. Hegel beruft sich an keiner Stelle darauf, der konstitutionellen Monarchie eine idealtypische Modellfunktion für den bürgerlichen Verfassungsstaat zuzuschreiben. Aber er integriert dessen monarchische Variante in die Logik des vorausgesetzten Rechts. Nur in der Rekonstruktion der inneren Logik der bürgerlich-politischen Verfassung ist zu beurteilen, ob sie das Rechtsprinzip freier Subjektivität auch wirklich einlöst: »Das Prinzip der neuen Welt überhaupt ist Freiheit der Subjektivität, daß alle wesentlichen Seiten, die in der geistigen Totalität vorhanden sind, zu ihrem Rechte kommen, sich entwickeln. Von diesem Standpunkte ausgehend, kann man kaum die müßige Frage aufwerfen, welche Form, die Monarchie oder die Demokratie, die bessere sei. Man darf nur sagen, die Formen der Staatsverfassungen sind einseitig, die das Prinzip der freien Subjektivität nicht in sich zu ertragen vermögen und einer ausgebildeten Vernunft nicht zu entsprechen wissen« (§ 273 Zusatz). Wenn ich von der inneren Logik der Verfassung rede, so ausschließlich mit Rücksicht auf wirklich gewordene Freiheit nach Maßgabe des Rechts. Sie hält sich als Subjektivität durch: darstellungslogisch als die des Rechtsbegriffs, der Sache nach als die des Rechtssubjekts.

Der logische Entwurf einer solchermaßen rechtsstaatlichen Verfassung setzt Bedingungen. Zum einen gründete die Entscheidungsgewalt der höchsten Staatsmacht nur dann in autonomer politischer Macht, wenn sie mit den übrigen staatlich-politischen Instanzen institutionell verschränkt ist und wie diese sich allein aus dem Rechtsprinzip legitimiert. Auch der Monarch stützt sich im politischen Handeln auf die Verfassung als Rechtsorganismus, mithin auf das Souveränitätsprinzip, das Genese und Geltung seiner eigenen politischen Macht legitimiert. Wo diese Selbstbindung des Monarchen nicht statthat, liegen die Gründe an der unzureichenden rechtsfähigen Organisation des Verfassungsapparates, nicht aber am subjektiven Unvermögen der jeweiligen Personen. Zweitens fordert rechtsstaatliches Handeln, daß die Differenz zwischen volonté générale und volonté de tous, der die verfassungstheoretische Tradition verpflichtet war[57] verschwindet. Wenn Avineri vermutet: »Es scheint, daß Hegel die Bedeutung der Rousseauschen Unterscheidung zwischen der volonté générale und der volonté de tous entgeht. Offenbar faßt er Rousseaus allgemeinen Willen als ein bloßes Aggregat – einen Haufen – von Einzelwillen auf und übersieht, daß es eine höhere, an der Gemeinschaft orientierte Stufe des Bewußtseins repräsentiert, die über den niederen nur auf individuelle Ziele gerichteten Willen hinausgeht«, so übersieht er seinerseits, daß Hegel im Anschluß an die Auseinandersetzung mit Rousseau nur eine dem bürgerlichen Recht eigentümliche Forderung pointiert: Nur diejenige politische Verfassung folge der inneren Logik des bürgerlichen Rechts, die unter Verzicht auf die Vormacht des individuellen oder des allgemeinen Willens deren Kongruenz im politischen Staat ermöglichte und als Moment von dessen autonomer Vernunft erhält. Wo die Logik des Rechts über den individuellen Willen nicht überzugreifen vermag, verdrängt sie gerade mit ihrem Geltungsanspruch die Rationalität der Sache, den gesellschaftlichen Reproduktionsprozeß. Beide zusammen motivieren die dritte von der Logik des Rechtsstaates gesetzte Bedingung: die Identität des Rechts des Politischen mit dem Recht des Privaten. Der demokratisch-parlamentarische Willensbildungsprozeß steht dafür – allerdings auch für die Grenzen ihrer Wirksamkeit wegen seiner Formalisierungen; die Parlamentarismusdebatte zeugt davon. Gerade am Modell der repräsentativen Demokratie fällt die Ambivalenz des Rechtsprinzips ins Auge: Soweit das Rechtsprinzip die Gesellschaft leitet, erscheint das Recht des Privaten im Recht des Politischen aufgehoben. Der Wahlakt wird demgemäß als Delegationsakt nicht nur eines förmlichen, sondern vermeintlich auch inhaltlichen Rechts verstanden. Dieselbe Identitätsforderung provoziert jedoch die Herrschaft des Privatinteresses über das Politische jenseits des Einflußbereichs des Rechts, weil dessen Einflußsphäre von der Reziprozitätsbedingung im Verhältnis Recht/-Pflicht abhängt. Hinter dem Rücken der Logik der Identität des Politischen schlägt das Privatinteresse materiell in den politischen Raum durch. Die Organisationsprobleme der politischen Macht zeugen davon. Einige Hinweise auf ihre

57 S. Avineri: Hegels Theorie des modernen Staates, a.a.O. S. 199; vgl. auch F. Müller: Entfremdung (Berlin 1970).

bürokratische Verarbeitung und auf die Gesetzgebung können das »zugleich« der Herrschaft und Ohnmacht des politischen Staates als eines Rechtsstaates erhärten.

Daß die Regierungsgewalt ein Moment der Organisation des politischen Staates sei, verwundert auf den ersten Blick. Noch heute ist die Diskussion darüber in Gang, ob die öffentliche Verwaltung als politische Instanz oder als unpolitischer Vollzugsorgan vorgegebener politischer Entscheidungen zu verstehen sei. Die verfassungspolitische Diskussion beruft sich auf den unübersehbaren »politischen« Machtzuwachs der öffentlichen Verwaltung; dort klingt das Erstaunen darüber durch, daß die Bürokratie erst in jüngster Zeit originär politische Entscheidungsräume besetze und dadurch die politische Macht an sich reiße. Prägnanter Ausdruck dieser Entwicklung sei, wie wenig die Alltagsprobleme durch gesetzgeberische Entscheidungen gelöst und um wieviel bedeutsamer Verwaltungsvorschriften, Erlasse, also innerbürokratische Regeln für die Problemlösungen werden. Meinen Argumenten zur rechtsstaatlichen Verfassung des Politischen sind demgegenüber deutliche Hinweise zu entnehmen, die auf den politischen Charakter der öffentlichen Verwaltung schließen lassen: Gemäß rechtsfähiger Politik darf politische Macht nur im Rekurs aller Institutionen auf das Recht ausgeübt werden und ist überall politische Vernunft im Spiel, wo das Recht zum Entscheidungskriterium avanciert. »Ihr Geschäft der Subsumtion der besonderen Sphären und einzelnen Fälle unter das Allgemeine« – es geht hier wohlgemerkt nicht um die Rechtsprechung – oder die »Zurückführung der besonderen Rechte auf das allgemeine Staatsinteresse« (Hegel) sind nur Ausdrucksformen für das am Recht des Politischen orientierte Handeln der öffentlichen Verwaltung, also durch und durch selbst politisch zu nennen. Die Identifikation der Verwaltung als unpolitische ist unter dem Gesichtspunkt gerade ausgeschlossen, der logisch vorausgesetzt war: der Einheit politischer Macht. Der öffentlichen Verwaltung geht es um rechtsfähige Entscheidungen des Einzelfalles, und in dieser Verantwortung für das Recht ist sie eminent politischer Natur. Das Recht auf Privatheit, wie es die bürgerliche Gesellschaft autorisiert, ist auch auf der Stufe der politischen Vernunft deren Voraussetzung und inhaltliches Resultat. Indem die Analyse die Voraussetzung ins Resultat überführt, legt sie offen, unter welchen Bedingungen allein Privatheit in der Sphäre des Politischen wiederkehrt. Nur insofern Politik Rechtsstaatlichkeit ist, erkennen die Individuen im politischen Handeln ihre Privatinteressen wieder. Das ist die Bedingung, die Hegel etwa für das Modell dezentraler und bürgernaher Selbstverwaltung als Idealfall geltend macht. Dieses Modell ist idealtypisch, weil die Logik des Rechtsstaates die Strukturbedingungen weitestgehender Integration der Bürger in die sie betreffenden politischen Entscheidungsprozesse entwirft; aber eben nur sofern Politik mit rechtsstaatlichem Handeln identisch ist. Die Staatsaufsicht hätte nur zu verhindern, daß diese hinter den erreichten Stand der Autonomie des Politischen im Recht zurückfallen. Theoriegeschichtlich hat F. Rosenzweig diesen Gedanken aufgenommen: »Theoretisch ist es aber insbesondere der

Gedanke der Selbstverwaltung – 1805 von dem Systematiker kaum gestreift, obwohl schon in der Reichsverfassungsschrift stark ausgesprochen – welcher 1820 in die Philosophie der Verwaltung eindringt«.[58] Insofern lieferte die logisch konstruktive Idee der politischen Verwaltung nach Rechtsprinzipien das rechtsfähige Modell der mit der politischen Autonomie kompatiblen Anerkennung des Rechts partieller gesellschaftlicher Interessen. Hegel knüpft an diesen Entwurf eine Menge höchst differenzierter Überlegungen über die organisatorischen Anforderungen der öffentlichen Verwaltung an, angesichts deren manche aktuellen Kontroversen über die Form bürokratischer Entscheidungsverfahren sich wie schlichter Nachholbedarf an theoretischer Reflexion lesen. Dies gilt etwa für die Frage nach den althergebrachten Grundsätzen des Berufsbeamtentums, nach der Reprivatisierung öffentlicher Dienstleistungen, Hierarchie und Sachkompetenz oder nach dem Spannungsfeld der Verwaltung zwischen betroffenen Interessen und politischen Sachzwängen.

Sind in der Darstellung der öffentlichen Verwaltung »Subsumtion, Unterordnung und Rückführung auf das Allgemeine« die Schlüsselbegriffe für das Verständnis der politischen Sache, um die es geht, so ist im Rahmen der Gesetzgebung von »Integration und Vermittlung« die Rede. Mit diesen Begriffen stellt die Logik des Rechtsstaates die Gesetzgebung vor die Aufgabe, einerseits die sich ihrer Interessen bewußten Privatpersonen mit dem Bereich des Politischen, also dem Interesse am Gemeinwesen zusammenzubringen, andererseits aber auch zu verhindern, daß die politischen Entscheidungsinstanzen im Akt der Gesetzgebung der Zufälligkeit privater Interessen eine offene Flanke bieten. Folgt man diesem darstellungslogischen Programm der Hegelschen Staatstheorie, so wird auch der Streit um sein konkret-historisches, ständisches Repräsentationsmodell im Gesetzgebungsverfahren obsolet, zumindestens zweitrangig. Denn wir haben es dann mit der verfassungsrechtlich allein bedeutsamen Frage zu tun, ob und wie die Gesetzgebung partiellen Interessen – gleichgültig in welcher historischen Organisationsform sie vertreten sind — politische Funktionen zubilligen muß, gerade weil diese von ihrer systematischen Genese her unpolitisch erscheinende, privatrechtliche Interessen zu vertreten beanspruchen. Mit der doppelten Auszeichnung der Stände bietet Hegel ein Argument in diese Richtung an. Sie hätten an den rechtsförmigen Interessenkonflikten der bürgerlichen Gesellschaft teil und müßten *als solche*, nämlich als rechtsfähig Handelnde in die politische Verantwortung gestellt werden. Sie seien »als vermittelnde Organe« zu betrachten, die »zwischen der Regierung überhaupt einerseits und dem in die besonderen Sphären und Individuen aufgelösten Volke andererseits« (§ 302) stehen. Nur weil beides der politischen Sache nach im Rechtsstaat eins sei, sei es möglich, ihnen politische Funktion zu übertragen: rechtsförmige Interessen zu artikulieren und im politischen Entscheidungsprozeß der Gesetzgebung zur Geltung zu brin-

---

58 In: Hegels Begriff der politischen Verfassung, in: Materialien zu Hegels Rechtsphilosophie, a.a.O. Bd. 2, S. 356.

gen. Dieser Sachverhalt veranlaßte schon Hocevar, im Falle der Stände von »Repräsentation und Integration« zugleich zu sprechen.

Materiell schlägt sich die Integrationskraft der Gesetzgebung unter Beteiligung der Privatinteressen darin nieder, daß sie, selbst ein Teil der Verfassung, diese weiterbildet. Der Begriff des Gesetzes, gesetztes Recht zu sein, stellt den Anspruch auf immer wieder neu zu formulierende Integration des besonderen und des politischen Interesses. In dieser integrativen Funktion hätte das bürgerliche Recht seine Fähigkeit zur geschichtlichen Fortentwicklung zu erweisen – eine Erfahrung, die wir auf merkwürdig zwiespältige Weise auch heute noch machen. So weist Hegel nachdrücklich darauf hin: »Organisch, das ist in die Totalität aufgenommen, beweist sich das ständische Element nur durch die Funktion der Vermittlung. Damit ist der Gegensatz selbst zu einem Schein herabgesetzt. Wenn er, insofern er seine Erscheinung hat, nicht bloß die Oberfläche beträfe, sondern wirklich ein substantieller Gegensatz würde, so wäre der Staat in seinem Untergang begriffen« (§ 302 Zusatz).

Berücksichtigen wir den logisch ausgewiesenen Forderungscharakter dieser Funktion der Gesetzgebung und ihren darstellungslogisch veranlaßten affirmativen Gestus, so sind zwar wiederum Bedingungen angegeben, unter denen der Entwurf der politischen Verfassung als einer rechtsstaatlichen zu Ende gedacht wird. Hegel legt damit aber auch zugleich die Finger auf die Wunde der Gesetzgebungsverfahren. Sie können ihre Integrationsaufgabe nämlich nur lösen, wenn die rechtsstaatliche Integrationskraft ausreicht, die Privatstände »zu einer politischen Bedeutung und Wirksamkeit« zu bringen, sie auf das Gemeinwesen zu verpflichten und in den Konstitutionsprozeß der gesellschaftlichen Verhältnisse voll einzubeziehen, also auch die widersprüchliche Verfaßtheit des Gesellschaftssystems als politisches Faktum, als Moment des Rechtsstaates anzuerkennen.

Nachdem ich einige Organisationsprobleme der politischen Macht des Rechtsstaates skizziert habe, nehme ich die Ausgangsfrage wieder auf: Deckt das Recht der politischen Verfassung, also rechtsstaatliches Handeln, auch jene Rationalitätsansprüche ab, die von der bürgerlichen Gesellschaft und ihrer Ökonomie der Verdinglichung von Sozialbeziehungen gestellt sind? Der Konflikt zwischen privaten und relativ allgemeinen Interessen, den die Interessenverbände der bürgerlichen Gesellschaft aushalten müßten, schien subjektiv in der Gesinnung – im Korporationsgeist, so Hegel – und objektiv im Verzicht auf die Reflexion über die politischen Rahmenbedingungen verdrängt, aber nicht gelöst. Er macht sich politisch wieder geltend. Politisches Handeln des Staates im Rahmen rechtsstaatlicher Entscheidungsverfahren kann ihm nicht ausweichen. Der Umgang mit ihm darf allerdings eine Bedingung nicht zur Disposition stellen: Soll vom Recht des politischen Handelns gesagt werden können, es beziehe sich auf dasselbe Prinzip, dem auch das Recht der bürgerlichen Gesellschaft verpflichtet sei, so übergreift das Recht des Politischen auch nur die *Rechtsformen* der bürgerlichen Gesellschaft. Der Konflikt zwischen politischer Vernunft und der Ökonomie der Privatinteressen, der sich nach unseren Überlegungen nicht bruchlos in der Ebene rechtsfähiger Willensbeziehungen verarbeiten läßt, fordert gleichwohl eine rechtsfähige Lösung. An ihr entscheidet sich, ob rechtsstaatliche Politik nur um den Preis durchgesetzt werden kann, daß sie der politischen Ohnmacht des Rechts im Rahmen gesellschaftlicher Privatheit folgt.

Ich überschrieb dieses Kapitel mit der Frage nach der Macht und Ohnmacht des Rechtsstaates, zielte also auf Umfang und Grenzen der politischen Vernunft und Vermittlungsfähigkeit des Rechtsstaates in Beziehung auf die bürgerliche Gesellschaft ab. Die Alternative wäre, ob wir es im Staat wirklich mit autonomer politischer Willensbildung zu tun haben oder ob die Identität des Politischen mit dem Rechtsstaat allein zur »politisierten Gesellschaft« führt. Ich mache Zweifel zu eigenen, die F. Rosenzweig formulierte: »Nicht ein aus dem modernen übergesellschaftlichen Staatsgedanken geborenes Staatsvolk darf Träger jenes subjektiven Moments der allgemeinen Freiheit sein, sondern statt dessen wieder dieselbe Gesellschaft, die aus dem Staatsbegriff verwiesen zu haben sich Hegel mit Recht als Verdienst zurechnet.«[59] In welchem Sinn ist dann Marxens historische Diagnose zu deuten: »Die Abstraktheit des Staates als solchen gehört erst der modernen Zeit, weil die Abstraktion des Privatlebens erst der modernen Zeit gehört. Die Abstraktion des politischen Staates ist ein modernes Produkt«?

Aus der Logik rechtsstaatlicher Politik zieht Hegel institutionelle Forderungen für politisches Handeln. Sobald politische Macht auf sie verpflichtet ist, wäre sie identisch mit rechtsstaatlicher Rationalität. Diese Identifikation ist nicht ohne Folgen für das Verhältnis zwischen bürgerlicher Gesellschaft und Staat. Einerseits gilt, daß die Logik der politischen Verfassung über die bürgerliche Gesellschaft überzugreifen beansprucht, wenn vom Staat soll behauptet werden können, er sei vollgültiger Ausdruck des herrschenden Rechtsprinzips, also ganz auf Rechtsstaatlichkeit verpflichtet. Andererseits schien die »Entzweiung« des Sittlichen in der bürgerlichen Gesellschaft den Prinzipienstreit zwischen der Idee des Rechts auf allgemeine Anerkennungsverhältnisse und der Unvernunft ökonomischer und materieller Macht vorläufig zugunsten letzterer entschieden zu haben; das Recht der Gesellschaft galt nur als Mittel für leichter zu verallgemeinernde Privatinteressen. Auf das vorausgesetzte Rechtsprinzip bezogen und darin die Rede von der »Erscheinungswelt des Sittlichen« ernst genommen, läßt sich die bürgerliche Gesellschaft logisch als Vorstufe, aber eben auch als notwendiges Moment des Rechtsstaates integrieren. Sie ist darin ebensosehr bloßer Schein, aber zugleich notwendiger, ohne den die Konstitution des politischen Staates als eines Rechtsstaates sinnleer bliebe. Die logische Konsequenz dieses Gedankens bedeutet, daß unter politische Macht rechtsstaatlicher Provenienz nur zu subsumieren ist, was in der bürgerlichen Gesellschaft selbst mit Rechtskategorien gefaßt ist. Allein dann hält sich das Prinzip des Rechts auch im politischen Staat durch und bindet die gesellschaftliche Wirklicheit in sich ein, ist er politischer Staat dieser bürgerlichen Gesellschaft.

---

59 Ebd. S. 359.

Die Rekonstruktion der Rechtswirklichkeit gelingt – so läßt sich als Ergebnis zusammenfassen – nur um den Preis der Reduktion der gesellschaftlichen und politischen Verhältnisse auf deren Logik. Damit ist auch gesagt, daß die aus Rechtsgründen nicht anerkennungsfähigen Bereiche materieller Macht dieser Logik entspringen und sich dem Recht zugleich entziehen. Unterstellt die Darstellungslogik die Wirklichkeit dem konstruktiven Entwurf der Rationalität des Rechts und das Gelingen seiner objektiven Herrschaft über alle Wirklichkeit des Gemeinwesens, so pointiert sie zugleich die nichtrechtsfähige Rationalität aller in verdinglichte Gestalt umgeformter Sozialbeziehungen. Sie drücken sich in den ökonomisch von der Vernunft der Sache vorgezeichneten Abhängigkeitsverhältnissen aus und sind deshalb nicht mehr mit rechtsfähigen Willensbeziehungen identifizierbar. Der Rechtsstaat, selbsternannte politische Vernunftinstanz des Gemeinwesens, hätte das Ganze der bürgerlichen Gesellschaft, mithin auch ihre nichtrechtsfähigen Sozialbeziehungen, als irrationales, aber notwendiges Moment seiner eigenen Realität anzuerkennen. Ich nenne dies die Politik des Rechts der bürgerlichen Verfassung, daß es mit seinem Rationalitätsanspruch die wirkliche Differenz zur bürgerlichen Gesellschaft scheinbar zum Verschwinden bringt, indem sie sie aus dem Blickfeld rechtsstaatlichen Handelns verdrängt. Vom Standpunkt der Logik aus betrachtet, läßt sich die bürgerliche Gesellschaft als Reflexionsform des Rechtsstaates, als Bedingung seiner Herrschaftsmöglichkeit verstehen. Die Subtilität von Hegels Darstellung besteht darin, daß aus ihr der Nachweis ex negativo zu führen ist, wie wenig der politische Staat als Rechtsstaat wirklich Macht über die Irrationalität ökonomisch-verdinglichter Sozialbeziehungen gewinnt und daß diese seine Ohnmacht seiner Logik zuzurechnen ist. Hat das Recht der politischen Verfassung die Bedingungen formuliert, unter denen allein von der Autonomie der Vernunft des Rechts geredet werden könnte, so implizieren sie eine weitere, die aus darstellungslogischen Gründen selbst nicht ausdrücklich zum Thema gemacht werden darf: Das Recht des politischen Staates ist nur autonom, sofern es die soziale Wirklichkeit auf das Prinzip rechtsfähiger Sozialbeziehungen verpflichten kann und die Unvernunft der bürgerlichen Gesellschaft darin einbezieht, daß es sie aus sachlichen Gründen dethematisiert. Die Politik des Rechts als Dethematisierung der verdinglichten Rationalität der Gesellschaft setzt deren »politisch« sich gerierenden Herrschaftsanspruch aber erst frei und überantwortet sie der Macht der Sache.
Die so verstandene Korrektivfunktion der Logik des Begriffs gegenüber der Objektivität des bürgerlichen Rechts erlaubt aber mehr, als den Mangel der Reflexion des Rechtsstaates auf die gesellschaftlichen Widersprüche namhaft zu machen. Sie setzt die Entwicklung der politischen Macht und die der Macht der Sache, der Verdinglichung in Beziehung zueinander. In dem Maße, wie die Rationalität des sachlichen Verstandes sich ihren Handlungsspielraum schafft, folgt sie nur dem Prozeß, in dem das Recht sich die Sozialbeziehungen zurechtlegt. Die Herrschaft des Rechts provoziert die Macht der Sache; das scheint der paradoxe Sachverhalt zu sein, der es allein rechtfertigt, diese Darstellung des bürger-

lichen Rechts als dialektische auch der Sache auszumachen. Die Bedingungen dafür sind schon im Abstraktionsprozeß der privatrechtlichen Eigentumsverhältnisse angelegt. In dieser These spitzt sich die wirkliche Ohnmacht des bürgerlichen Rechts zu, deshalb möchte ich sie genauer begründen.
Wir sahen, daß die rechtsstaatliche Verfassung sich die Wirklichkeit in dem Maße unterwirft, wie die politische Macht des Staates die sozialen Beziehungen rechtsfähig einfängt und fortbildet. Der Logik des Bürgerlichen Rechts ist immanent, den Verrechtlichungsprozeß der Sozialstrukturen voranzutreiben, weil nur in dieser Verrechtlichung den eigenen Voraussetzungen gemäß soziale Anerkennungsbeziehungen virtuell durchsetzbar sind. Je umfassender die soziale Wirklichkeit verrechtlicht ist, desto umfassender gewinnt die Rechtsidee freier Anerkennungsverhältnisse objektiv an Boden. In diesem Prozeß sind jedoch die ökonomischen, verdinglichten Macht- und Ohnmachtsbeziehungen dem Zugriff des Rechts verloren, weil sie sich nicht als Willensverhältnisse fassen lassen. In eins damit impliziert der Herrschaftsanspruch des entwickelten Rechts, die nicht-rechtsfähige ökonomische »Vernunft« der Gesellschaft freizusetzen, also sich selbst und ihrer »Macht der Sache« zu überantworten. Die Dialektik des Rechts politischer Macht treibt die Politik der Sache in dem Sinne aus sich hervor, wie die bürgerliche Gesellschaft dem Totalitätsanspruch des Rechts ihren Totalitätsanspruch auf Verdinglichung, auf Versachlichung der gesellschaftlichen Beziehungen entgegensetzt. Sind die Personenverhältnisse in verdinglichte zu verkehren, wie dies die kapitalförmige gesellschaftliche Reproduktion vorexerziert, so werden sie aus dem Herrschaftsraum des Rechts als einer Herrschaft von Willensverhältnissen herausgelöst. Dieser Prozeß ist schon im Eigentumsbegriff und dessen widersprüchlicher Struktur angelegt, weil mit den sich hermetisch gegen die Natur der Sache abgrenzenden Willensbeziehungen der Verlust der Fähigkeit des Rechts, auf die materiell-sinnlichen Substrate der Eigentums- und Vertragsbeziehungen zu reflektieren, einhergeht. Je totaler die Vernunft des Rechts sich ausbreitet, desto stärker geht sie ins Leere, generiert der Verrechtlichungsprozeß seine eigene Ohnmacht. Die Logik der rechtsstaatlich verfaßten Macht des Politischen zeichnet, wenn auch unbewußt, die Stoßrichtung der Ökonomie der Verdinglichung vor. Weil dies so ist, läßt sich vom Entpolitisierungsprozeß der bürgerlichen Gesellschaft reden und die »Vernunft der Sache« im Rechtsstaat als verdrängte Unvernunft des Rechts bezeichnen. Der Dialektik der Verrechtlichung der Sozialbeziehungen zufolge korrespondiert der Macht des Rechts die Machtentfaltung der Sache in der ökonomisch betriebenen Entsubjektivierung der Sozialbeziehungen. Ist schon von Hegels Theorie der Logik unter dem Gesichtspunkt der «Krise der Macht« zu handeln[60], so kann sich seine Darstellung des Rechts diesem kritischen Aspekt noch weniger entziehen. Krise der Macht ist hier Krise der wirklichen Herrschaft des Rechtsprinzips, Krise der Anerken-

60 So schon der Titel von M. Theunissens Beitrag in: Hegel-Jahrbuch 1974 (Hrsg. von W.R. Bayer, Berlin 1975).

nungsbeziehungen. Die politische Vernunft des Allgemeinen in der Verfassungsorganisation macht die Unvernunft des gesellschaftlichen Besonderen zu ihrer eigenen Unvernunft. War die Anerkennung der privaten bzw. besonderen Interessen für das entwickelte Recht des Politischen vorausgesetzt, so ist sie auch dessen Resultat im materiellen affirmativen Sinne. Dies nicht, weil der Staat sich in den Dienst der ökonomisch herrschenden Interessen stellte, wie uns manche glauben machen wollen, sondern weil seine politische Macht an die Verrechtlichungsfähigkeit der Sozialbeziehungen gebunden ist.

Teil II:
Zur aktuellen Krise
des bürgerlichen Rechts

Mein Interpretationsvorschlag zum Begriff und zur objektiven Reichweite des bürgerlichen Rechts verdankt sich Einsichten, die den kritischen Implikationen der Hegelschen Logik des Rechts abgewonnen sind. Das sachliche Interesse an einer Diagnose gegenwärtiger Erfahrungen und absehbarer Entwicklungstendenzen in unserer Gesellschaft darf auf die Kritik von Herrschaftsformen nicht verzichten. Es muß auf die historisch vorausliegenden Entwürfe der bürgerlichen Gesellschaft zurückgreifen, sofern dort Konstitution und Kritik von gesellschaftlicher Herrschaft thematisch sind; denn der gegenwärtige Entwicklungsstand unseres Gemeinwesens ist ohne die Analyse von Herrschafts- und Unterdrückungsmechanismen nicht verständlich. Und wenn, wie aus der Analyse von Hegels Rechtstheorie hervorgeht, das bürgerliche Recht seinen strukturbildenden Anteil daran hat, dann sollten vor seinem Hintergrund auch die Krisen verständlich werden, die wir so leicht verdrängen. Ich will die These zuspitzen: Das Recht steuert mit den Krisen in unserem Gesellschaftssystem in die Krise seiner eigenen Herrschaft, eine Krise, deren Entstehungsbedingungen in seiner inneren Logik mitgesetzt sind.
Fassen wir die Resultate der bisherigen Analyse des Rechts zusammen, soweit sie der Struktur unseres Gemeinwesens Entscheidendes mitgeben, so sind vier Punkte zu nennen. Erstens wird aus Hegels Rechtstheorie die Differenz zwischen dem logisch vorausgesetzten Geltungsanspruch des Rechts und seiner begrenzten objektiven Reichweite sichtbar. Soziale und politische Verhältnisse können nur so weit als rechtsfähige Anerkennungsbeziehungen durchorganisiert sein, als sie sich in allein rechtsfähigen Willensbeziehungen finden lasse. Die kapitalistische Ökonomie verdinglichter Sozialbeziehungen kann sich demgegenüber dem Zugriff des Rechts allgemeiner Anerkennungsverhältnisse entziehen. Zweitens ist die bedingunglos geforderte Logik des bürgerlichen Rechts in Wahrheit bedingte, weil sie Rechte und Pflichten des Handelns wechselseitig reduziert und nur im Rahmen dieser Reduktion allgemeine Anerkennungsprinzipien verteidigt. Sozialbeziehungen, die nicht als Willensverhältnisse erscheinen, sind eben deshalb auch nicht rechtsfähige, mithin der strukturierenden Kraft des Rechts entzogen. Drittens treiben sich die Rationalität des bürgerlichen Rechts und die Rationalität des ökonomischen Verstandes wechselseitig hervor. Die Verrechtlichung des Gemeinwesens ruft im Maße ihres Gelingens die nichtrechtsfähige Vernunft der Sache, die ökonomisch-verdinglichende der kapitalistischen Reproduktionsform auf den Plan und umgekehrt. Die Rationalitätskonkurrenz zwischen Recht und Ökonomie ist radikal widersprüchlich, weil sich beide als wechselseitig bedingende Momente zugleich ausschließen. Schließlich hebt viertens der politische Staat als Rechtsstaat die vorausgesetzten abstrakten Rechtsinstitute des Eigentums-

und Vertragsverhältnisses sowie die Widerspruchsstruktur der bürgerlichen Gesellschaft mit der Folge auf, daß er deren Unvernunft nur verdrängt, aber zugleich als seine Konstitutionsmomente anerkennt. Wenn Ulrich K. Preuß von der zunehmenden anstaltsmäßigen Verfaßtheit unseres Gemeinwesens redet, dann benennt er zwar den hier logisch entwickelten Ausschließlichkeitsanspruch des Rechts und dessen objektive Tendenz zur Verrechtlichung aller Sozialbeziehungen, nicht aber auch dessen Kehrseite, nämlich den ihm korrespondierenden Wirkungszuwachs des »ökonomischen Verstandes« als eines vom Recht freigesetzten.

Ich will meine Interpretation in drei Erfahrungsbereichen unseres politischen Alltags aktualisieren, und zwar in Bereichen, die mit Krisenerfahrungen besetzt sind: dem gesellschaftlichen Herrschaftsverhalten gegenüber der Natur, unter dem Stichwort Umweltkrise fast schon als politisch-modisches Bewußtsein verkommen; den gesellschaftlichen »Randgruppen«, auf die die rechtsstaatlichen Mittel der Sozialplanung und sozialen Dienstleistungen niedergehen; und dem Expansionsdrang bürokratischer Politik, deren Rechtfertigung sich offenkundig nicht ganz erfolglos aus der Fertigkeit des Rechts betreiben läßt. Alle drei Bereiche zeichnen sich durch dieselbe Paradoxie aus. Sie macht sich daran fest, daß das Recht, gegen die Krisenerfahrungen und zu deren Verarbeitung mobilisiert, seine eigene Krise ungewollt kundtut. Das hilft denn auch für die Erklärung der in den jeweiligen Erfahrungsbereichen zu beobachtenden Versuche weiter, aus dieser Paradoxie herauszufinden.

Dem zu erwartenden Einwand, es handele sich bei den Beispielen um Problemfelder, die historisch erst lange nach den Erfahrungen Hegels mit dem bürgerlichen Recht aktuell wurden und deshalb mit seinen theoretischen Einsichten nicht einzuholen seien, halte ich vier Hinweise entgegen: Zum einen den empirischen Befund, daß sich die Poblemlösungsversuche unmittelbar auf bürgerliche Rechtsprinzipien berufen, z. B. auf Rechtsstaatlichkeit und Grundrechtssicherung; zum anderen verweise ich auf Hegels geschichtsphilosophische Rechtfertigung, auf die er die Rechtsphilosophie – in deren abschließendem Abschnitt über die Weltgeschichte – festlegt: »Was nicht Produkt der Natur sein kann, ist Resultat der Geschichte. Diese, als die Tat des Geistes, ist der Boden, auf dem allein die Institutionen in ihrer Vernünftigkeit eingesehen werden können.« Die Geschichte werde über das Gelingen der Idee des Rechtsbegriffs und der von ihr behaupteten Vernunft freier Anerkennungsverhältnisse urteilen. Des weiteren sei daran erinnert, daß der Prozeß der Objektivierung der vom Recht intendierten Freiheit für Hegel nicht beendet ist, weil er sich selbst in der Analyse des bürgerlichen Rechts »darüber klar ist, daß deren (der bürgerlichen Gesellschaft) Mechanismus Probleme erzeugt, für die sie keine angemessenen Lösungen hat« (S. Avineri). Solche Lösungen bilden sich erst im Verlauf der weiteren Geschichte.

Die aktuelle Erfahrung der Krise des bürgerlichen Rechts könnte auch Indizien dafür liefern, welche Perspektiven politischem Handeln jenseits der Wirksamkeitsgrenzen des Rechts offenstehen. Es ist nicht damit getan, die Grenzen rechtsstaatlicher Politik geltend zu machen, um dann mit erhobenem Zeigefinger die Wahrung der vorausgesetzten Rechtsprinzipien mit der Geste einzuklagen, man habe schon immer von der Ohnmacht des bürgerlichen Rechts gegenüber der kapitalistischen Rationalität gewußt. Weit wichtiger, weil politisch perspektivenreicher sind die Veränderungen und der ambivalente Umgang des Systems mit dieser Erfahrung, wenn es gilt, eben mit dieser Ohnmacht zu rechnen. Schließlich rückt der historische Funkionswandel des bürgerlichen Rechts nur in den Blick, was dessen produktive Wirkung im 19.Jahrhundert verdrängte: seine Ohnmacht, auf die qualitative Seite unserer Sozialbeziehungen einzuwirken.

1. Die Logik der Verrechtlichung unseres Naturverhältnisses

Die aktuellen Folgen des gesellschaftlichen Umgangs mit der Natur sind unter dem Etikett der Humanökologie ins allgemeine Bewußtsein gerückt. Mit ihm werden Auswege aus der Ausbeutungsstrategie gegenüber der Natur gesucht. Noch jenseits des politischen Gehalts des Begriffs der Umweltkrise müsse der Prozeß revidiert werden, in dem der Mensch mit seinen ökonomischen und technologischen Fertigkeiten die Grenzen überschreitet, jenseits deren die Umwelt ihre beliebige Indienstnahme für die gesellschaftliche Reproduktion verweigert. Die Rede von der Umweltkrise deutet an, daß es hier in einem doppelten Sinne um Krisen geht: zum einen sicherlich um den Tatbestand der zunehmenden Umweltzerstörung, zum anderen aber auch um die Krise der Macht der Gesellschaft über die natürliche Umwelt, insofern diese ihre eigenen Lebensressourcen bereitstellt. Von Umweltkrise im erstgenannten Sinn redet, wer die historische Machtergreifung des Menschen gegenüber der Natur als Prozeß der virtuellen Entmachtung der Natur nicht in Frage stellt. Der perfektionierten instrumentellen Vernunft entspricht hier die Denaturierung der Natur zum bloßen Verfügungsobjekt. Von Umweltkrise im zweitgenannten Sinn ist zu reden, wo die Herrschaft des Menschen über seine natürliche Umwelt als bedingte Herrschaft erkannt ist, insofern der Mensch die Verfügung über sie als Verfügung über seine eigenen Lebensbedingungen erfährt. Mit der Zerstörung der Umwelt müsse er die Grundlage seiner eigenen Macht zerstören.
In den bisherigen Interpretationen der Umweltproblematik blieb undiskutiert, ob und welche Gestaltungskraft das Recht im Rahmen der Beziehung zwischen Gesellschaft und natürlicher Umwelt hat. Im Gegenteil, die Annahme, das Recht sei ein gängiges und geeignetes Mittel der Gegensteuerung gegen die Krisen, ist nachgerade Dogma. Deshalb verstärkt sich in Krisenzeiten die Tendenz, mit Rechtsmitteln die Folgen der menschlichen Herrschaft über die Natur zu korrigieren oder gar mit ihnen Bedingungen zu setzen, die das Konstitutionsverhältnis der Herrschaft als Herrschaft über die Grundlagen des eigenen menschlichen Lebenszusammenhangs der Gesellschaft reflektieren. Was steckt hinter diesen Hoffnungen? Drückt sich in ihnen nicht eine maßlose Fehleinschätzung der Vermittlungsfähigkeit des bürgerlichen Rechts aus?
Mir scheint, daß die entschiedensten Bemühungen zur Bewältigung der Umweltkrisen sich nicht von ungefähr im Bereich der Rechtsetzung und politischen Planung auf seiten des Staates konzentrieren. Abgesehen von Basisaktivitäten der Bürgerinitiativen, deren Chancen gering sind und sich vorwiegend auf sogenannte »Halteaktionen« beschränken, um nicht gleich kriminalisiert zu werden – ich komme darauf zurück –, verlassen sich Gesellschaft und Staat auf die Rechtsmittel. Sie stützen ihre Hoffnungen auf den vorausgesetzten Anspruch des herr-

schenden Rechts, die alleinige und verbindende Klammer unserer Sozialbeziehungen zu sein. Die Verrechtlichung könne gerade dort gesellschaftliche Anerkennungsverhältnisse in Gang setzen, wo Herrschaftsinteressen miteinander konfligieren. In Krisenzeiten ist deshalb der Ruf nach dem Gesetzgeber erste Reaktion. Vom Recht werden Orientierungen erwartet, um die Teilhabe aller Gesellschaftsmitglieder am gesellschaftlichen Leben und Fortschritt zu sichern. Auf das hier verhandelte Problem bezogen, wäre daraus zu schließen, mit dem Recht könnten die Umweltkrisen entschärft und die natürliche Umwelt als Lebensbedingung der Gesellschaft erhalten werden. Fragen wir nach, wie das Recht mit der Krise wirklich umgeht, so steht der gesellschaftliche Umgang mit der Natur unter dem Gesichtspunkt zur Debatte, wie in ihm die Rechtsfähigkeit aller Gesellschaftsmitglieder sich durchsetze. Im Gegenzug dagegen wird die Frage aktuell, welche Alternativen politischem Handeln verfügbar sind, wenn die rechtsstaatlichen Mittel versagen.

Die Bemühungen, mit dem Recht Umweltkrisen zu entschärfen und in ein neues gesellschaftliches Verhältnis zur Natur aufzulösen, haben Kenner der Szene von einer »Politik des peripheren Eingriffs« reden lassen.[61] Rechtsstaatliche Umweltpolitik, so sei resignierend festzustellen, komme über bloße Symptom- und Folgenbeseitigung nicht hinaus, bleibe wirkungslos. Offenkundig hat das Unvermögen einer Umweltpolitik, die auf Rechtsmittel ausgelegt ist, Gründe, deren Spuren sich in der Struktur des bürgerlichen Rechts zu verlieren scheinen. Hier knüpfe ich deshalb an die zuvor angestellten Überlegungen zur Logik des bürgerlichen Rechts an. Die Politik, die mit dem bürgerlichen Recht identifiziert und auf deren Vernunft sie zugeschnitten ist, hängt, wie ich zeigte, davon ab, wie weit die sozialen Beziehungen dem Zugriff des Rechts geöffnet werden können. Das ist in dem Maße der Fall, wie gesellschaftliche Beziehungen in solche des Rechts übersetzbar sind. Auch vom gesellschaftlichen Umgang mit der Natur gilt dies, da sich die Gesellschaft über die Natur auf sich selbst bezieht. Unser Umgang mit der Natur ist mithin zwieträchtig. Einerseits folgt er der Rationalität der materiell-technischen Standards der Naturbeherrschung und ist ganz der Rationalität der Sache verpflichtet. Insofern verwies schon Marx zu Recht auf die »Natur der großen Industrie« als Rationalisierung der gesellschaftlichen Produktion und Bedürfnisbefriedigung nach Prinzipien, die noch die Gesellschaftlichkeit sich unterwerfen. Der zweite Aspekt scheint in der Forderung durch, die in der gesellschaftlichen Form der Arbeit die Bedingung allseitiger Freiheit sucht und darin die Anerkennung des Prinzips sichern will, das der Idee des bürgerlichen Rechts zugrunde liegt: »Man versucht, die höheren Formen der gesellschaftlichen und kulturellen Sphäre im Namen eines historischen Rechts durchzusetzen... und im gleichen Atemzug feiert man die Erniedrigung der Natur, die

61 Diesen Begriff verwendet C.Mayer-Tasch in seinem Beitrag: Umweltrecht und Umweltpolitik, in: Umweltschutz – Politik des peripheren Eingriffs (Neuwied 1974).

Zeit der Freiheit, in der sie, zum immateriellen Material jeder Gesellschaft geworden, nur noch eine besiegte Naturnotwendigkeit sein wird.«[62]

Ist die Umweltkrise als Grenzerfahrung der Herrschaft des Menschen über die Natur zu begreifen, in der sich die Umwelt – aus verschiedenen Gründen – der menschlichen Verfügung entzieht, dann sind beide Aspekte der Umweltbeziehung, der technisch-rationale der Sache und der Anspruch auf menschliche Befreiung, bedroht; der erste, insofern Natur- und Umweltzerstörung die gesellschaftliche Reproduktionsfähigkeit nur mit unverhältnismaßigem technologischen Aufwand zulassen, der seinerseits die Naturbasis exponentiell weiterzerstört; der zweite, insofern die Gesellschaft in die Abhängigkeit von den natürlichen Grenzen zurückfällt, Beherrschung von Natur in Herrschaft über den Menschen mündet. Einer politischen Vernunft, die nicht der Rationalität schrankenloser Naturausbeutung folgen wollte, sondern, anstatt von Krise zu reden, von der Notwendigkeit kultureller und sozialer Mutationen überzeugt ist[63], setzt das bürgerliche Recht, so scheint es, selbst Schranken. Auf der Ebene staatlichen Handelns zeigen sie sich in der Fixierung auf rechtsstaatliche Politik, die die materielle Unvernunft der gesellschaftlichen Produktion und deren ausbeuterisches Verhalten gegenüber der Natur verdrängen muß. Im Bereich individueller Rechtsfähigkeit setzt sich dies noch in der Anerkennung der »Konsumentensouveränität« fort bzw. hat dort ihr fundamentum in re. Ich komme darauf zurück.

Wenn wir von Krisen reden, geht es der Sache nach um Herrschaft, genauer um die Erfahrung der Grenzen von Herrschaft. Allerdings verdeckt der Begriff der Krise allzu leicht diesen materiellen Kern, weil er selbst noch dem Standpunkt des Herrschenden zugehört, die Frage nach dem Recht der Herrschaft also gern tabuisiert. Deshalb wird gleichermaßen wie die Krise selbst unser sich eingewöhnender Umgang mit solchen Redensarten bedrohlich: Von politischer Krise spricht, wer ihre Überwindung immer schon im Sinn wiederherzustellender politischer Normen im Auge hat; von Bewußtseinskrise, wo die Rücksicht auf das herrschende Bewußtsein den Maßstab setzt; von Umweltkrise ist die Rede, wo der ausbeutende Umgang mit der Natur behindert ist. Solange die Aufregung über Krisenerfahrungen die dahinterliegende und als solche verdrängte Sache der Herrschaft nicht thematisiert, wirkt die herrschende Vernunft bzw. Unvernunft hinter dem Rücken der öffentlichen Aufregung weiter.

Dem gesellschaftlichen Umgang mit der Natur – der äußeren wie der menschlichen –, der aktuell als Umweltkrise hoch- oder, wie ich meine, in Wahrheit heruntergespielt wird, liegt ein Herrschaftsanspruch zugrunde: der der Subsumtion der Natur unter die instrumentelle Rationalität. Wo sich die Natur weigert, sich in Dienst nehmen zu lassen, wird sie gewalttätig oder mit verfeinerter Großtechnologie gezwungen. Wie es zu einem solchen Umgang mit der Natur kommen

---

62 So S. Moscovici: Die Wiederverzauberung der Welt, in: Jenseits der Krise, hrsg. von A. Touraine u.a. (Frankfurt/M 1976, S. 96.

63 A. Touraine: Krise oder Mutation, ebd. S. 28.

konnte, wie sich dort Herrschaft etablierte, ja wie die gesellschaftliche Naturbeherrschung auch dort klammheimlich verlängert und intensiviert wird, wo die Natur gegen ihre Beherrschung aufsässig wird und zurückdroht, dies alles läßt sich nicht über die Provokation eines allgemeinen Krisenbewußtseins, sondern allein mit dem in ihm verdrängten Konstitutionsprozeß der Naturbeherrschung entdecken. Dies gilt in zweierlei Hinsicht. Einerseits sind in die Genese der Naturbeherrschung jene Herrschaftsmomente wieder einzuzeichnen, die aus mancherlei Gründen aus dem Bewußtsein geraten sind und deshalb nie als schlechtes Gewissen der Gesellschaft in ihrem Umgang mit der Natur wirksam werden konnten. Da Naturbeherrschung ein Herrschaftssubjekt voraussetzt, liegt es nahe, unsere Tradition des Subjektbegriffs zu befragen und zu sehen, wie er auf Kosten der Natur gesellschaftliche Realität gewann. Eben an diesem Subjekt nämlich, dem des autonom handelnden, knüpft andererseits auch rechtsstaatliche Umwelt- und Krisenpolitik an. Sie übersetzt die gesellschaftlichen Ansprüche gegen die Natur und deren Ausbeutung in rechtsfähige des Subjekts, d.h. sie rückt das Subjekt in sein Recht ein, autonom auch gegenüber der Natur auftreten zu dürfen. Umweltpolitik gegen den Strich, also zur Rettung der Natur vor dem Herrschaftsverhalten der Gesellschaft, mit rechtsstaatlichen, überhaupt mit den auf die Autonomie des Subjekts reflektierenden Mitteln des bürgerlichen Rechts betreiben zu wollen scheint solchermaßen ein notwendig selbstwidersprüchliches Unterfangen zu sein. Indem ich die Genese und die rechtsfähige Übersetzung unserer gesellschaftlichen Naturbeherrschung nachzeichne, sollte sich dieser Verdacht entscheiden lassen.

Daß es so schwerfällt, vom Krisenbewußtsein zur Herrschaftsfrage vorzustoßen, verdankt sich eingewöhnten Traditionen in dem schlechten Sinne von Gewohnheit, die zur Reflexion unfähig macht. Wenn ich mich deshalb auf Traditionen des gesellschaftlichen Zugriffs auf die Natur zurückwende, versuche ich, anhand ihrer Fragestellungen einige unvordenklich gewordene Bestimmungen des herrschenden Umgangs mit der Natur, gleichsam gegen den Strich traditionellen Denkens, wieder ans Licht zu bringen. Das ist nicht möglich ohne Rekurs auf den Subjektbegriff, der offenbar unser Naturverhältnis und -verhalten prägt. Das affirmative Denken von Autonomie, vom Subjekt, gewann in der europäischen Tradition seine Wurzeln aus der christlichen Theologie, jenem Vorbegriff des Denkens im Hegelschen Sinne, das seiner selbst und der Natur noch nicht mächtig war. In der biblischen Aufforderung des »Macht euch die Erde untertan« ist die Befreiung des Menschen von der Natur als Bedingung der Freiheit im Glauben angelegt, ohne daß dem Gedanken der Naturbeherrschung der der Naturzerstörung beigemischt gewesen wäre. Die Bemühungen um den Beweis der göttlichen Existenz, die unter dem Stichwort des ontologischen Gottesbeweises Generationen der Denkgeschichte faszinierten, waren sichtbare Zeichen, sich gemäß des im Umgang mit der Natur geschulten Verstandes des Subjekts und der Natur und darin der Allmacht Gottes zumindest im Denken zu bemächtigen. B. Spinozas »causa sui« proklamiert als wohl erster Systementwurf auf rationaler

Basis die Immanenz des Göttlichen in der Natur, mithin die Absage an die Jenseitigkeit des Subjekts. »Deus sive natura«, diese Formel eröffnete der Tradition, die Spinoza folgt, die Chance, sich über das seiner selbst mächtige Subjekt, den Menschen, ohne Gott zu verständigen; eine Chance, die wirkungsvoller wahrgenommen wurde als die in Spinozas Entwurf intendierte Versöhnung zwischen Subjekt und Natur. Das liegt nicht zuletzt daran, daß er die Ambivalenz verdrängte, die mit der Selbstmächtigkeit des Subjekts ins Spiel kam: Das Subjekt setzt darin allein den Maßstab der Vernunft und Unvernunft im Umgang mit der Natur, kann also nun nicht mehr daran gehindert werden, seine Integration in die Natur durch Naturbeherrschung und -ausbeutung zu ersetzen. Namentlich Descartes hat diese Seite im Gedanken des seiner selbst mächtigen Subjekts vorangetrieben. Rationale Erkenntnis »more geometrico«, also auf der Beweisfähigkeit des Gedankens beruhend, wie dies die konstruktive euklidische Geometrie vorzeichnet, macht das nunmehr menschlich gewordene Subjekt nicht nur zur einzigen Springquelle unserer Erkenntnis, sondern degradiert die Natur zum teilbaren und damit verfügbaren Objekt. Im »divide et impera« ist die Natur als Objekt zugerichtet, in einem Prozeß also, der das Organische der Natur der unorganischen Segmentierung preisgibt. Allerdings, so meine ich, sind die von Descartes vorgenommenen Unterscheidungen – die Einheit des denkenden Subjekts und die Teilbarkeit der gegenständlichen Natur – nicht primär auf die Desorganisation der Natur angelegt. Vielmehr wird die These von der Teilbarkeit und Vergegenständlichung von Natur zur unumgänglichen Bedingung und Deutung, um auf Kosten der Natur die Autonomie des menschlichen Subjekts zu retten. Herrschaft über die Natur folgt gleichsam tautologisch aus dem Gedanken der Autonomie des Subjekts. Sie wird für Descartes zum Preis dafür, daß menschliche Vernunft sich durchsetzen kann. Die cartesianische These nimmt also schon in Kauf, daß Naturbeherrschung deren Zurichtung nach menschlichen Bedürfnissen einschließt. Ihr bleibt verschlossen, ob sie darin nicht auch jenen Zusammenhang zerstört, der das Subjekt mit seinem Objekt verbindet, nämlich beide als Momente einer Ordnung erhält.

War für Descartes' Versuch, rationale Erkenntnis am Maßstab des Subjekts zu messen, Naturbeherrschung noch eine sich auf Evidenzen berufende Bedingung für den Ausweis des Mensch gewordenen Subjekts, so ist schon Kant weit radikaler. Seine Radikalität, erzwungen durch das Ziel, die menschliche Erkenntnisfähigkeit kritisch einzugrenzen, drängt ihn in eine merkwürdig zwiespältige Interpretation des Verhältnisses zwischen Subjekt und Natur. Das »Ich denke muß alle meine Vorstellungen begleiten können« ist Bedingung von Erfahrung, weil mit ihr die zugängliche Erfahrungswelt in den Blick kommt. Noch die Konstitution des Gegenstandes ist nichts Gegebenes, sondern Leistung des Erkenntnisvermögens. Dies macht die eine Seite, die des Herrschaftsanspruchs des Subjekts gegenüber der gegenständlichen Welt aus. Im selben Maße jedoch, wie es dem Denken gelingt, Erfahrung zu Wege zu bringen, wie es die erkenntnistheoretische Forderung, Natur unter Denkkategorien zu subsumieren, einlöst – weil nur unter dieser Bedingung die Herrschaft des Subjekts auf wirklicher Autonomie zu gründen ist –, in demselben Maße gewinnt das Denken ein klares Bewußtsein von der ganz anderen »Vernunft« der Natur, von deren immanenter Teleologie. Sie kann, weil »wir zu kurzsichtig sind, den geheimen Mechanismus ihrer Veranstaltung zu durchschauen« (Kant), nur als in sich vernünftiger Zusammenhang vorgestellt werden, bleibt also nur einem assimilierenden Verfahren zugänglich. Weil dies so ist, birgt die Natur immer wieder Überraschungen für den menschlichen Erkenntnisprozeß. Die Wissenschaftstheorie der Naturwissenschaften muß sich auch heute noch darauf einrichten. Zwar erhebt sie den Anspruch auf Erkenntnis des inneren Wirkungszusammenhangs der Natur, aber ihren methodischen Verfahren, insbesondere dem des Experiments, gemäß bringt die Falsifikation der Hypothesen, nicht affirmative Behauptung der Prämissen Fortschritt.[64] Die Grenzen der Erkenntnisfähigkeit deuten auf die prinzipielle Unerfahrbarkeit der Naturteleologie hin. Möglicherweise hatte Kant hier im Gegensatz zu vielen seiner Interpreten schon eine hinreichende Einsicht in die Schranken aller experimentell verfahrenden Naturforschung.[65] In dem Maße, wie Kant das erkennende Subjekt in seine Schranken verweist, gesteht er der Natur den Anspruch auf eine ihr immanente Zweckmäßigkeit zu. Allein daraus erwächst ihr Widerstandspotential dagegen, durch das menschliche Subjekt total verobjektiviert und vereinnahmt zu werden. Die affirmative Selbstbehauptung menschlicher, will hier mit der Tradition heißen: autonomer Vernunft trägt schon bei Kant Züge von Grenzerfahrungen, von Ohnmacht an sich. Naturbeherrschung scheint ihm nicht ohne eine Selbstgefährdung des auf seiner Autonomie beharrenden Subjekts möglich zu sein.

Hegel und über ihn vermittelt Marx knüpfen an dieser Tradition an. Sie greifen deren immanente Zwiespältigkeit auf, so daß auch der Gedanke der Naturbeherrschung durch das seiner selbst mächtige Subjekt, auf den sich die Tradition berief, ins Wanken gerät. Bei Hegel scheint dies in der Logik wirklich herrschender Vernunft durch; Marx macht die Kritik an der Ohnmacht der gesellschaftlichen Arbeit und an ihrer Abstraktion von der Gebrauchswertseite in der kapitalgemäßen Organisation der bürgerlichen Gesellschaft geltend. Gemeinsam ist beiden, das Verhältnis der Gesellschaft zur Natur in der gesellschaftlichen Arbeit in seiner zweifachen Bedeutung aufgegriffen zu haben: als Aneignung der Natur *und* ebensosehr als Bildungsprozeß. Ihre Kritik an der Herrschaftskonstitution in der bürgerlichen Gesellschaft gründet der Sache nach in diesem Gedanken. Was Hegel angeht, so liefert seine Sozialphilosophie den Vernunftentwurf einer Gesellschaft, die Hand in Hand mit der gesellschaftlich organisierten Aneignung der Natur Bildung und Wissen ihrer Mitglieder vorantreibt. Der gesellschaftliche

64 Vgl. den im Hegelschen Sinn verräterischen Begriff des »Positivismus«, dem selbst K. Popper als dezidierter Gegner der Dialektik entscheidend kritische Momente abringt. Hierzu auch R. Bubner: Dialektik und Wissenschaft (Frankfurt/M. 1972).

65 Selbst der zweite Teil von Kants Kritik der Urteilskraft läßt sich unter dem Titel »Kritik der teleologischen Urteilskraft« darauf ein.

Charakter der Arbeit, nicht individuelles Vermögen bilde die Fähigkeit des Subjekts heraus, und wo sie dies nicht respektiere, müßten sich Bildung und Wissen verselbständigen. Die gesellschaftliche Form der Produktion verrate Entscheidendes über den Prozeß des Naturverhältnisses. Indem Hegel auf gesellschaftliche Anerkennungsverhältnisse abzielt, motiviert er Kritik am affirmativen Herrschaftsverhältnis gegenüber der Natur, weil dort den Individuen die konstitutive Rolle der Naturaneignung für ihren eigenen Bildungsprozeß aus dem Blick gerät und sich die Herrschaft des Wissens, der Kopfarbeit über die Handarbeit, etablieren kann. Wirkliche Vernunft hätte Hegels Vernunftentwurf zufolge ein menschliches Verhältnis zur Natur auszubilden, in dem die Subjekte sich die Natur als soziales Anerkennungsverhältnis aneignen und in der gesellschaftlichen Arbeit ihre eigenen sozialen Verhaltensweisen wiedererkennen. Bloß instrumentelle Naturbeherrschung geriete demgegenüber zu deformierter Vernunft – eine Kritik, die in der alltäglich gewordenen Erfahrung der Naturausbeutung und ihrer Krisenfolgen wieder aktuell ist.

Marx verschärft dieselbe Gedankenfigur der instrumentellen Naturbeherrschung als deformierter Vernunft zur Herrschaft der Sache über die Menschen. Mit ihr verkommt die gesellschaftliche Naturbeziehung zur Verkehrsform von Waren.[66] Das Kapital, das sich der spezifisch entfremdeten Form der gesellschaftlichen Naturaneignung verdankt, unterschlägt die konstitutive Rolle der Gebrauchsseite der gesellschaftlichen Arbeit, um seine Herrschaft zu erhalten, obwohl sich diese allein der Substanz der gesellschaftlichen Arbeit »bedient«. Die Widersprüchlichkeit dieses Herrschaftsverhältnisses ist eine radikale, weil die Verdinglichung der menschlichen Arbeit in den Waren mit dem Kapital ein Subjekt hervorbringt, das insofern nicht seiner selbst mächtig sein kann, als seine Existenz von der Arbeit abhängt. Das herrschende Subjekt regeneriert sich aus seinem Gegenteil, aus konkret menschlicher gesellschaftlicher Arbeit, aus dem Austausch mit der Natur. Das seiner selbst mächtige Subjekt der bürgerlichen Tradition, so wird analysiert, verliert sich in seinen eigenen Produkten.

Von Hegel und Marx gleichermaßen läßt sich lernen, daß die Verdinglichung der Sozialbeziehungen und instrumentelle Naturbeherrschung miteinander korrespondieren. Max Weber bezeichnete diesen Prozeß später als Entmystifizierung der Natur und Charakteristikum rationaler Herrschaft. Er übersah aber, daß dieser Typ rationalen Handelns auch gegen die Natur zurückschlägt. Umweltkrisen wären von Max Weber deshalb nicht als Krisen der herrschenden Rationalität zu deuten. Vor dem Hintergrund der Kritik, die Hegel und Marx nahelegen, wird demgegenüber die Rede von der Umweltkrise entmystifiziert. Wo heute schlechten Gewissens von ihr die Rede ist, geht es offenkundig um Strukturprobleme der bürgerlichen Gesellschaft und um die Legitimität des von ihr hypostasierten Subjekts, das Herrschaft über die Natur zu seiner Existenzbedingung

---

66 Vgl. W.-D. Schmied-Kowarzik: Zur Dialektik von gesellschaftlicher Arbeit und Natur, in: Wiener Jahrbuch für Philosophie, Bd. X, 1977.

macht. Verdankt sich diese Einsicht der Kritik an der Tradition des bürgerlichen Subjekts und dessen »rationaler« Naturausbeutung, so bringt sie auch das Medium ins Zwielicht, das den Herrschaftsanspruch des bürgerlichen Subjekts stützt und rationale Herrschaft im Weberschen Sinne erst ermöglicht: das bürgerliche Recht. Ich kann diese These am Recht selbst belegen, wenn es den realen Prozeß der Denaturierung der Natur mitträgt.

Mit der rechtsförmigen Einkleidung des gesellschaftlichen Umgangs mit der Natur hat das Naturverhältnis auch an der immanenten Logik des Rechts teil; d.h. es teilt auch dessen Abstraktion von den Gebrauchsqualitäten der Natur für die Gesellschaft in demselben Sinne, der mich in der Logik des bürgerlichen Rechts von dessen Gleichgültigkeit gegenüber den materiellen Substraten der Sozialbeziehungen hat reden lassen. Um den Nachweis dieser These zu führen, frage ich nach der privatrechtlichen Sicherung unserer Naturausbeutung, versuche also meine These in einem Rechtsbereich zu erweisen, der prima vista mit Naturausbeutung nichts zu tun zu haben scheint; zum anderen frage ich nach den gegenläufigen Folgen einer Umweltpolitik, deren rechtsstaatliche Mittel nichts am Prinzip der ökonomischen Fähigkeit des Kapitals, über die gesellschaftliche Naturaneignung zu disponieren, ändert – eine These, die angesichts des Etiketts Umweltrecht ketzerisch klingt, aber allein der Sache angemessen scheint.

Ohne daß wir uns dessen immer bewußt sind, ist unser Alltagsverhalten auch Verhalten gegenüber der Natur. Von Natur spreche ich dabei in dem weiteren Sinn äußerer und menschlicher, d.h. auch innerer Natur. Bedürfnisbefriedigung, unser Handeln im sozialen Kontext, der Arbeitsprozeß, all dies wirkt auf die Natur ein, geht mit ihr um und kann dort nicht folgenlos bleiben. Wenn die Politiker von der Notwendigkeit reden, die Gesellschaft müsse ein Umweltbewußtsein entwickeln und die Folgen des sozialen und ökonomischen Handelns bedenken – wie dies in den Umweltgutachten des Sachverständigenrates immer wieder betont wird[67] –, so sind diese Appelle offenbar der Erfahrung zu verdanken, wie wenig die strukturelle Verfassung der bürgerlichen Gesellschaft, mithin auch ihrer Rechtsform, zu umweltangemessenem Verhalten motiviert. Das Gegenteil scheint nahezuliegen. Das gilt gleichermaßen für profitorientierte Güterproduktion, die über die Belastungsgrenzen der Natur hinaustreibt, für die Umverteilung der Folgekosten der Produktion durch deren Externalisierung über den Warentausch oder das Konsumverhalten einer Gesellschaft, die die Konsumentenfreiheit prinzipiell über die Kategorie des Geldes organisiert.

Betrachten wir daraufhin die rechtsförmigen Strukturen der bürgerlichen Gesellschaft, so richten sie das Umweltverhalten ihrer Mitglieder zunächst so ein, daß jedem die prinzipiell gleiche Chance offensteht, die eigenen Bedürfnisse und Interessen in Konkurrenz mit anderen geltend zu machen. Die Erwartungen der Gesellschaftsmitglieder sind hinsichtlich des Umgangs mit der Natur in einem doppelten Sinne gleichgültig: zum einen als im subjektiven Recht gründendes,

67 Vgl. P.C. Mayer-Tasch, a.a.O.

also von Privatinteressen bestimmtes Verhalten, zugleich aber mit der rechtsförmigen Legitimation auf gesellschaftliche Anerkennung besetzt. Gibt die bürgerliche Gesellschaft vor, Chancengleichheit und Anerkennungsverhältnisse zu verwirklichen, dann muß sie dieses Prinzip in der Organisation der gesellschaftlichen Beziehungen zur Natur verankern. Es ist, das legt die Analyse der Logik des bürgerlichen Rechts nahe, affirmativ und ohne Einschränkung an das Recht gekoppelt. Auch der Umgang mit der Natur wäre in die bürgerlich-rechtlichen Verkehrsformen einzukleiden, um die Geltung des Rechtsprinzips bruchlos durchzusetzen. Sie legitimierten alle Formen des Umgangs mit der Natur, sofern sie sich auf die Anspruchsgrundlagen im bürgerlichen Recht berufen können. Rechtsperson und Rechtssubjekt wären organisierendes Prinzip. Welcher Mechanismus folgt daraus für unseren Alltagsumgang mit der Natur, wenn wir zugleich bedenken, daß die rechtsförmige Organisation der Gesellschaft auf die Gebrauchsseite der Sozialbeziehungen gar nicht reflektieren kann, sondern sie aus sich freisetzt?

Insofern das bürgerliche Recht rationales gesellschaftliches Handeln an umfassende Rechtsfähigkeit bindet und dies durch die Basiskategorie der rechtsfähigen Person zum Ausdruck bringt, individualisiert es im Alltagsverhalten die anerkennungsfähigen Bedürfnisse und Erwartungen an die Natur, es verankert sie in privaten Rechten. Kehrseite dessen ist, daß unserem Bewußtsein die Einsicht in die Verantwortung für den ausbeutenden Umgang mit der Natur erspart wird, weil das Alltagsverhalten, eben weil es individuell eingegrenzt und legitimiert ist, objektiv zuwenig folgenreich erscheint, um uns darüber Rechenschaft abzuverlangen. Gerade weil das Recht Recht des bürgerlichen Subjekts ist, überführt es den gesellschaftlichen Gebrauchswert in subjektive Rechtspositionen und erfüllt dissoziierende Funktionen. Indem das Recht gerade auf der Ebene des subjektiven Handelns mit den Institutionen des Privatrechts – Eigentum, Besitz, Vertragsfreiheit – auch unser Umweltverhalten routinisiert, verdrängt es dessen Folgen aus unserem Alltagsbewußtsein und verlagert die Merklichkeitsschwelle für die Eigenverantwortung der Gesellschaftsmitglieder weit nach oben. Jeder kann sich auf rechtliche Legitimation berufen – auch und gerade dort, wo er schamlos Umwelt ausbeutet, weil das Recht unser Naturverhältnis jenseits der geltendgemachten Gebrauchswertkonkurrenzen organisiert.

Die privatrechtlichen Garantien scheinen die Abstraktion von der inhaltlichen, qualitativen Seite geradezu herauszufordern, weil sie Garantien für das Privatinteresse des bürgerlichen Subjekts im traditionellen Sinne formulieren. Die Folgen für die Gebrauchswertseite des Umgangs mit der Natur liegen auf der Hand. Ob etwa Transportmittel mit hohem Energieverbrauch vorgezogen, Plastiktüten und Kunststoffbehälter als Wegwerfverpackung benutzt oder sogenannte umweltintensive Produkte produziert und verkauft werden, hängt weit vorrangiger von den Formen des Reproduktionsprozesses und den ökonomischen Verwertungschancen ab als von Umweltkriterien. Bedürfnisse sind über den Markt vermittelt, nicht über soziale Aneignungsprozesse. Der Markt aber kann die Geltungskonkurrenz zwischen ökonomischen und ökologischen Interessen nicht entscheiden, weil er rechtsförmig organisiert ist; daß er geradezu als Mittel für die Regulierung des Umweltverhaltens beschworen wird, pervertiert sein Tauschwertprinzip dahingehend, daß ihm Gebrauchswert für die Umwelt angesonnen wird. Die Paradoxie liegt darin, daß in dem Maße, wie das Recht Eigentums-und Vertragsfreiheit verwirklicht, also seinen eigenen Ansprüchen folgt, von den Folgen der Naturausbeutung abstrahiert wird. Dem Markt überlassen, entscheidet sich das Problem gänzlich nach der ökonomischen Konstitution von Macht und Ohnmacht. Der Zynismus kommt in der Sprachregelung zum Ausdruck, wenn etwa von der »Konsumentensouveränität« die Rede ist, die, formell vom Recht garantiert, materiell vom Maß der Verdinglichung kapitalistischer Ökonomie abhängt. Hier bestätigt sich jene Hegelsche Diagnose zum Privatrecht, wonach die abstrakten Rechtsformen nur um den Preis Allgemeinverbindlichkeit erlangen, daß sie die verdinglichten Sozialbeziehungen aus ihrem Zugriff entlassen und deren Gebrauchswerte nicht reflektieren.

Der Anspruch, die Natur zu beherrschen und in Dienst zu nehmen, historisch mit der Forderung nach instrumenteller Rationalität kongruent, hat im Prinzip des bürgerlichen Rechts und dessen Idee allgemeiner Rechtsfähigkeit die Bedingung für die freie Entfaltung der Privatinteressen des bürgerlichen Subjekts. Die subjektiv-restriktive, weil ganz auf rechtsförmiges Verhalten abgestellte Weise des Umgangs mit der Natur verdrängt die Frage der individuellen Verantwortung vom Markt. Das Privatrecht könnte die konkreten Gefährdungsmomente, die vom individuellen Umgang mit der Natur ausgehen und die erst in ihrer Summe, also gesamtgesellschaftlich notiert, massive Umweltfolgeschäden verursachen, nur auf Kosten der ihm vorausliegenden Prinzipien reflektieren. Entscheidet sich die Naturausbeutung der Privatinteressen am Markt als ökonomischer Vermittlungsinstanz, so ist dies möglich, weil das Prinzip der Rechtsfähigkeit die »Mißbrauchsseite« des geldabhängigen Umgangs mit der Natur nicht in den Griff bekommen kann.

Um in den eingangs skizzierten Beispielen zu bleiben: Der individuelle Autoverkehr führt zu extensiver und intensiver Umweltbelastung, die der einzelne Autofahrer nicht in sein Kalkül einzubeziehen verpflichtet ist. Ja, er erwartet nicht nur den Ausbau des Straßenverkehrsnetzes, unabhängig von dessen dekultivierender Wirkung für die Landschaft, sondern fordert staatliches Handeln zur Beseitigung der Folgeschäden. Ich hatte eingangs schon am Beispiel des Benzinbleigesetzes angedeutet, wie diese Forderung in rechtsförmiges Handeln umgesetzt wird. Aus der Handlungsperspektive des Einzelnen und vom Standpunkt seines »legitimen« Privatrechtes aus gehören die Umweltfolgelasten in den Katalog staatlich-administrativer Krisenbewältigung. Sie verpflichten deshalb nicht zu eigenen Verhaltensänderungen – es sei denn, sie seien ökonomisch angezeigt. Um so größer ist die Empörung, wenn bei auftretenden sektoralen Krisen, etwa im städtischen Kernbereich oder im Energiesektor, über eine Beschränkung des Autoverkehrs nachgedacht wird; man erinnere sich nur an die Auseinandersetzung um die Sonntagsfahrverbote. Nicht einmal in Krisen treten die Umweltbelastungen als Folge des individuellen Verhaltens der Gesellschaftsmitglieder ins allgemeine Bewußtsein. Bezeichnend ist, daß über Umweltgefährdungstatbestände zunächst im Blick auf befürchtete Eingriffe in das Privatrecht als Recht des freien Austausches mit der Natur öffentliche Aufregung entsteht. Denn solange der Austausch mit der Natur dem Einzelnen in den Kategorien des Eigentums und des freien Gütertausches erscheint, braucht er deren gesellschaftliche Gebrauchsseite und Folgen nicht zu bedenken. Natur wird noch nicht einmal hinsichtlich ihres Gebrauchswertes als Tauschwert, als Ware gesehen, da die Naturgüter jedem uneingeschränkt zugänglich scheinen; darauf geht die Rede von den »freien Umweltgütern« zurück. Krisenfälle, ob nun regionales Verkehrschaos oder überhöhte Verschmutzung der Gewässer, bringen diese gesellschaftliche Gebrauchsqualität der Natur in Erinnerung – und führen, wie wir gleich sehen, prompt zur Integration der Umweltgüter in die Warenform.

Da deshalb leider nicht zu erwarten ist, daß die Krisenerfahrungen die Gesellschaft zur kollektiven Einsicht in den Gebrauchswert der Natur bringen – die beschwörende Forderung nach einem allgemeinen Umweltbewußtsein ist allenfalls politisches Programm –, bleibt der individuelle Umgang mit der Natur allein auf Rechtsförmigkeit verwiesen, kann also auch nicht auf seine jeweilige, auch ökonomische Gebrauchsseite hin überprüft werden. Die ökonomischen Rationalitätsgründe können ungehindert von rechtlichen Schranken über das Naturverhältnis der Gesellschaft übergreifen. Sind »Krisen« und deren Folgen nicht in die subjektiven Rechte der Rechtsperson zu integrieren und ist Krisenbewältigung deshalb rechtsstaatliche Aufgabe, so kommt eine zirkuläre Struktur zum Vorschein, in die das bürgerliche Recht aufgrund seiner immanenten Logik hineintreibt. Sie zeichnet letzlich seine Ohnmacht vor, den gesellschaftlichen Umgang mit der Natur aus dem Bann der Naturausbeutung zu befreien. Zirkulär ist zu nennen, daß (a) das bürgerliche Recht mit seinem vorausgesetzten Prinzip umfassender Rechtsfähigkeit dem anarchischen Umgang mit der Natur alle Möglichkeiten öffnet, weil es individuelle Interessen jenseits der gesellschaftlichen Gebrauchsqualität des Naturverhältnisses rechtsförmig legitimiert; daß (b) die Folgeschäden nicht über die Änderung der privaten Verfügungsmacht über die Natur an die Verursacher zurückgegeben werden können, sondern staatlich-administrative Ordnungmaßnahmen auf den Plan rufen; und schließlich (c) daß die staatliche Krisenbewältigung an rechtsstaatliche Mittel gebunden ist, denen, wie in der Logik des bürgerlichen Rechts ausgewiesen, die abstrakten Institute des Rechts – Eigentum, Vertragsfreiheit – als dipositionsunfähige Prämissen vorausliegen. Gesellschaftlicher Umfang mit der Natur, dem Privatheit oberstes Prinzip ist, ist von der rechtsstaatlichen Umweltpolitik entkoppelt und zugleich auf deren Ordnungsfunktion angewiesen. Deshalb klafft die für redlich überzeugte Umweltpolitiker so unverständliche Lücke zwischen der gesellschaftlichen Forderung nach staatlichem Handeln zur Umweltsicherung und der privaten Gleichgültigkeit in der Umweltzerstörung. In dieser Struktur ist an keiner

Stelle erkennbar, wie der gesellschaftliche Gebrauchswert der Natur mit rechtsfähigen Mitteln sollte zur Geltung gebracht werden können. Auch das Umweltrecht als staatliches Steuerungsmittel versagt. Dieses Versagen ist nicht zufällig, sondern kann aus der strukturellen Krise des bürgerlichen Rechts verständlich werden. Ich greife dafür auf das Beispiel räumlicher Umweltplanung zurück, weil sie sowohl historisch als auch strukturell zum »klassischen« Gebiet des Umweltrechts gehört.

Die räumliche Umweltplanung kann als paradigmatisches Beispiel für die Problemvernetzung gelten, mit der es jede staatliche Umweltplanung zu tun hat. Da staatliches Handeln innerhalb unseres Systems allein rechtsstaatlich verfahren darf, ist es auf Rechtsmittel verwiesen. Das Recht, soll mit ihm der Umweltfrage gesteuert werden, müßte mit solchen Problemvernetzungen umgehen und flexibel reagieren können. Um ein Bild davon zu zeichnen, welche Aufgaben dabei auf rechtsstaatliches Handeln zukommen und wie groß die Reichweite des Rechts in Wahrheit ist, nenne ich einige Aufgabenfelder und die entsprechenden Versuche der Problemlösung mittels staatlicher Planung.

Der Normalfall räumlicher Planung, der den Begriff Planung kaum verdient, denaturiert zur bloßen Defizitbeseitigung. Der Staat soll hier die aufgetretenen Schwierigkeiten und Engpäße in der Umweltausbeutung durch die Gesellschaft abbauen. Die übermäßigen Umweltbelastungen, mit denen wir in den hochindustrialisierten Ballungsgebieten etwa zu kämpfen haben, entspringen einer konzentrierten und die Belastungsgrenzen der Natur und der psychischen Haushalte überschreitenden Beanspruchung der natürlichen Ressourcen. Das gilt gleichermaßen für die sich verknappenden Energiequellen, für Verkehrsengpässe, für Luftemissionen, Abwasserbelastungen der Flüsse oder den Lärm. Der Staat gibt hier Ordnungsmaßnahmen und Belastungsgrenzen vor, um wenigstens die extremsten Defizite zu mildern. Seine Ordnungsfunktionen erschöpfen sich also in der schlichten Reaktion auf die ökonomischen und sozialen Folgelasten solcher Konzentrationsprozesse. Statt von räumlicher Planung schlage ich vor, in diesen Fällen von Raumverwaltung zu reden, die auf die Folgenbeseitigung überhöhter Naturausbeutung reduziert ist. Die These von der Umweltpolitik als Politik des peripheren Eingriffs spielt auf diesen Sachverhalt an. »Raumplanung« kommt hier durch das mehr oder minder abgestimmte Zusammentreffen unterschiedlichster, weil auf die vielfältigen Umweltgüter abstellender gesetzgeberischer und administrativer Maßnahmen zustande. Selbst noch die ressort-spezifische Aufteilung der Aufgaben, die in Wirklichkeit kooperativ zu lösen wären, gründet in den rechtsförmigen Entscheidungsverfahren unserer Bürokratie, hemmt also eine wirksame Politik. Rechtsstaatliches Handeln folgt der jeweiligen Rationalität bzw. Irrationalität tatsächlicher Umweltausbeutung –einer Rationalität, die dem Kapitalverwertungsprozeß immanent ist. Ordnungsmaßnahmen, normative Belastungsgrenzen der Natur oder Nutzungsverbote greifen also nicht in den ökonomischen Prozeß in dem Sinne ein, daß diesem eine Alternative entgegengesetzt würde, sondern sie formulieren jeweils Rahmenbedingungen, die den Umgang

mit der Natur in die Grenzen einweist, jenseits deren die Natur sektoral zusammenbrechen müßte. Fälle aus dem Gewässerschutz sind augenfällig geworden.[68] Wir können dies im Streit um das Abwasserabgabengesetz ebenso rekonstruieren wie im Fall des Benzinbleigesetzes oder der Kontroverse um die Festlegung von Immissions- oder Emissionsstandards der Luft. In allen diesen Fällen geht es um Belastungsgrenzen, deren Verbindlichkeit auf die Summe der Teilbelastungen bezogen ist, nicht jedoch auf die jeweils individuelle Verursachung abhebt. Was Wunder, daß der politische Versuch, das Verursacherprinzip, also die Internalisierung von Naturbelastungen beim Verursacher durchzusetzen, fehlgeschlagen ist.[69] Man denke hier nur an die technisch-analytische Aufgabe, in den Bereichen Wasser und Luft die Kombinationswirkungen von chemischen Schadstoffen so zu analysieren, daß die jeweiligen Beteiligten bestimmt und im Ausmaß ihrer Beteiligung zur Rechenschaft gezogen werden könnten. Reaktivem Ordnungsrecht sind die Handlungsspielräume von dem tatsächlichen Ausmaß der Naturausbeutung vorgezeichnet, sie sind nicht dispositionsfähig.
Geht es demgegenüber um wirkliche räumliche Planung – um Querschnittsaufgaben, wie es die Planer nennen –, so liegen noch keine irreversiblen Planungsprämissen vor; Sachzwänge scheinen nur rudimentär vorhanden. Planung wäre hier noch als Durchdenken alternativer Entscheidungsvarianten realisierbar. Dies gilt etwa für die staatliche Strukturpolitik in sogenannten strukturschwachen Gebieten. Vielfältige Nutzungserwartungen vor dem Hintergrund unterschiedlicher Zielsetzungen, die gesamtgesellschaftlich gesehen gleichermaßen anerkennungsfähige Ansprüche geltend machen, verlangen vom Staat, Prioritäten zu setzen – und dabei dem ökologischen und sozialen Gleichgewicht Rechnung zu tragen, da andernfalls schon im Planungsstadium defizitäre Entwicklungen angelegt würden. Es liegt auf der Hand, daß solche Planungsaufgaben mit den Mitteln einer bloßen Raumverwaltung, wie ich sie eben skizziert habe, nicht zu lösen sind. Denn es ist vorab nicht auszumachen, welche Umweltressourcen ökonomisch und sozial tatsächlich in Anspruch genommen werden. Im wesentlichen stehen staatlicher Planung deshalb auch nur zwei Mittel zur Verfügung: zum einen der institutionalisierte Zwang zur Umweltverträglichkeitsprüfung – impact statement – raumrelevanter Planungsentscheidungen, zum anderen Anreize für umweltpolitisch erwünschtes Verhalten, also Subventionen, Steuererleichterungen und anderer. Typische Fälle sind die steuerliche Begünstigung produktiver Investitionen in strukturschwachen Gebieten, Subventionen für die Landwirtschaft usw. Typisch für solche Anreize ist aber auch, daß sie keine Verbindlichkeit im Sinne einer rechtlichen Verpflichtung der Adressaten haben. Ihre Akzeptanz entscheidet sich allein nach privatökonomischen Kriterien. Die Reichweite rechtsstaatlicher Maßnahmen scheint hier also sehr begrenzt. Worauf läßt sich dies zurückführen?

---

68 Siehe Flickinger/Summerer, a.a.O.
69 So. R. Supck: Die sichtbare Hand und die Degradierung des Menschen, in: Jenseits der Krise, a.a.O., S. 159.

Wenn nur rechtsstaatliche Mittel zur Verfügung stehen, dann sind staatlichem Handeln die Prinzipien des bürgerlichen Rechts eingezeichnet. Dessen Logik entspricht es, alle Sozialbeziehungen unterschiedslos in rechtsförmige umzuformulieren, um dem vorausgesetzten Rechtsprinzip umfassende Wirkung zu verschaffen. Mit dem Recht wird der Maßstab gesetzt, an dem die Konkurrenz der vielfältigen Nutzungsansprüche gegenüber der Natur zu entscheiden ist. Rechtsstaatliche Umweltpolitik kann also nur die Ansprüche gegenüber der natürlichen Umwelt daraufhin überprüfen, ob und inwieweit die Teilhabe aller Gesellschaftsmitglieder an den Naturressourcen, an Produktion und Bedürfnisbefriedigung rechtsförmig ausgewiesen ist. Das Recht knüpft also an der gesellschaftlichen Form dieser Beziehung an. Um zu verdeutlichen, was das für unser Umweltverhalten bedeutet, erinnere ich an die Wirksamkeitsgrenzen rechtsförmigen politischen Handelns. Letzteres entspricht zwar den Freiheits- und Anerkennungsforderungen des bürgerlichen Rechts, erkauft seine Wirkung aber mit verdinglichten, der ökonomischen Reproduktionsform unterworfenen Gesellschaftsbeziehungen, die sich dem Zugriff des Rechts entziehen und ihrer eigenen Rationalität überlassen sind. Je intensiver rechtsstaatliche Interventionen den Umgang mit der Umwelt organisieren, desto klarer grenzen sie den Spielraum der Macht ökonomischer Rationalität für die gesellschaftliche Umweltausbeutung aus sich aus und geben sie frei. Diesen circulus vitiosus will ich mit der These vom gebrauchswertabstrakten Charakter des rechtsförmigen Umweltverhältnisses und zwar am Beispiel der sogenannten »freien Umweltgüter« erläutern.
Die freie Verfügbarkeit von Naturressourcen – Wasser, Luft, Energie, Grund und Boden – hat sich, für alle in den mannigfaltigen sektoralen Umweltkrisen sichtbar, als Illusion erwiesen. Trotzdem wird die Ausbeutungsstrategie gleichgültig gegenüber den ökologischen und sozialen Ungleichgewichten gemäß der immanenten Logik unseres ökonomischen Systems fortgesetzt. Die Verknappung der Ressourcen überall dort, wo sie sich nicht auf naturgemäße Weise regenerieren können, ist die unausweichliche Folge. In dieser Situation steht die Gesellschaft vor der Frage, wie denn mit den knappen Gütern umzugehen sei. Die Alternative ist reale Geschichte: Die Zuteilung durch den Staat und zentrale Planungsstellen schiene auf den ersten Blick das angemessene Mittel zu sein – ein Verfahren, dem »real existierende Sozialisten« auch für andere Fälle den Vorzug geben, ohne aber, wie sich zeigt, die Umweltausbeutung damit unterbunden zu haben. Zentralstaatliche Zuteilung knapper Naturressourcen ist außerdem nach allem, was uns liberalstaatliche Tradition lehrt, nicht mit rechtsstaatlichen Prinzipien vereinbar. Und die Vorreiter einer Diagnose, die der wachsenden staatlichen Steuerungspolitik im kapitalistischen System auch wachsende Legitimationsdefizite voraussagen (J. Habermas, C. Offe u.a.), beziehen sich letztlich auf den hierzulande erwachsenden anderen Widerspruch. Die rechtsstaatliche Ordnung fordere, indem sie auch staatliches Handeln an das Recht bindet, die Zuteilung der knappen Güter in rechtsförmiger Weise zu betreiben, sie also in rechtsfähige Ansprüche umzuinterpretieren. Zuteilungspolitik ist hier immer nur

und notwendig Verrechtlichungspolitik, weil dem vorausgesetzten Prinzip gemäß das bürgerliche Recht die Instanz ist, die Gleichbehandlung und soziale Anerkennungsbeziehungen verwirkliche. So ist etwa nicht nur das Kapital neuerdings gezwungen, die Kosten für die Wasseraufbereitung und Luftentsorgung in seine Kosten/Nutzen-Rechnung einzubeziehen; auch Gesetzgeber und Verwaltung müssen sie zum Kalkül rechtsstaatlichen Handelns machen. Der Gesetzgebungsboom des letzten Jahrzehnts in diesem Bereich zeugt unmittelbar davon.[70] Sehen wir uns die Wirkungen rechtsförmig gestalteten gesellschaftlichen Umweltverhaltens indes genauer an, so werden die ehedem vermeintlich frei verfügbaren Umweltgüter mit der Rechtsform in Ansprüche von Privatinteressen übergeleitet. Das klingt von dem Interesse aus ganz plausibel, dem zufolge der Verteilungskampf um die vorhandenen Naturressourcen nicht dezisionistisch gelöst werden dürfe, sondern an dem Maßstab zu orientieren sei, dem die Gesellschaft ja immer noch zutraut, Gleichheits- und Anerkennungsformen zur Geltung zu bringen. Dieses Entscheidungsverfahren macht das bürgerliche Recht zum Maßstab; es handelt sich mit diesem Verfahren aber auch die strukturell bedingte Ohnmacht des Rechts ein. Sie ist als Krise des Rechts ungleichzeitig und deshalb an einer ganz anderen Stelle aufsässig, nämlich dort, wo die Natur der ungehinderten Expansion der Produktivkräfte des bürgerlichen Subjekts Grenzen setzt: als Grenze, über die hinaus es nicht auf die Gebrauchsqualität der Umweltgüter reflektiert, sobald diese in Eigentums- und Vertragsbeziehungen vermarktet sind. Der »freie« Zugang zu den Umweltgütern wird in die rechtsförmig gesicherte Freiheit privater Interessen und Ansprüche, ökonomisch betrachtet in die Warenform eingetaucht. War der Logik des bürgerlichen Rechts zu entnehmen, wie Hand in Hand mit ihrem Zugriff auf die Sozialbeziehungen und den gesellschaftlichen Umgang mit der Natur deren Verdinglichung einhergeht, so verdecken die rechtsförmigen Ansprüche, was wir uns mit der Zerstörung der Gebrauchsqualität der Natur an gesellschaftlichen Folgen einhandeln. Diese Frage entscheidet sich hinter dem Rücken des Rechts auf der Basis kapitalmäßiger, verdinglichender Organisation des gesellschaftlichen Naturverhältnisses. Die Verrechtlichung des Umgangs mit der Natur befreit nicht nur den Austausch der Umweltgüter von der Rücksicht auf deren qualitative Momente, sondern ist die Bedingung der Möglichkeit, die Folgen der Umweltausbeutung, also auch die Folgekosten, in die Warenform zu verdrängen. Sobald die angeeignete Natur als Produkt des Kapitalprozesses und als Waren erscheint, lassen sich die Umweltkosten über den Markt verallgemeinern; ein Prozeß, der konsequent die gesellschaftliche Gebrauchsqualität der Natur aus unserem Bewußtsein verabschiedet. Versuche, dem gegenzusteuern und mittels des Verursacherprinzips die Sozialisierung der Umweltlasten abzubauen, leiden ihrerseits noch unter dieser strukturell angelegten Krise unseres Rechts, weil das Verursacherprinzip gegen den

---

70 Vgl. Küppers/Lundgreen/Weingart: Umweltforschung – die gesteuerte Wissenschaft (Frankfurt/M. 1978) mit entsprechenden Nachweisen.

Markt und damit gegen die Vermittlungsinstanz rechtsfähiger Interessen gerichtet ist. Der Streit um das Abwasserabgabengesetz und dessen geringe Erfolgsquote bezeugen das.[71] Allein das Kriterium ökonomischer Rationalität, nicht rechtsstaatliche Mittel entscheiden, wie lange die Strategie der Externalisierung von Umweltkosten sektoral jeweils Erfolg hat.

Rechtsförmig betriebene Umweltpolitik fördert eher die Rationalität ökonomischer Umweltausbeutung und -zerstörung, als das gesellschaftliche Umweltverhalten neu orientieren zu helfen. Darin wirkt sie kontrafaktisch gegenüber der mit ihr verbundenen Absicht. Auch wo, wie im Fall der Raumplanung, nicht nur Defizitbeseitigung betrieben wird, ist rechtsstaatliche Planung darauf angewiesen, sich der kapitalmäßigen Logik auszuliefern. Subventionen etwa müssen »sich lohnen«, um das erwünschte Verhalten durchzusetzen. Vor diesem Hintergrund wird auch plausibel, wie gesamtgesellschaftlich gesehen das Umweltrecht keine grundlegende Revision der Ausbeutungsstrategie gegenüber der Natur erreicht. Die Erfolgsmeldungen, die allenthalben offiziell zu vernehmen sind, verdrängen den Sachverhalt, daß mit dem Umweltrecht eine Politik der bloßen Umverteilung der Krisen stattfindet, um die politisch brisanten Wahrnehmungsschwellen gegen solche einzutauschen, die noch nicht auf der politischen Tagesordnung stehen. Das gilt für das Benzinbleigesetz genauso wie für die Stadtplanung, für die Energiepolitik oder die staatliche Strukturpolitik. Mir scheint, daß die außerparlamentarischen Initiativen von Betroffenen, hierzulande als Bürgerinitiativen schon begriffskonform mit dem System etikettiert, allein aus der Sensibilität für diese Vorgänge ihr politisches Eigengewicht gewinnen.

Die eingangs geäußerte Vermutung, der zufolge die rechtsstaatlichen Instrumentarien als Steuerungsmittel für den gesellschaftlichen Umgang mit der Natur versagen, weil sie den Wirkungsgrenzen des Rechts aufsitzen, scheint realistisch zu sein. Sie ist aufgrund von Überlegungen bestätigt, die nicht von einer alternativen Prämisse her argumentieren, sondern der immanenten Logik rechtsstaatlichen Handelns erwachsen. Zwar bleibt die reduzierte Wirkungsfähigkeit des Umweltrechts den Beteiligten, also den staatlich-politischen Instanzen und den – im Guten wie im Bösen – Betroffenen immer weniger verborgen, weil das Krisenpotential des herrschenden gesellschaftlichen Umgangs mit der Natur wächst und als solches zum Bewußtsein kommt – wovon jüngst die Kritik am fetischisierten Wachstumsglauben (u.a. G. Picht) zeugte. So chancenreich dieses Bewußtsein für den sich ändernden Umgang mit der Natur erscheint, so blind ist es gegenüber den strukturbedingten Grenzen, die ihm mit seiner Umformulierung in rechtsfähige Beziehungen gesetzt werden. An zwei Beispielen möchte ich zeigen, wie Gesellschaft und Staat, wie also die Tauschförmigkeit des Marktes und staatliche Interventionspolitik auf das Ungenügen ihrer Mittel hereinfallen.

---

71 Vgl. die Kontroverse zwischen Bund und Ländern, die zuletzt in: Umwelt –Informationen des BMI, Heft 72, S. 6 angesprochen wurde.

Ich hatte schon angedeutet, daß die Bürgerinitiativbewegung dort, wo sie sich gänzlich im Rahmen rechtsfähiger Interessenvertretung bewegt, nur minimale Wirkungschancen besitzt. Ihre Halteaktionen sind dadurch charakterisiert, die jeweils gegebenen förmlichen Rechtsmittel – z.B. Einsprüche, Klagemöglichkeiten, passiver Widerstand – auszuschöpfen, die unmittelbar Betroffenen dazu zu ermuntern und soweit möglich finanzielle und ideelle Hilfen anzubieten. Um dies effektiv zu tun, formieren sie sich vorzugsweise in den vom Recht angebotenen Organisationsformen, d. h. eingetragenen Vereinen, Verbänden usw. Dies garantiert ihnen rechtliches Gehör. Die kommunalpolitische Szene, zumal in ökologisch besonders gefährdeten und ressourcenknappen Kommunen und Regionen, bietet dafür eine Vielzahl von Fällen. In die vorhandenen privatrechtlichen Organisationstypen eingebildet und möglicherweise bald mit dem Rechtsmittel der Verbandsklage ausgestattet[72], sind sie auf Interessengruppen reduziert, die sich wie jeder andere privatgesellschaftliche Verband auch der Konfliktformen unseres Rechtssystems bedienen. Ihre Interessen sind auch als inhaltlich überzeugendere Alternativen den gesellschaftlich konkurrierenden gleichgeordnet, reprivatisiert und damit politisch entmachtet. Was bleibt, ist die Möglichkeit der politischen Instanzen, sich von der Verantwortung für die Inhalte der jeweiligen umweltrelevanten Entscheidungen zu entlasten. Sie sind dem Kalkül der Privatheit dediziert. Die »reprivatisierten« Bürgerinitiativen geraten in das selbstwidersprüchliche, aber ihnen unbewußte Verhaltensmuster, ihre inhaltlichen Alternativvorstellung rechtsfähig einzukleiden, obwohl sich diese Alternativen gerade aus der Unfähigkeit, weil beschränkten Reichweite des Rechts ableiten lassen. Der Staat seinerseits kann in diesem Prozeß seinen rechtsstaatlichen Anspruch wahren, weil er die politischen Entscheidungen an den pluralistisch erscheinenden Interessenmarkt der bürgerlichen Gesellschaft zurückgibt und nicht gegen die Rationaliät gesellschaftlicher Privatheit verstoßen muß.
Gegen diesen Typus außerparlamentarischer, in den Marktmechanismus des Interessenausgleichs zurückfallender Opposition wandten schon J. Habermas und U. Bermbach frühzeitig ein, er fördere eher die Massenloyalität in der Krise, denn die Krisenfolgen als Legitimationskrise und damit, wie ich ergänzen möchte, als Krise des bürgerlichen Rechts sichtbar zu machen und politische Folgen zu erwägen. Diese Kritik, Hand in Hand mit den Erfahrungen politischer Ohnmacht, treibt die außerparlamentarischen Initiativen in ein unvermeidliches Dilemma: zum einen in bewußte Regelverletzungen, also in die offene Konfrontation auf der Ebene politischen Handelns, mit ihrer Kriminalisierungsgefahr; zum anderen in Enklaven rechtsförmig noch nicht erfaßter und subsumierter gesellschaftlicher Lebensbereiche, mit der Gefahr, den politischen Kontext zu verlieren. Für den ersten Fall stehen die Bürgerinitiativen gegen den Bau von Atom-

72 Das würde bedeuten, daß die bisherige Rechtsprechung des Bundesverfassungsgerichts – vgl. BVerfG E 16, S. 158 – geändert und neue gesetzliche Grundlagen geschaffen werden müßten.

kraftwerken, die begrenzte Regelverletzungen zur Bedingung haben, um die öffentliche Aufregung in ein politisch wirksames Bewußtsein auf breiterer Front umzulenken. Für den zweiten Fall sei hier nur auf die Alternativbewegung verwiesen, die ökonomisch und sozial sich aus dem rechtlich durchstrukturierten Gesellschaftsraum zurückzuziehen versucht, deren zentrales Problem jedoch ist, wie weit sie immer noch institutionell vorgeformte Grenzen in ihr Kalkül einbeziehen soll.[73] Kriminalisierbare Regelverletzung oder Flucht in die Regelvermeidung, das ist auf den verkürzten Nenner gebracht die Perspektive, mit der Teile der Gesellschaft der Omnipräsenz und dem Herrschaftsanspruch, aber auch der Ohnmacht des Rechtssystems begegnen. Beide Varianten teilen eine Voraussetzung: Sie stellen den Folgen der gesellschaftlichen Ausbeutungsstrategie gegenüber der Natur eine Alternative entgegen, die, indem sie den rechtsförmig geförderten Fortschrittsfetischismus zum Abdanken zwingen soll, die konstitutive Rolle der — äußeren wie inneren – Natur für die gesellschaftliche Reproduktion ins Bewußtsein zurückrufen. Beiden Varianten droht aber auch dieselbe Gefahr, nämlich von dem Prozeß der Verrechtlichung unserer Sozialbeziehungen eingeholt zu werden; im ersten Fall durch eine erweiterte und normal legalisierte Ordnungs-und Repressionsmacht des Staates, im zweiten durch die Macht des Marktes, der sich auch die alternativen Lebensformen mit rechtsförmigen Mitteln anzueignen und dem expansiven Ausbeutungsinteresse des Kapitals zuzuführen versucht. »Die Alternativen« werden schon im Büchermarkt zu Rennern des Umsatzes.

Rechtsstaatliche Umweltpolitik, auf die sich mein zweites Beispiel bezieht, beginnt zwar, sich der Grenzen ihrer Wirksamkeit bewußt zu werden, kann aber deshalb nicht ihre Voraussetzungen außer Kraft setzen. Hier läßt sich verständlich machen, welche beschränkten Handlungsmöglichkeiten staatlichen Interventionen im Umweltsektor offenstehen, um trotz der relativen Ohnmacht ihrer Rechtsmittel die Krisenfolgen noch in den Griff zu bekommen. Wenden wir uns etwa den staatlichen Steuerungsversuchen im Bereich der Energiepolitik zu, so spiegelt sich in den verschiedenen Auffassungen das Dilemma wieder, in das die rechtsstaatlich verpflichtete Umweltplanung ihrerseits hineinsteuert. Auf der einen Seite ist der Markt als selbstregulierendes, weil über das Geld zentral gesteuertes System beschworen. Dieser klassisch liberalstaatlichen Auffassung liegt die Hoffnung zugrunde, daß die Energieausbeutung sowohl ihre Primärkosten als auch die Umweltfolgekosten in den Markt integrieren kann. Solchermaßen müsse die Ausbeutungsstrategie gegenüber der Natur an der Vermittlungsinstanz des Geldes ihren Maßstab finden. Naturausbeutung werde zum Moment des ökonomischen Kalküls und verhindere gerade dadurch, die Umweltausbeutung über die Grenzen der ökonomischen Reproduktionsfähigkeit hinauszusteuern. Abgesehen davon, daß der Markt die Externalisierung der Umweltfolgekosten gerade

---

73 Vgl. die Materialien zur Alternativen Ökonomoie, a.a.O., nebst den kritischen Anmerkungen von R. Schwendter.

motiviert, unterstellt dieses Konzept, alle relevanten Faktoren ließen sich geldförmig quantifizieren. Wie wenig dies etwa für den Verlust sozialer Qualitäten gilt, zeigen nicht nur der verheerende Anstieg des Drogenkonsums und der psychophysischen Erkrankungen sowie die um sich greifende Stigmatisierung sozialer »Randgruppen«. Selbst die Logik ökonomischer Kalkulation ist bislang nicht in der Lage anzugeben, wie soziale Qualifikationsmerkmale vollständig in ökonomische Kategorien, insbesondere in Geldwerte übersetzt werden könnten. Daß wir uns noch mit solchen Begriffen wie dem der Lebensqualität, des sozialen Glücks usw. behelfen, deutet darauf hin, daß hier auch subjektive Momente hineinspielen, die sich der Verobjektivierung im Sinne der Ökonomie entziehen. Wenn dies richtig ist, dann kann Umweltpolitik über die Stärkung des Marktes allein auf Geldwerte zurückführen und läßt die qualitative Seite der Sozialbeziehungen außer Betracht. Diesen Zynismus verdanken wir der diagnostizierten gebrauchswertabstrakten Funktionsweise des Rechts.
Wird der staatlichen Umweltpolitik, die den gesellschaftlichen Umgang mit der Natur über den Markt steuern will, diese Gleichgültigkeit vorgehalten und damit der Loyalitätskonflikt der Betroffenen angedroht, dann kann der Staat andererseits nur mit repressiver Toleranz reagieren, um seinen rechtsstaatlichen Charakter nicht zur Disposition stellen müssen. Das heißt, er muß den Konflikten Freiräume gewähren, ohne deren rechtsförmige Verarbeitung prinzipiell in Frage stellen zu dürfen. In Verlängerung der Diagnose von C. Offe, wonach das Konfliktpotential der Bürgerinitiativen wesentlich aus dem Verlangen entspringt, anstelle der erzwungenen individuellen Reproduktion die kollektive zu reklamieren[74], zieht staatliche Steuerung Teilfunktionen gesellschaftlicher Interessenkonflikte aus dem unmittelbaren gesellschaftlichen Konfliktfeld heraus und dediziert sie peripherer und deshalb relativ autonom erscheinender Willensbildung. Das System ist darauf angewiesen, um trotz der Ungleichzeitigkeit der Krisen seine gesellschaftliche Legitimationsbasis zu stabilisieren. Ich verweise hier nur auf die Erfahrungen, die wir mit der Betroffenenbeteiligung in der Kommunalplanung, insbesondere in Sanierungbereichen machen.
Die beiden hier kurz umrissenen Perspektiven für eine Umweltpolitik, die sich mit der Selbstverpflichtung auf das bürgerliche Recht nicht dessen Schranken und der Rationalität kapitalmäßiger Reproduktionsformen entziehen kann, bleiben also funktional immer noch auf Rechtsstaatlichkeit verpflichtet – und geben den gesellschaftlichen Umgang mit der Natur der Ausbeutungsstrategie preis. Wenn Konsequenzen aus den vernichtenden Folgen dieser Strategie zu ziehen sind, dann wäre auch das Tabu des bestehenden Netzwerks rechtsförmiger Ansprüche und Erwartungshaltungen zu durchbrechen. Mit der Korrespondenz zwischen ökonomischer Ausbeutung und Entmachtung der Natur wird auch die Gleichgültigkeit des bürgerlichen Rechts als deren Formkorsett denunziert. Ei-

74 C. Offe: Strukturprobleme des kapitalistischen Staates, 3. Auflage (Frankfurt/M. 1975).

ner Neuorientierung im gesellschaftlichen Umgang mit der Natur fiele auch die immanente Logik des bürgerlichen Rechts, mithin auch sein Herrschaftsanspruch zum Opfer, wenn es nicht gelingt, diejenigen dem Recht inhärierenden Momente fruchtbar zu machen, die über dessen eigene Prinzipien hinausweisen. Ich denke dabei u.a. an Fragen der Genossenschaftsbewegung, die mögliche Trennung von Besitz und Verfügungsmacht als Momenten des Eigentums. Diese Diskussion steckt aber noch in ihren Anfängen.[75]

75 Siehe die Materialien zur Alternativen Ökonomie, a.a.O.

2. Die soziale Planung der Tauschfähigkeit

Der Krise der Herrschaft des bürgerlichen Rechts, hinter dessen Rücken sich die ökonomische Rationalität unserer kapitalförmigen Reproduktion ausbreitet, verfällt auch ein zweites politisch brisantes Problemfeld in unserer Gesellschaft: das der sozialpolitischen Defizite. Entgegen dem Vertrauen in die Krisenregelung des Marktes erzeugt dieser selbst ein sich erweiterndes Spektrum sozialer Probleme. Da es dabei häufig um ganz neuartige Krisenerfahrungen geht, auf die die gängigen Mittel zur Abhilfe nicht zugeschnitten sind – man denke etwa an die Drogenfrage, das Ausländerproblem, die Entsozialisierung der alten Menschen –, hätte rechtsstaatliche Sozialplanung ein besonderes Maß an Innovationsfähigkeit zu entwickeln, um über notdürftige Folgenbeseitigung hinauszugelangen. Wie wenig dies wegen der Ohnmacht unseres Rechts gelingen kann, lehrt uns schon die Geschichte und im Rückblick auf sie die gegenwärtige soziale Interventionspraxis des Staates.
Zum Erfolg der bürgerlichen Revolutionen ist zu rechnen, die Dynamik des aufstrebenden Bürgertums und der industriellen Produktivkräfte von den Schranken feudaler Sozialbeziehungen befreit zu haben. Dies gilt uneingeschränkt für den Bereich der ökonomischen Reproduktionssphäre, auch wenn insbesondere auf der staatlich-institutionellen Ebene feudale Restbestände wirksam geblieben sind.[76] Dem ökonomischen Erfolg korrespondierte andererseits die klassenmäßige Differenzierung der Gesellschaft, mithin auch Armut und massenhaftes Elend. Der Euphorie des an die Macht gekommenen Kapitals im 19. Jahrhundert entsprach es, Elend und Armut als zwar bedauerliche, aber störende Faktoren einer ansonsten intakten, weil ökonomisch erfolgreichen Gesellschaftsordnung zu betrachten und zu behandeln. Die »ordnungswidrigen« Zustände, der aus dem Elend erwachsene soziale Unfriede und revolutionäre Aktionen des Proletariats waren deshalb bis in die zweite Hälfte des vergangenen Jahrhunderts hinein Gegenstand bloßer ordnungspolizeilicher Maßnahmen; Armenpolizei, Arbeitshaus usw. übten denn auch unmittelbaren Zwang gegenüber den Besitzlosen und deshalb auch Rechtlosen aus. Von staatlicher Sozialpolitik in dem uns vertrauten – oder mißtrauten – Sinne war nicht die Rede. Sie reduzierte sich vielmehr auf Zwangsmaßnahmen und unmittelbare Eingriffe in die Lebenssphäre der »Störer«. Der Begriff des Störers im modernen Polizeirecht etwa reicht in diese Tradition zurück. Einem solchen Verständnis der sozialen Defizite gemäß bedurfte es keiner Instrumente für eine soziale Umverteilungspolitik im Sinne des heutigen Sozialstaates.

76 So U. Sonnemann in: Der mißhandelte Rechtsstaat (Köln 1977).

Erst mit der Erfahrung, daß die solchermaßen Betroffenen wegen der wachsenden Differenz zwischen Armut und Reichtum, also der Differenz auch zwischen ideologischem Anspruch und wirklichem Versagen des Systems, zum unmittelbaren Gefährdungspotential der kapitalistischen Gesellschaftsordnung heranreiften und in der Arbeiterbewegung erstmals ihre kollektive Macht und die Machtanfälligkeit des Systems demonstrierten, stand eine Kehrtwendung in der Sozialpolitik zur Debatte. Die unmittelbar repressiven Eingriffe in die Individualsphäre waren dysfunktional geworden. An die Stelle gewaltförmiger Unterdrückung mußten staatliche Leistungsangebote treten, um die jeweiligen Disparitäten zu nivellieren. Eine Bedingung konnte dabei allerdings nicht ignoriert werden, sollte der Erfolg der ökonomischen Befreiung des Bürgertums anhalten: Die kapitalistischen Expansionschancen durften von einer solchen Wende nicht beeinträchtigt, der ökonomische Selbstlauf also nicht mit den von ihm selbst verursachten Folgekosten belastet werden. Das bedeutete, dem Staat die soziale Frage zu dedizieren. Er hatte Mittel zu finden, die nicht zugleich als Schranken für den Kapitalverwertungsprozeß wirksam würden. Deshalb griff er auf die Mittel des bürgerlichen Rechts zurück, schien es doch die einzige Instanz zu sein, um die erforderliche staatliche Befriedungsstrategie in den Rahmen der vorausgesetzten Vergesellschaftungsprinzipien zu stellen.

Historisch gesehen könnte man als Erfolg der Arbeiterbewegung verbuchen, daß die sozialpolitische Frage sich statt mit unmittelbar repressiven Maßnahmen nunmehr mit dem Zugeständnis subjektiver Rechtsansprüche auf soziale Leistungen beantworten ließ – ein historischer Erfolg auch dann, wenn wir berücksichtigen, daß die Sozialversicherung und später auch die Arbeitslosenversicherung nach dem Modell der Gefahrengemeinschaft konzipiert wurden; ein Modell, das die ökonomischen Folgelasten bei den Betroffenen internalisiert, indem Leistungen der versicherungspflichtigen Lohnabhängigen unter diesen selbst umverteilt werden und der Staat nur begrenzte Garantien übernimmt.[77] Mit dieser neuen Strategie, der sozialen Defizite Herr zu werden, stellten sich erstmals zwei Fragen: erstens, wie sich der bürgerlich-liberale Staat als Rechtsstaat zu den ihm nun überlassenen Aufgaben verhält, sozialpolitische Folgeprobleme der kapitalistischen Wirtschaftsordnung in den Griff zu bekommen; und zweitens, welche Bedeutung der Umstand hat, daß Sozialpolitik mit Rechtsmitteln betrieben wird und der Logik des bürgerlichen Rechts ausgeliefert ist.

Eine eindeutige Antwort auf diese Fragen läßt sich auch aus der gegenwärtigen Verfassungsdiskussion – hundert Jahre nach der Bismarckschen Sozialgesetzgebung – nicht entnehmen. Im Gegenteil ist mit der wachsenden Bedeutung und Vielfalt staatlicher Interventionen im sozialpolitischen Feld deren dogmatische Zuordnung schwieriger geworden. Das gilt vor allem für diejenigen Bereiche, die von der Sozialplanung besetzt werden wie stadtteilbezogene Sozialarbeit, kom-

---

77 Vgl. hierzu die informative Übersicht des BMA: Soziale Sicherung (Bonn 1977), die dieses Prinzip an den einzelnen Versicherungsbereichen ausführlich darstellt.

munale Kulturarbeit, Beratung oder Therapie. Der Streit um das Verhältnis zwischen den Prinzipien der Rechts- und Sozialstaatlichkeit hält die Verfassungsinterpreten in Atem, weil mit dieser Entwicklung die Frage in den Vordergrund rückt, wie weit der sozialpolitische Einfluß des Staates das liberale und autonome Prinzip privater Vergesellschaftung unterläuft und damit auch die Logik der Rechtsförmigkeit unserer Gesellschaft verändert. Die Aussagen reichen von der These, »daß die Unterscheidung und organisatorische Sonderung von Staat und Gesellschaft eine Bedingung individueller und gesellschaftlicher Freiheit, mithin eine bedeutende politische Kulturleistung« sei und deshalb nicht aufs Spiel gesetzt werden dürfe, bis zu der These, »daß es sich bei der Trennung von Staat und Gesellschaft auch in der Form der nur relativen Trennung um einen spezifisch deutschen Irrweg handele, der sich der Fundamentalpolitisierung entgegenstelle und zur Freiheitssicherung nichts beitrage».[78] Aus dieser unterschiedlichen Einschätzung folgen denn auch verschiedene Interpretationen der neuesten Entwicklung. Sie ist davon geprägt, daß das Sozialstaatsprinzip in das Kalkül des Rechts politischen Handelns eindringt, selbst also einem Verrechtlichungsprozeß ausgesetzt ist und zugleich Tendenzen der Dequalifizierung der Individuen zur bloßen Dispositionsfähigkeit fördert. »Im Zeichen des Sozialstaates ist schließlich die Autarkie der bürgerlichen Gesellschaft aufgehoben. In ihm wird die gemeinsame Ausrichtung aller privaten und öffentlichen Interessen vom Leitbild der sozialen Gerechtigkeit gefordert.« In dieser These J. Isensees scheint die soziale Gerechtigkeit zur nivellierenden Instanz des Gemeinwesens emporgejubelt, ohne daß nach dem Preis gefragt würde, der dafür zu zahlen ist. Ihr wird entgegengehalten, das Grundgesetz habe »dem Sozialstaat nicht einfach freies Feld eröffnet, sondern — bewußt — Rechtsstaat und Sozialstaat nebengeordnet, d. h. in ein Verhältnis rechtlicher Verknüpfung und wechselseitiger Begrenzung gestellt. Die auf Daseinsvorsorge, sozialen Ausgleich und soziale Umverteilung zielenden sozialstaatlichen Aktivitäten, zu denen Gesetzgeber und Verwaltung ermächtigt und aufgerufen sind, dispensieren nicht von den Anforderungen des Rechtsstaates« (E. Forsthoff). Und E.W. Böckenförde, einem intimen Kenner dieser Diskussion, drängt sich die Frage auf, ob Gesellschaft und Staat nicht historisch schon, nämlich am »Übergang vom bürgerlichen Rechtsstaat zum modernen Sozialstaat«, bereits einander näher gekommen seien. Er fragt: »Kann die zunehmende Steuerung der wirtschaftlichen und sozialen Abläufe durch den Staat, die wachsende Regulierungs-, Ausgleichs- und Verteilergesetzgebung zum Zwecke der Relativierung sozialer Spannungen und der sozialen Ungleichheit, das stets weiter ausgreifende Vorhalten lebenswichtiger Dienst- und Vorsorgelei-

78 Diese Kontroverse ist von E.W. Böckenförde in: Staat und Gesellschaft (Darmstadt 1976) vorzüglich dokumentiert. Sie reicht von seiner eigenen These, der Staat müsse der sozialen Ungleichheit entgegenwirken, bis zu U.K. Preuß„ Diagnose, die politische Einheit »sei Ergebnis eines Prozesses, in dem die für die gesamtgesellschaftliche Reproduktion notwendigen menschlichen Leistungen in einen Wirkungszusammenhang gestellt werden«.

stungen durch den Staat etwas anderes besagen, als daß die organisatorische Unterscheidung und Trennung von Staat und Gesellschaft fortschreitend unterlaufen wird und sich damit selbst auflöst?«

Ich dokumentiere diesen Streit, weil er ein Indiz für Ratlosigkeit ist. Und wenn sich die bis dato kompetenten Fachleute wie die hier aufgeführten nicht einigen können, so möchte ich an meiner Strategie festhalten, hinter solchen auseinanderstrebenden Kontroversen nach der Leistungsfähigkeit der vorausgesetzten Prinzipien zu suchen, die von den Kontrahenten nicht zur Disposition gestellt sind. Ich schlage deshalb vor, das Verhältnis zwischen Rechts- und Sozialstaatlichkeit vor dem Hintergrund der rechtsförmigen Rahmenbedingungen staatlichen Handelns, also auch seiner begrenzten Reichweite zu interpretieren, die sich der Logik der Vernunft des bürgerlichen Rechts verdankt. Die zunehmende Verrechtlichung auch der sozialen Dienstleistungen, die wir allenthalben nicht mehr nur in der Leistungsverwaltung, sondern ebensosehr in der Sozialplanung antreffen, spricht dafür, sich dieser Frage zu stellen. Die mit der Verrechtlichung der Sozialbeziehungen geförderte Abstraktionsleistung hätte die immanente Reichweite bzw. Hilflosigkeit der sozialstaatlichen Interventionen in den privatgesellschaftlichen Bereich zur Sprache zu bringen. Insofern folge ich der Vermutung H.H. Hartwichs, das eigentlich entscheidende Problem jedes Sozialstaatsmodells liege in der Weise, wie es mit den gesellschaftlichen und wirtschaftlichen Grundverhältnissen umgehe; ich suche jedoch die Gründe im Rechtsprinzip, weil ich seine einleitende Alternative nicht mitmachen kann, das Sozialstaatspostulat sei entweder durch sozialpolitische Korrekturen und Ausgleichsinterventionen auf der Basis gegebener Besitz- und Statusverhältnisse zu verwirklichen oder durch die Veränderung der überkommenen Besitz- und Statusverhältnisse mit den Mitteln des demokratischen Staates.[79] Diese Alternative führt in die Enge ideologischer Kontroversen, ohne die Strukturprobleme offenlegen und auf die Ambivalenz dieser Entwicklung aufmerksam machen zu können.

Wenn unsere Verfassung dem sozialen Rechtsstaat das Wort redet und bedeutend gewordene, weil vielzitierte Verfassungskommentatoren behaupten, »der Staat des Grundgesetzes ist nicht nur ein sozialer Rechtsstaat, sondern er ist auch ein rechtsstaatlicher Sozialstaat« (Maunz-Dürig-Herzog), dann mögen darin zwar neben der Äquivokation politische Optionen gehandelt sein, die sich allein aus vorausgesetzten Ansprüchen, nicht aber an der sozialen Realität legitimieren. Die Chancen, solche Ansprüche zu verwirklichen, hängen davon ab, wie die Mittel, über die sozialpolitisches Krisenmanagement verfügt, wirken und wie weit sie reichen.

Der schon erwähnte historische Wendepunkt sozialstaatlicher Interventionen, der an die Stelle unmittelbar repressiver Maßnahmen rechtsförmige Ansprüche

79 Vgl. ausführlich hierzu H.H. Hartwich: Sozialstaatspostulat und gesellschaftlicher Status quo (Köln 1970).

ins Zentrum rückte, blieb als wesentlicher Teil sozialstaatlicher Dienstleistungen bis heute wirksam, aber eben nur als Teilbereich. Auf ihn bezogen reden Sozialrechtsexperten von der »Ökonomisierung und Verrechtlichung in der Sozialpolitik«.[80] Das Prinzip geldwerter Leistungen verliert jedoch neuerdings immer mehr an Bedeutung zugunsten von Leistungsangeboten, die eher präventiv auf die gesellschaftliche Wertigkeit der Individuen, auf ihre Mobilität und Dispositionsfähigkeit abzielen. Ich erinnere hier nur an die staatlicherseits akquirierten Sozialisationsprozesse, die den privaten Instanzen der bürgerlichen Gesellschaft entzogen werden. Diese Erfahrung ist aktuell Gegenstand heftiger sozialpolitischer Auseinandersetzungen.[81] Auffällig ist jedoch, daß in allen Diskussionen am Prinzip der Verrechtlichung unterschiedslos weiter gefeilt wird und dessen Dynamik ungefragt fortwirken kann. Das läßt darauf schließen, daß zwar die Form der sozialstaatlichen Leistungsangebote nicht mehr nur auf Geldwerte festgelegt ist, ja sie in manchen Bereichen als dysfunktional anerkannt sind, daß aber auf den Verrechtlichungsprozeß nicht verzichtet werden kann. Welcher Logik bürgerlicher Vergesellschaftung entspricht und welche Folgen hat dieser Verrechtlichungsprozeß? Liegt es nicht nahe, zunächst über die konkrete Reichweite staatlicher Sozialpolitik Rückschlüsse auf den Streit um das Verhältnis zwischen Rechts- und Sozialstaatlichkeit zu ziehen?

Betrachten wir die heutige Sozialpolitik innerhalb unseres Systems – das ich trotz mancher Ungleichzeitigkeiten hier als bürgerliche Gesellschaftsordnung sehe – hinsichtlich des Gegenstandsbereichs, in den sie hineinwirkt und mit dem sie umgeht, so stoßen wir auf unterschiedliche, aber durch die kapitalbeherrschte Reproduktionsform mehr oder minder unmittelbar hervorgebrachte und gezeichnete Defizite wie ungleiche Einkommensverteilung, Arbeitslosigkeit, Bildungsdefizite usw. Soziale Defizite geben periodisch verschoben und schwerpunktmäßig von der jeweiligen politischen Merklichkeitsschwelle abhängig immer wieder politischen Zündstoff, weil ihre Erfahrung allzu offensichtlich in Widerspruch mit dem Versprechen des herrschenden Rechts tritt, soziale Anerkennungsbeziehungen und Gleichheit innerhalb der Gesellschaft zu realisieren und gleiche Chancen der Partizipation am gesellschaftlichen Reichtum zu sichern. Obwohl es Arbeitslosigkeit, Armut usw. auch in vorkapitalistischen Gesellschaften gegeben hat – und sie auch in denen des »real existierenden Sozialismus« Realität sind, – sind sie vor dem Hintergrund des ideologischen Anspruchs als Erscheinungsformen und Folgen der Kapitalherrschaft zuzuordnen. Der Widerspruch kann nicht nur ein bloß äußerlicher sein, weil er offenbar auch die Verrechtlichungstendenzen der Sozialpolitik motiviert. Wir tun also gut daran, uns zu den Grundlagen des Gesellschaftssystems zurückzuwenden. Die Analyse richtet sich

80 So Florian Tennstedt in: Staatliche Politik im Sozialsektor, hrsg. von A. Murswieck (München 1976).

81 Vgl. zuletzt Christoph Sachße: Über den Zusammenhang von Sozialisation, Recht und Staat, in: Neue Praxis, Heft 1/1979.

auf die Logik des Systems, der sich die Sozialpolitik verpflichtet und von der wir gerade sollten erwarten können, daß ihr Strukturierungspotential die vorausgesetzten Prinzipien der sozialen Gleichheit und Anerkennung einlöse.
Soziale Ungleichheit und Ohnmacht mittels des Rechts zu bearbeiten zwingt dazu, die defizitären Sachverhalte und die sozialen Krisenerscheinungen in den vom Recht angebotenen Strukturen aufzuheben. Der zu beobachtende Prozeß zunehmender Verrechtlichung in der Sozialpolitik kommt nicht überraschend, da er ja nur der Logik des Rechts sozialer Anerkennung folgt. Darüber braucht sich niemand zu wundern, wohl aber über den Umstand, daß es die »großartige Sozialpolitik der BRD« (Maunz) nachgerade mit immer neuen, nicht in den traditionellen Erscheinungsbildern von sozialer Ungleichheit und Elend auftauchenden Problemen zu tun bekommt: Strukturelle Arbeitslosigkeit, Dequalifizierung traditioneller Berufe, Drogenprobleme, psychiatrische Versorgung, Altenfrage, Ausländer usw., kurz Problemfehler, die gemeinhin mit dem diffamierenden – und schon rein quantitativ gesehen zynischen – Begriff der sozialen Randgruppen etikettiert sind. Angesichts dieser Erfahrungen liegt es nahe, das Recht als Instrument zur Krisenbereinigung für untauglich zu halten. Ich möchte in diesem Zusammenhang zunächst nur davon reden, daß staatliche Sozialpolitik auf die Funktion beschränkt ist, soziale Defizite innerhalb der Gesellschaft umzuverteilen.
Wie schon angedeutet, liegt der eine Schwerpunkt der Sozialpolitik, der traditionellere, in der Umformulierung von repressiven Maßnahmen in Rechtsansprüche. »Vorherrschend sind in dem als Sozialpolitik bezeichneten Gesellschaftsprozeß nicht die Sozialverhältnisse, vielmehr wird das Soziale primär unter ökonomische Denkmodelle reduziert, wodurch unzulänglich auf die konkrete Mannigfaltigkeit der Lebenssachverhalte reagiert wird«. F. Tennstedts Klage richtet sich gegen das Unvermögen der gängigen rechtsstaatlichen Sozialpolitik, die inhaltlich-qualitative Seite der je zu verarbeitenden konkreten Sachverhalte zur Kenntnis zu nehmen und darauf einzugehen. Mir scheint, dieser beklagenswerte Sachverhalt ist die schlichte Kehrseite des Verrechtlichungsprozesses, der auch in der staatlichen Sozialpolitik um sich greift. Ökonomisierung als Quantifizierung und Verrechtlichung als Anerkennungsbeziehung in diesem Sektor sind die sich ausschließenden, aber dem System offenbar notwendig zugehörenden, weil konstitutiven Rationalitätsprinzipien. Die Ökonomisierung der Sozialpolitik ist möglich, weil die eingesetzten rechtsstaatlichen Mittel den inhaltlich-qualitativen Momenten der defizitären Sozialbeziehungen gleichgültig gegenüberstehen und von ihnen nachgerade abstrahieren. Dies ist die Bedingung dafür, daß sie quantifizierbar sind, also ökonomischer Berechnung offenstehen. Was uns aus der Logik des bürgerlichen Rechts als Gebrauchswertindifferenz rechtsförmiger Regelungen in Erinnerung ist, führt im Rahmen der sozialstaatlichen Interventionspolitik, die auf Rechtsansprüche der Betroffenen angelegt ist, zu fatalen Folgen: Mit der Verrechtlichung sozialpolitischer Eingriffe, mit der Umformung von Not und Elend in rechtsfähige Ansprüche ist erreicht, daß (a) auch soziale Defi-

zite in den Bannkreis des »Vernunftanspruchs« des bürgerlichen Rechs gelenkt und entschärft werden, und (b) der soziale Ausgleich dem ökonomischen Kalkül preisgegeben ist, weil die Rechtsform nicht auf die konkreten Sozialbedürfnisse reflektieren kann. Ich nehme hier den Gedanken wieder auf, der zum Resultat der vorgetragenen Analyse des bürgerlichen Rechts rechnete.

Mit der Verrechenbarkeit sozialer Bedürfnisse und mit ihren ökonomisch kalkulationsfähigen Leistungsangeboten verdrängen die sozialstaatlichen Maßnahmen nicht nur die inhaltliche Seite, sondern machen auch die Genese der sozialen Defizite unkenntlich. Die Rechtsformen, in die die Reaktion eingekleidet ist, führen zu ambivalenten Funktionen. Aus der Perspektive der Betroffenen nehmen sie den Charakter inhaltlich beliebigen Handelns des Sozialstaates an; aus der Perspektive der Leistungsträger ist der Weg frei, ihren eigenen Effizienzkriterien, sei es auch ihren bürokratischen zu folgen. Dieser Gesichtspunkt führt mich im weiteren Verlauf noch auf das Problem der Sozialplanung.

Wenn ich diese These zunächst als richtig unterstellen darf, so haben wir auch ein Argument gewonnen, um über das Verhältnis von bürgerlicher Gesellschaft und Staat angesichts zunehmender sozialstaatlicher Interventionen Auskunft zu geben – und mit ihm über die Reichweite staatlicher Sozialpolitik. Ist Privatheit oberstes Prinzip für die sozialen Beziehungen der Gesellschaftsmitglieder und als solche nicht zu leugnende Vorstufe und Bedingung auch sozialstaalichen Handelns, so kann alle staatliche Sozialpolitik als rechtsstaatlich fixierte nicht am *Recht* der Privatinteressen vorbeisteuern, sondern muß es in ihre Entscheidungen einbeziehen. Die Frage der inhaltlichen Qualifikation und Adäquanz sozialer Bedürfnisse ist mit staatlichen Sozialleistungen nicht entscheidbar, weil das Recht der Privatinteressen in der Gesellschaft hier der sozialen Steuerung Wirksamkeitsgrenzen setzt und ihr die Ebene der konkreten Bedürfnisse tabuisiert. Kann staatliche Sozialpolitik an diesem Faktum nicht vorbei, so gibt sie der kapitalorientierten Rationalität der Vergesellschaftung die Entscheidung frei, welche Maßstäbe sie für das der bürgerlichen Gesellschaft sozialadäquate Verhalten herausbildet; eine Entscheidung, die dann den Bedürfnissen schutzlos preisgeben und die von der herrschenden Macht- und Ohnmachtsverteilung innerhalb der Gesellschaft gesteuert ist. Das gilt sowohl für die Normen sozialen Durchschnittsverhaltens, wie sie etwa bei E. Goffman für die amerikanische Gesellschaft brillant beschrieben sind, als auch für die ausdifferenzierten sozialen Randgruppen, die bei näherem Hinsehen nicht einmal mehr als schlechtes Gewissen der Gesellschaft ernst genommen werden. Sozialpolitik gemäß dem traditionellen Leistungsprinzip ist unfähig, gegenüber der herrschenden gesellschaftlichen Rationalität eine Alternative, mithin anderen inhaltlichen Vorstellungen über soziale Adäquanz und Lebensformen auf die Beine zu helfen. Machen sich wegen der mit der Rechtsform gesetzten Wirkungsgrenze sozialstaatlicher Leistungen die Bedürfnisse ungehindert geltend, die die bürgerlichen Vergesellschaftungsnormen favorisieren, so braucht nun nicht mehr zu wundern, daß rechtsstaatliche Sozialpolitik ursprünglich auf das abstrakteste Instrumentarium

reduziert war, das den Ausgleich sozialer Defizite betreiben kann: reduziert auf Geldleistungen. Wo sie mehr wollte, als rechtfähige Ansprüche zu befriedigen, liefe sie Gefahr, inhaltliche Steuerung gegen die leitenden Prinzipien der bürgerlichen Gesellschaft zu setzen, also dysfunktional zu werden. Der Zweifel, »ob es für den durch Kapitalverwertung bestimmten Produktionsprozeß heute optimal und notwendig ist, als sozialpolitiches Grundprinzip an der Versorgung von Einzelpersonen bzw. kleinen Lebensgemeinschaften, von Familienhaushalten, festzuhalten« (F. Tennstedt), deutet nicht nur auf das Problem hin, sondern auch auf die Versuche, über das Medium Geld hinauszukommen. Die Versuche, die Grenzen rechtsstaatlicher – und damit prinzipiell dem ökonomischen Kalkül offener – Sozialpolitik zu überschreiten, führen denn auch, wie ich noch zeigen werde, in ganz widerspruchsvolle politische Optionen.
Bevor ich diese Frage anhand neuerer Entwicklungen am Beispiel der Beratungs- und Therapieangebote diskutiere, muß ich noch kurz auf die zweite Grenze zu sprechen kommen, die sozialpolitischem Handeln gezogen ist. Der verkürzten inhaltlichen Reichweite rechtsstaatlicher Sozialpolitik korrespondiert nämlich auch eine gleichsam »territorial« begrenzte Einflußsphäre. Dieser Grenze entspricht auch das schon registrierte Faktum, daß staatliche Sozialleistungen traditionell über Geldleistungen, zumindest über geldwerte, also das ausgezeichnete Mittel tauschfähiger Beziehungen, laufen. Dahinter verbirgt sich ein prinzipielles Konstitutionsproblem. Im Gegensatz zu den real existierenden sozialistischen Ländern, die Sozialpolitik als Aufgabe der Organisation des Produktionsbereichs verstehen – weshalb dort z. B. den Gewerkschaften der Hauptteil sozialpolitischer Aufgaben und Maßnahmen übertragen ist –, hält unser Gesellschaftssystem recht trennscharf an der Differenz zwischen Produktions- und Reproduktionssphäre fest. An diesen Sachverhalt ist auch die Sozialpolitik gebunden. Soziale Notlagen, ihrem Erscheinungsbild nach Ausdruck dessen, daß die Betroffenen am gesellschaftlichen Verkehr nicht voll teilnehmen können, sind solchermaßen leicht als Unvermögen der Betroffenen zu stigmatisieren: Sie seien unfähig, den erwarteten Standards sozialadäquaten Verhaltens im Reproduktionsbereich zu entsprechen. Der Begriff der »Randgruppe« denunziert solches Unvermögen. Indem Produktions- und Reproduktionssphäre augenscheinlich getrennt sind, ist auch der Kausalzusammenhang zwischen Produktionsform und sozialem Defizit durchschnitten. Die Gegensteuerung bleibt selbst nur im Augenscheinlichen stecken. Das hat Folgen für sozialstaatliches Handeln. Es darf seinerseits diese Kausalbeziehung nicht reflektieren, wenn zur systemlogischen Voraussetzung dieses Handelns gerade auch gehört, den Kausalzusammenhang auszuklammern. Ist die gesellschaftliche Produktionsform im engeren Sinne dem Prinzip der privaten Verfügungsmacht verpflichtet und rechtsförmig abgestützt, bleibt staatlicher Steuerung entweder nur der Zugriff auf den Reproduktionsbereich, dessen Rationalität sich auf die prinzipielle Austauschbarkeit aller Güter beruft, oder sie setzt sich mit ihren Voraussetzungen in Widerspruch. Sie ist, wie sich zunächst an den geldwertorientierten Leistungen im Einzelfall

zeigt, auf Tauschwertfunktionen zugeschnitten. Indem sie dies ist, bringt sie die Gebrauchsseite der sozialen Beziehungen nicht mehr ins Spiel, kann sich dementsprechend auch allein auf rechtsfähige Ansprüche festlegen. Zielt sie darauf ab, randständigen Gesellschaftsmitgliedern wieder zur Gesellschaftsfähigkeit zu verhelfen, so machen die sozialstaatlichen Leistungsformen aus der Not der Betroffenen eine Tugend der Gesellschaftsform: Reduziert auf rechtsfähige Leistungen und den Reproduktionsbereich, ist ihre Einwirkungsmöglichkeit allein auf die Rechtsfähigkeit der Betroffenen im Reproduktionsbereich beschränkt, mithin auf die Wiederherstellung ihrer Tauschfähigkeit und Konsumentenfunktion. Die Reintegration in die Normen sozial adäquaten Verhaltens bemißt sich der Sache nach an der virtuellen Selbständigkeit auf dem Gütermarkt. Wo, wie wir noch sehen, Sozialleistungen über geldwerte Leistungen hinaus wirklich soziale, d. h. auf die Gebrauchsseite abstellende Angebote mit orientierendem Charakter machen – neuerdings im sich ausbreitenden Beratungs- und sozialtherapeutischen Dienst –, gerät sozialpolitisches Handeln zwangsläufig in ein Dilemma. Um es aufzuklären, muß ich kurz die Motive skizzieren, die die Expansion und qualitative Änderung der Sozialpolitik vorantrieben. Ich gewinne damit auch den Übergang zur zweiten, zur politisch aktuellen und brisanten Variante der Sozialpolitik.

Die These v. Beymes, »die Sozialgesetzgebung im Kapitalismus war lange Zeit nichts als Gesetzgebung zum Schutz der Arbeitskraft, und erst spät wurden legislatorische protektive Maßnahmen auch durch geldkostende soziale Zuwendungen ergänzt«[82], sagt noch nichts darüber aus, inwiefern sich staatliche Sozialpolitik mit diesem Übergang zunehmend von ihren rechtsstaatlichen Voraussetzungen ablöst bzw. wieweit damit tatsächlich die traditionelle Zielsetzung überschritten würde. In der Sozialpolitik lassen sich bekanntlich u. a. Fürsorgemaßnahmen, Sozialversicherung und das unterscheiden, was Ernst Forsthoff »Daseinsvorsorge« nannte. Man kann darüber streiten, ob auch die Fürsorge des Staates in Fällen sozialen Elends und Not unter Sozialpolitik zu rechnen sei, wenn es um Hilfen zum Überleben geht. In ihrer historischen Genese dem christlich-konservativen Gedanken der Überlebenshilfe verpflichtet, zielt sie auch heute noch auf die Fälle schlichter Existenzsicherung ab, also weit mehr auf existenzielle denn gesellschaftsformspezifische Probleme. Ich gehe davon aus, daß die staatliche Fürsorge dieses Typs – repräsentiert und rechtsförmig individualisiert im Bundessozialhilfegesetz – auch gegenwärtig nicht über Hilfeleistungen hinausgeht, mit denen die bloße Existenzfähigkeit der Betroffenen sichergestellt werden soll. Deutliches Zeichen ist das Kriterium, nach dem die Regelsätze der Sozialhilfe berechnet werden: Sie sind explizit am physischen und kulturellen Existenzminimum orientiert. Hier richten sich die Leistungen allein nach der jeweils aktuellen ökonomischen Existenzfähigkeit. Die Höhe der Regel-

82 Ders.: Sozialismus oder Wohlfahrtsstaat? (München 1977), S.47.

sätze folgt nicht, wie in der Sozialversicherung, den sich ändernden Arbeitseinkommen. Staatliche Fürsorge hat also nichts mit Sozialpolitik als Politik der Umverteilung des gesellschaftlichen Reichtums und der Teilhabe am gesellschaftlichen Verkehr zu tun. Deshalb will ich von Sozialpolitk nur dort sprechen, wo staatliches Handeln diese beiden Bedingungen mit dem systemrationalen Ziel erfüllt, die ökonomisch verursachten Defizite zu mindern, ohne zugleich die ökonomische Produktivkraftentfaltung einzuschränken. Letztere ist schon historisch die entscheidende Grenze für sozialpolitisches Handeln gewesen.
Dem traditionellen Grundprinzip, »an der Versorgung von Einzelpersonen bzw. kleinen Lebensgemeinschaften, von Familienhaushalten, mit Geldeinkommen festzuhalten«, wird zu Recht entgegengehalten, es greife zu kurz. Eine solche Reaktion auf soziale Defizite verdrängte zwangsläufig die Frage ihrer sozialökonomischen Bedingtheit im Gesellschaftssystem und sei mithin unfähig, über bloßes Krisenmanagment im Einzelfall hinauszukommen. Galt dies immer und explizit für Fürsorgeleistungen – die selbst keinen weiteren Anspruch verfolgten –, so weisen deutliche Anzeichen darauf hin, daß es auch im Rahmen einer Politik der Umverteilung des gesellschaftlichen Reichtums mit sozialpolitischen Maßnahmen nicht anders aussehen könne, weil auch hier die Rechtsfähigkeit sozialpolitischer Eingriffe die dominierende Rolle spielt. Auf Arbeitslosigkeit etwa – um das anfänglich genannte Beispiel wieder aufzunehmen –, als Faktum Folge der Herrschaftsform, die den Prozeß der gesellschaftlichen Reproduktion durchzieht, antwortet staatliche Sozialpolitik nicht mit Sanktionen im Produktionsbereich, also dort, wo Arbeitslosigkeit entsteht, sondern sie individualisiert die Folgen und ihre eigene Reaktion. Sie kann über die Tauschwertmomente der Sozialbeziehungen nicht hinaus, weil sie sich sonst in Widerspruch zur Gebrauchswertabstraktion der Rechtsform setzte, deren Prinzip also verletzen müßte. Indem Sozialpolitik mit rechtsfähigen Mitteln reagiert, reagiert sie auch nur auf rechtsfähige Tatbestände, also auf Sachverhalte, die unter normierte Ansprüche subsumierbar sind. Ihr ist die Möglichkeit genommen, inhaltliche Alternativen gegen die von der bürgerlichen Gesellschaft verformten Sozialbeziehungen zu setzen. B. Tuschlings These von der Einwirkung der Rechtsform auch in den Produktionsbereich übersieht, daß die Universalität des Rechtsprinzips zur Universalität ihrer Wirksamkeit in den tauschwertbestimmten Sozialbeziehungen regrediert und keine gebrauchswertorientierenden Leistungen erfüllt. Übrig bleibt, das soziale Defizit Arbeitslosigkeit in rechtsfähige Ansprüche der betroffenen Individuen umzuformen.
Auf zwei sich ergänzenden Ebenen setzt sich dies durch. Zum einen greift das Versicherungsprinzip ein, dem zufolge die Betroffenen auf Geldleistungen verwiesen sind, die sie selbst durch Beiträge vorfinanziert haben. Insofern knüpft diese Leistungsart an den klassischen Typ des geldwerten Ausgleichs von Defiziten an. Zum anderen werden sie durch rechtsfähige Ansprüche erweitert, die über unmittelbare Geldleistungen hinaus Beratungs-. Bildungs- oder Umschulungsangebote zur Verbesseung der Tauschwertrealisierung der Arbeitskraft

beinhalten. Ich vertrete für beide, auch für den letztgenannten Fall, die These, daß die in rechtsfähige individuelle Ansprüche umformulierten Sozialleistungen die Sozialpolitik aus der Verantwortung für die qualitative Seite der zugrundeliegenden Gesellschaftsbeziehungen entläßt, ja sie dagegen immunisiert, weil in rechtsfähigen Ansprüchen nur Rechte als Reflex einer Vergesellschaftungsform eingefangen sind, der die Privatheit von Interessen und die Gebrauchswertabstraktion von den Sozialbeziehungen zugehören. Für den erstgenannten Bereich des Defizitausgleichs, den der Sozialversicherung, liegt die Plausibilität der These auf der Hand. Ich erinnere hier nur an das Prinzip der Risikogemeinschaft, das den Betroffenen im Krisenfall zurückgibt, was sie vorgeleistet hatten, und ich verweise auf die tauschwertorientierte Funktion der Geldleistungen, mit der ihre Funktion als Äquivalente für qualitative soziale Defizite verdeckt ist. Hinsichtlich des zweiten genannten Typs von Leistungsangeboten, wie wir sie im Umkreis des Arbeitsförderungsgesetzes finden, scheint demgegenüber die Frage nicht so leicht entschieden werden zu können. Der Einwand liegt nämlich nahe, die über den Typ geldwerter sozialer Leistungen hinausgehenden flankierenden Angebote des Sozialstaates seien doch nicht als Geldeinkommen verrechenbar und gäben gerade inhaltlichen Alternativen der Sozialisation und Reintegration Raum. Dieser Einwand ist ernst zu nehmen, weil er uns auf die Irritation und das Dilemma gegenwärtiger Sozialpolitik aufmerksam macht, wenn diese ihren traditionellen und mittlerweile beengenden Rahmen der geldwerten Leistungen sprengen will, um sozial angemessener reagieren zu können. Das Dilemma resultiert aus der Verrechtlichung der Sozialbeziehungen selbst, weil mit ihr die Grenzen rechtsförmiger Eingriffe vorgezeichnet sind. Werden anstelle von geldwerten Leistungen gebrauchswertige Inhalte gesetzt, dann überschreitet das Recht der Sozialleistungen die Grenze der tauschwertbestimmten Organisationsleistung des Rechts; wird die Verarbeitung der sozialen Defizite an den Ort ihrer Genese, also in den Reproduktionsprozeß der bürgerlichen Gesellschaft zurückgewiesen, dann ist sie der rechtlichen Kontrolle entzogen und anfällig für die Machtinteressen der Gesellschaft. Auf das Dilemma kann staatliche Sozialpolitik entweder dadurch reagieren, daß diese Sozialleistungen – ich nenne sie Sozialisationsangebote – in den privatgesellschaftlichen Konfliktbereich, also auch in dessen Entscheidungsprozesse abgedrängt werden oder andererseits in einem Maße verrechtlicht werden, in dem die formalen Spielregeln an die Stelle der sozialen Gehalte treten. Für die erste Perspektive steht das Subsidiaritätsprinzip, für die zweite Variante der Machtzuwachs einer auf Routine angelegten Sozialbürokratie und deren formalisierter Entscheidungsverfahren. Teilt rechtsstaatliche Sozialpolitik die Wirkungsgrenzen des bürgerlichen Rechts, also die Gleichgültigkeit gegenüber den Inhalten sozial adäquater Lebenschancen, dann darf und kann sie die inhaltliche Kontroverse nicht selbst entscheiden, sondern muß sie der Gesellschaft zur Entscheidung zurückgeben mit allen machtpolitischen Implikationen; oder die rechtsförmigen Ansprüche der Betroffenen provozieren die Verrechtlichung auch der sozialen Sachverhalte durch Regeln, die zu erfüllen hinreichende Bedingung für das Gelingen des vorausgesetzten Ziels wäre. Schließlich bemißt sich an der Antwort auf die Frage, ob durch sozialpolitische Planung dieses Dilemma ausgeräumt werden kann, auch das von ihr ausgehende Legitimations- und Loyalitätspotential.

Das Subsidiaritätsprinzip ist zwar in seiner klassischen Gestalt im Sozialhilferecht verankert, wurde aber für weite Bereiche sozialer Interventionspolitik verbindlich. Mit ihm sind »grundsätzliche Fragen der Organisation von Sozialarbeit und sozialer Wohlfahrt in unserer Gesellschaft und damit das Verhältnis von Staat und Gesellschaft überhaupt thematisiert«.[83] Ihm zufolge haben die Versuche der innergesellschaftlichen Lösung sozialer Probleme, also Selbsthilfe und privatverbandliche Aktivitäten, Vorrang vor staatlicher Intervention. Genauer betrachtet heißt das: Auch der Sache nach nicht verallgemeinerungsfähige Interessen privater Träger und Verbände können normative Funktionen in die jeweiligen Inhalte der Dienstleistungsprogramme hineintragen. Noch das Bundesverfassungsgericht hat in seiner Entscheidung über Recht oder Unrecht des Subsidiaritätsprinzips in den Fällen des Jugendwohlfahrts- und Bundessozialhilfegesetzes diesem Gesichtspunkt Rechnung getragen. So haben sich z. B. die kirchliche Träger – Diakonisches Werk, Caritas, aber auch die Arbeiterwohlfahrt – aufgrund des Subsidiaritätsprinzips die Ausländerfrage angeeignet, und zwar im durchaus wörtlich zu nehmenden Sinne. Sie können ihre Arbeit inhaltlich ungehindert durch staatliche Kontrolle mit ihren eigenen weltanschaulichen und Wertvorstellungen auffüllen, seien sie idealistischer oder legitimatorischer Provenienz – und verarbeiten dabei zum überwiegenden Teil öffentliche Gelder, die über Staatszuschüsse an sie fließen. Das geht so weit, daß aufgrund des ihnen zugestandenen Tendenzschutzes die Mitarbeiter bekennerhaft die kirchlichen Glaubensverpflichtungen übernehmen müssen. Dort wo dies nicht erkennbar ist oder gar verweigert wird, droht – angesichts der monopolartigen Stellung der Kirchen als Arbeitgeber im sozialen Dienstleistungsbereich – »Berufsverbot«. Dasselbe findet sich im Bereich der psychiatrischen Versorgung und der Beratungsdienste, wie es jüngst im Streit um die Reform des § 218 des Strafgesetzbuches in der Schwangerenberatung besonders brisant wurde. Der Staat delegiert seinen sozialstaatlichen Anspruch einschließlich seiner Verantwortung in diesen Fällen des Subsidiaritätsprinzips an die privaten Organisationen und Verbände. Ja, er hat so viel Geschmack an diesem Verfahren gefunden, daß er selbst z. B. auf der Ebene der Kommunen oder der Landeswohlfahrtsverbände in die Haut privater Mitträgerschaft schlüpft. Er entbindet sich von dem Zwang öffentlichrechtlicher Pflichten und nimmt privatrechtliche »Freiheiten« in Anspruch. Die Vorteile für die öffentlichen Institutionen liegen auf der Hand. Mit dieser Form inhaltlicher Verantwortungsentlastung ist das rechtsförmige, weil immer noch

---

83 Vgl. Ch. Sachße in: Deutscher u.a.: Lexikon der sozialen Arbeit (Stuttgart 1978), Stichwort Subsidiaritätsprinzip.

auf subjektive Rechtsansprüche reagierende sozialstaatliche Handeln nicht beeinträchtigt und zugleich die Auseinandersetzung um sozialadäquate Lebenschancen reprivatisiert. Fehlt der Erfolg, ist das rechtsstaatliche Prinzip scheinbar unangetastet; stellt er sich ein, dann bestätigt er das Subsidiaritätsprinzip und ist auf das Konto einer gelungenen Verteilung sozialstaatlicher Aufgaben zwischen Staat und Gesellschaft zu verbuchen. Daß dies von der Logik des Rechtssystems her zulässig sei, darauf deutet der Umstand, wie wenig die auf dogmatische Fragen doch so begierige Rechtswissenschaft die Tragweite dieser Entwicklung bislang ernst nahm.

Da es sich jedoch zunehmend herausstellt, wie in vielen Bereichen mit dem Subsidiaritätsprinzip »die private Verbandsmacht staatlichem Zugriff entzogen« wird (C. Sachße) und nicht verallgemeinerungsfähige inhaltliche Maßstäbe gegen die gesellschaftlich rationalen dysfunktional zu stehen kommen, kann sich der Sozialstaat nicht gänzlich aus seiner Verantwortung lösen. Ich nenne nur die Fälle, in denen Schwangerschaftsabbrüche in konfessionell geführten Krankenanstalten verweigert wurden, obwohl die soziale Indikation gegeben war. Sie deuten auf besonders dramatische Weise ins Zentrum des Problems. Ähnliches ließe sich ebenso vom Adoptionsvermittlungsrecht, vom Jugendbildungsbereich, von Therapieangeboten u. a. nachweisen, einmal ganz abgesehen von den arbeitsrechtlichen Freiräumen, die den freien Trägern aufgrund des ihnen zugestandenen Tendenzschutzes eröffnet sind. Probleme ergeben sich hier vor allem im Zusammenhang mit dem Arbeitsvertragsrecht und dem Betriebsverfassungsgesetz. Offene Konflikte zwischen den Betroffenen und den freien Trägerorganisationen sind durch diese Reprivatisierung sozialpolitischer Problemlösungsstrategien vorgezeichnet. An ihnen brechen zunehmend Loyalitätskonflikte auf, die sich gegen die Legitimationsgrundlagen eines solchen Krisenmanagements selbst richten. Die staatliche Sozialpolitik gerät daher immer stärker in Zugzwang.

Sollen die politisch brisanten Mängel des Subsidiaritätsprinzips vermieden werden, dann bleibt nur die andere Seite des zuvor beschriebenen Dilemmas: die Übernahme der sozialpolitischen Aufgaben durch die öffentliche Sozialbürokratie. Die dort auftretenden Widersprüche hängen eng mit der Form bürokratischer Entscheidungsverfahren zusammen, gehen in ihnen aber nicht auf. Grundlage sozialbürokratischen Handelns ist nämlich die gesetzliche Regelung, und hier nicht mehr nur als Regulierung von Marktprozessen, sondern als Entscheidung über die Verteilung von Leistungen und sozialen Besitzständen. Die Weise, wie die gesetzlich normierten Entscheidungen und deren Allgemeingültigkeitsanspruch mit den Einzelfallentscheidungen der Sozialbürokratie verknüpft werden, entscheidet darüber, ob die gebrauchswert- bzw. bedürfnisorientierten Forderungen der Betroffenen im Ergebnis wiederzuerkennen sind oder einer ganz anderen Rationalität, nämlich der bürokratischer Effizienz geopfert werden.

Die Sozialgesetzgebung als Grundlage der jeweiligen bürokratischen Entscheidungen hat trotz ihrer historisch gewandelten Legitimationsfunktion die rechtsstaatliche Verpflichtung nicht verloren. Zwar ist U.K. Preuß zuzustimmen, wenn er von der Sozialgesetzgebung seit 1883 meint, mit ihr komme eine neue Dimension in den Begriff der Legalität: »Das Gesetz legitimiert sich nicht mehr ausschließlich durch seine Form der Allgemeinheit – d. h. durch die Geltung für jedermann und aufgrund seines Ursprungs aus dem Volkswillen – sondern durch seine umverteilende Funktion«.[84] Aber die Form der Allgemeinheit dominiert nach wie vor den sozialpolitischen Inhalt wegen der gebrauchsabstrakten Logik der gesetzlichen Entscheidungsgrundlage. Sozialstaatliche Umverteilungspolitik, die sich rechtsstaatlich gebärdet, ist hier in einem doppelten Sinne Umverteilung: Auf dem Wege der gesetzgeberischen Festlegung reduziert sie gesellschaftliche Defizite auf individuelle, als sozialbürokratisches Handeln verarbeitet sie die individualisierten Probleme zu allgemeinen, nämlich mittels ihres Verfahrens. Indem sich solches Handeln an der Form der Allgemeinheit orientiert, folgt es der Bedingung für rechtsstaatlich legitimiertes, auf Gleichheit und Freiheit im Marktgeschehen reflektierendes Handeln.

An der Praxis der Sozialbürokratie ist das im einzelnen nachweisbar. Die vehemente Diskussion über eine den Interessen der »Klienten« und ihren sozialen Bedürfnissen angemessene Neuorganisation der kommunalen sozialen Dienste – insbesondere im Bereich der Beratung und Resozialisierung[85] – dokumentiert die Erfahrung des Unvermögens gegenwärtiger Sozialbürokratie schon auf der unteren Ebene. Auf der einen Seite stehen diejenigen Sozialarbeiter, die im unmittelbaren Alltagskontakt mit den Betroffenen deren Bedürfnislage kennen- und einschätzen lernen und entsprechende inhaltliche Vorstellungen entwickeln. Sie werden um so tiefer in die Resignation getrieben, je weniger die andere Seite, die bürokratisch rationale Routine des Innendienstes, diesen Vorstellungen Rechnung trägt, weil bürokratische Effizienz, innerdienstliche Weisungen, Verwaltungsvorschriften usw. dessen handlungsleitende Interessen sind. Daß damit auch Erwartungen der Betroffenen zerstört werden, die den Erfolg eines Beratungs- oder therapeutischen Gesprächs mit beeinträchtigen, schlägt auf die Arbeitsinhalte durch. Für den Bereich der Sozialisation machte Th. Blanke schon darauf aufmerksam, daß der Zusammenhang von Macht, Rechtsform und Ich-Identität des Subjekts zunehmend staatlich organisiert wird.[86] Im Bildungswesen stellte U.K. Preuß – »Bildung und Herrschaft« – schon vor einiger Zeit fest, wie die Sozialisationsagenturen des Rechtsstaates auf Kosten inhaltlicher Qualifikationen Dispositions- und Anpassungsfähigkeit zum Bildungsziel erheben und curricular absichern. Ich kann diese Diskussionen hier nicht ausführlich vorstellen, mache aber auf ein ihnen Gemeinsames aufmerksam. Unbekümmert um die Bedürfnis- und Interessenlage der Betroffenen steuert die Büro-

---

84 Vgl. Staatstheorie – Sozialpolitik – Sozialarbeit, Materialien, Bd. 11 des Modellversuchs Soziale Studiengänge der GHK Kassel (Kassel 1978), S. 37f.

85 Vgl. den Reader zur Theorie und Strategie von Gemeinwesenarbeit, hrsg. von der Victor-Gollancz-Stiftung (Frankfurt/M. 1974).

86 In: Staatstheorie-Sozialpolitik-Sozialarbeit, a.a.O., S. 5.

kratie einen rechtsfähigen Kurs. Sie tut dies nicht, weil sie, was naheläge, andere inhaltliche Konzepte verfolgte, auch nicht, weil die staatliche Organisation noch deutliche Elemente feudaler Herrschaftsstrukturen trüge, sondern schon allein aufgrund der Binnenstruktur ihrer Verfahren. Die innerbürokratischen Rechtsregeln fallen gerade dem Ziel in den Rücken, das mit den gesetzlichen Bestimmungen erreicht werden soll. In Abwandlung, ja Verkehrung des verfassungsrechtlichen Gleichheitsgrundsatzes, wonach Gleiches nicht ungleich zu behandeln sei – deshalb auch Diskriminierungsverbot genannt –, gilt die bürokratische Effizienzforderung, möglichst Ungleiches gleich zu behandeln. Effizienz bemißt sich bürokratisch gesehen nicht an der wiederhergestellten Integration der Klienten in das jeweilige soziale Umfeld, also nicht an der sozialen Gebrauchsqualität der Dienstleistungen, sondern am Erfolg, der mit der abgelegten Akte den Einzelfall aus dem Wahrnehmungsfeld der Bürokratie für soziale Defizite verdrängt. Im Fall sozialer Dienstleistungsangebote, die sich der Staat selbst vorbehält und nicht auf geldwerte Leistungen reduziert bleiben sollen, bricht die Effizienzkategorie der ökonomischen Rationalität in das bürokratische Verfahren selbst ein und verdrängt die Frage nach den sozialen Qualitäten, über die zu entscheiden wäre. Sozialpolitik mit Rechtsmitteln und bürokratischer Vernunft wird zur Politik des Umgangs mit verdrängten sozialen Qualitäten, weil sich die Genese und Verflechtung der Defizite in der Gesellschaft nicht in den Kategorien bürokratischer Verfahren abbilden lassen, sondern dort allein an der Zurechenbarkeit individueller Ansprüche zur »Form der Allgemeinheit« orientiert sind. Indem die Sozialbürokratie dem Verrechtlichungssyndrom anheimfällt, teilt sie die Rationalität bürgerlicher Verkehrsformen und deren Vermittlungsinstanzen wie Medien: Marktfähigkeit und Geld. Beide zielen auf die tauschfähigen Individuen ab; beide ernst zu nehmen heißt, die sozialen Bedürfnisse auf diese Medien zu reduzieren. Verrechtliche Sozialleistungen sind die Bedingungen der Möglichkeit, mit der wiederhergestellten Rechtsfähigkeit der Gesellschaftsmitglieder für den Reproduktionsprozeß von deren sozialen Gebrauchsmomenten und Verhaltensfähigkeiten absehen zu können. Dieser Prozeß vermeidet den Konflikt mit den Prämissen unseres Gesellschaftssystems, ohne jedoch inhaltliche Vorsorge zu treffen, daß die Gemeinten sich auf ihre Bedürfnisse berufen könnten. Es geht hier, mit Marcuses Begriff zu reden, um die repressive Toleranz des bürgerlichen Rechts selbst. Daß vor diesem Hintergrund auch schwerlich erwartet werden kann, mit sozialstaatlichen Mitteln mehr als bloße Folgenbeseitigungen zu betreiben, darauf haben verschiedene gesellschaftliche »Randgruppen« schon strategisch geantwortet.

Diese Erfahrungen mit dem Dilemma der Sozialpolitik provozieren schließlich die Frage danach, wie denn der Sozialstaat aus ihm herauskommt, mit ihm umgeht. Mir scheint, es gibt kein Feld, an dem dieses Problem besser sichtbar wird, als dasjenige des Umgangs mit den alternativen sozialen Einrichtungen. Die Sozialplanung, sei sie nun im Bereich der Sozialarbeit unter dem Stichwort Gemeinwesenarbeit, im Bildungssektor mit curricularer Struktur und Lernzielorientierung oder in der Therapie mit Therapieketten und integrativen Modellen unternommen, trägt deutliche Züge der Ohnmacht, wenn man ihre Erfolge daran bemißt, wie weit sie auf die Bedürfnisse der sozialen Randgruppen, auf Chancengleichheit oder sozial adäquates Verhalten einwirkt. Als Planung, die auf die rechtsstaatlichen Instrumentarien verwiesen ist, bleibt sie auf halbem Wege stecken, weil die rechtsfähigen Mittel sehr bald ihre Abstraktion von der Gebrauchswertseite offenbaren. Angesichts der wachsenden Bedeutung alternativer Projekte, die ihre ökonomischen, sozialen und therapeutischen Ziele unmittelbar auf die sozialen Gebrauchswerte abstellen[87], ist der Staat gezwungen zu reagieren. Er tut dies in zwei Richtungen: entweder unmittelbar repressiv oder durch Modellförderung. Interessant ist vor allem die zweite Strategie, weil in ihr implizit die Anerkennung der Inhalte solcher alternativen Modelle mitschwingt, zugleich aber durch die Vorläufigkeit der Förderung die endgültige Entscheidung in der Hand der Bürokratie bleibt. Modelle sind partiell von bestimmten rechtsförmigen Rahmenbedingungen freigestellt; das macht ihren Modellcharakter aus. Letztlich erfordert ihre Institutionalisierung jedoch, daß auf politischem Wege entsprechende Veränderungen und rechtsförmige Anpassungsmöglichkeiten durchgesetzt werden. Dieser Prozeß entscheidet sich aber nicht nach rechtsförmiger Rationalität. Die unsichere Haltung der Sozialbürokratie läßt sich an dem Modellboom der letzten Jahre ablesen, ihre ambivalente Funktion wird zum Problem einer Alternativbewegung, die das Ausmaß ihrer eigenen Anpassung an institutionell-rechtliche Rahmenbedingungen noch nicht kennt.

Sozialstaatlichen Interventionen kommt die Aufgabe zu, denen die Integrationsfähigkeit wiederzugeben, deren Rechtssubjektivität verlorenzugehen droht oder verlorengegangen ist. Sozialstaatspolitik kommt nicht über diese Funktion der Wiederherstellung von Rechtssubjektivität hinaus. Daraus aber schon zu folgern, daß sie in unserer Gesellschaft die Rationalität kapitalistischer Reproduktion zu sichern habe, wie dies C. Sachße behauptet, trägt den Grenzen ihrer Reichweite nicht Rechnung: »Unter Sozialpolitik wiederum wird die Gesamtheit staatlicher Maßnahmen verstanden, die der Herstellung, Erhaltung und Absicherung menschlicher Arbeitskraft in ihrer spezifischen Form als Lohnarbeit dienen solle«.[88] Nicht daß ich die ökonomischen Gründe der sozialen Defizite leugnen wollte, aber ökonomische Rationalität ist von der des bürgerlichen Rechts zu unterscheiden, obwohl beide Momente unserer Gesellschaftsordnung sind. Nur wenn wir dies berücksichtigen, wird die Ohnmacht des Sozialstaates verständlich.

87 Vgl. hierzu die informativen Darstellungen zur Alternativen Ökonomie und zu Psychiatrie/Antipsychiatrie des Sozialpolitischen Verlags Berlin, a. a. O.

88 Ch. Sachße: Einleitung zu: Staatstheorie – Sozialpolitik – Sozialarbeit, a.a.O.

3. Die Bürokratisierung des Politischen

Die vorangegangenen Beispiele aus der Umwelt- und Sozialpolitik zeigten, wie wenig sich das bürgerliche Recht dem Sog politisch-inhaltlicher Aufgaben entziehen kann. Zugleich offenbarten die Beispiele die Triftigkeit der Diagnose von der begrenzten Reichweite oder der Ohnmacht des Rechts. Sie stehen jenseits der Form der Sozialbeziehungen deren Gebrauchsmomenten gleichgültig gegenüber. Mit meinem letzten Thema will ich die Entpolitisierung des Politischen in unserer verwalteten Welt auf die formbildende Kraft des Rechts zurückführen, durch die die Form zum Inhalt, das Verfahren zum Gegenstand rechtsfähiger Entscheidungen gerät: in unserer Erfahrung mit der öffentlichen Verwaltung. Nicht daß ich behaupten wollte, der Ausbau bürokratischer Kompetenz sei ein erwünschtes Ziel der politischen Entscheidungsträger; ich will ganz im Gegenteil Gründe angeben, die rechtsstaatlich verpflichtetes politisches Handeln dem uns bekannten Bürokratisierungseffekt ausliefern. Die innere Logik des bürgerlichen Rechts hat daran wesentlichen Anteil.

Noch ganz unbewußt, der Sache nach jedoch präzise rekonstruierbar liegt diese These schon Max Webers Theorie legaler Herrschaft zugrunde. Bürokratisches Handeln in kapitalbeherrschten Gesellschaften könne auf die Legitimationsfunktion des bürgerlichen Rechts nicht verzichten; Weber berief sich zur Begründung seines Paradigmas auf die unseren Gesellschaftsordnungen gemeinsame formal-technische Rationalität, die sich ökonomisch in der Kapitalstruktur und politisch in den formalen Qualitäten des bürgerlichen Rechts durchgesetzt habe. Offenbar wegen des analytischen Wertes seiner Idealtypenlehre ist dieses Paradigma bis heute aktuell geblieben. Selbst noch die Diagnose von J. Habermas und U. Bermbach, die Integration der Bürgerinitiativen als außerparlamentarischer Opposition in die vom Recht vorgezeichneten Konfliktaustragungsformen stärke weit mehr die Massenloyalität zum System, als die Krisenaufregung in wirksame Politik umzuwenden, ist dem Weberschen Paradigma affirmativ verpflichtet. Ich versuche im folgenden, an dieser Ebene der Argumentation anzuknüpfen und dabei die Gründe aus der ambivalenten Funktionsweise des bürgerlichen Rechts verständlich zu machen. Dieser Versuch wird nicht durch den Verzicht auf Max Webers analytisches Instrumentarium erkauft, wohl aber muß ich den bloß affirmativen Rückgriff darauf korrigieren, indem ich die Theorie legaler Herrschaft als Folie benutze, um auf die widersprüchlichen Strategien staatlich-bürokratischer Steuerung aufmerksam zu machen.

Der Unmut über die Verbürokratisierung des gesellschaftlichen Alltags wächst. Diesbezügliche Klagen berufen sich auf die Erfahrung mit einer staatlichen Administration, deren interne Entscheidungsabläufe und Effizienzkriterien für Außenstehende kaum einsichtig sind. Sie scheinen sich gegenüber den Betroffenen

zu distanzieren und zu immunisieren. Diesen drängt sich der Eindruck auf, die Verwaltung besetze politische Macht, ohne daß diese ihr zustünde. Der lähmende Formularkrieg –schon in dem Spruch »Von der Wiege bis zur Bahre, Formulare, Formulare!« treffend karikiert – , ex cathedra Formulierungen der Verwaltungsbescheide, deren Begründungen darüber hinaus für Uneingeweihte sprachlich nicht, geschweige denn inhaltlich verständlich sind, sowie die individuelle Hilfslosigkeit, wie damit umzugehen sei, erzeugen das bedrückende Gefühl von Ohnmacht der »Klienten« gegenüber der Verwaltung. Assoziationen, wie die des besonderen Gewaltverhältnisses, die uns aus anstaltsmäßig organisierten Institutionen gerade im Strafvollzug und in den therapeutischen Anstalten bekannt sind, drohen auf den gesellschaftlichen Alltag überzugreifen.
Politiker und Parteifunktionäre beschwören die Demokratisierung des Alltagslebens spätestens seit Mitte der 60er Jahre. Sie wecken damit Erwartungen auf eine Trendumkehr, ohne bislang wirksame Mittel zu deren Realisierung in den Händen zu halten. Die allfälligen Gutachterkommissionen, Modellstudien, Forschungsaufträge und öffentlichen Hearings zu diesem Thema verdecken eher die politische Hilfslosigkeit, als daß die Paradoxien benannt würden, die mit der Demokratisierungsforderung in rechtsstaatlicher Absicht ins Spiel kommen. Es gibt kaum einen Bereich, der so deutlich und zugleich desillusionierend die politische Absicht der systemimmanenten Widersprüchlichkeit überführt, wie die der öffentlichen Verwaltung. Als rechtsstaatliche Instanz dürfe sie vom Demokratisierungsversprechen nicht ausgeschlossen sein; so jedenfalls fordern es die Apologeten unserer politischen Ordnung. Von »Bürgernähe der Verwaltung«, von »demokratischer Verwaltung« und anderem ist die Rede, ja sie darf mittlerweile bei entsprechenden Anlässen in keinem parteipolitischen Programm fehlen. Bislang ist jedoch nur als Erfolg zu vermelden, daß das Problem des Demokratiedefizits und des damit einhergehenden Machtzuwachses der Verwaltung in die politikwissenschaftliche Diskussion und ins Bewußtsein der Öffentlichkeit als Unbehagen oder gar Verweigerung vordringt. Die Verwaltungsautomation mittels der elektronischen Datenverarbeitung ist die jüngste Provokation solcher Ängste, der Datenschutz im Zwiespalt von Staatsräson und Bürgerfreiheit ist kaum weniger brisant als die Folgen für die Qualifikationen und die Beschäftigungsstruktur in der Verwaltung selbst. Aber auch weniger dramatische, nämlich die alltäglichen Erfahrungen mit der Anonymität der Verwaltung lassen etwas von der freigesetzten Allmacht der Bürokratie mit allen ihren angstauslösenden Anzeichen spüren. Im EDV-Bescheid hat der maschinelle Aufdruck schon die menschliche Unterschrift ersetzt; im nicht-öffentlichen Verfahren etwa kommunaler Planungsprozesse mutieren Ausschuß- in Wahrheit zu Ausschlußangelegenheiten. Die anonyme Verwaltung nimmt darüber hinaus auch diejenigen Alltagseinrichtungen in Beschlag, die traditionell gesellschaftsinternen Institutionen vorbehalten waren. Ich denke hier vor allem an die Sozialisationsaufgaben, die ehedem der Familie, der sozialen Umwelt, der Nachbarschaftshilfe usw. anvertraut wurden. Entgegen den häufig redlichen, weil von eigenen Erfahrungen motivierten

Demokratisierungsversprechen mancher Politiker bezeugen die »Erfolgsmeldungen« eher gegenläufige Entwicklungstendenzen, also den wachsenden Zugriff der Bürokratie auf den gesellschaftlichen Alltag. Sie diskreditieren die gutgemeinte politische Absicht als Naivität. Ich erinnere hier an den Ausbau des öffentlichen Sicherheitsnetzes, das der politischen Kontrolle entgleitet; an die verwaltungsinternen und deshalb nur obiter dictu auf ihre Rechtmäßigkeit überprüfbaren Vorschriften, Ermessensrichtlinien, Erlasse, die vor allem im Ordnungsrecht bezüglich der Randgruppen – vgl. z.B. das Ausländerrecht, das Polizeirecht, den Strafvollzug — die gesetzlichen Zielvorstellungen unterlaufen und bürokratischer Effizienz ausliefern; an die kommunale Sozialplanung, die von den Verwaltungsverfahren absorbiert wird; die Hinweise ließen sich fortsetzen.
Scharfsinnige Diagnostiker unseres Gesellschaftssystems fanden inzwischen heraus, daß die routinemäßig verarbeitete politische Macht in der staatlichen Bürokratie eine Entwicklung sei, die sich dem Komplexitätsgrad unseres Gemeinwesens verdanke und ohne die die rechtsfähigen Ansprüche seiner Mitglieder nicht bearbeitet werden könnten. Daß darüber hinaus der politische Machtzuwachs der Verwaltung legitimiert ist, führt uns nur tiefer in den Widerspruch zwischen Demokratisierung und rechtsstaatlicher Bürokratie hinein. N. Luhmanns These von der Legitimation *durch* Verfahren scheint mir deshalb ergänzungsbedürftig: Die Legitimationsfunktion bezieht sich ebensosehr auf die Verfahren selbst. Diese These steckt den Rahmen ab, innerhalb dessen der Machtzuwachs der Bürokratie und die Ohnmacht des Rechtsstaates angesiedelt sind. Offenbar meint die Demokratisierungsforderung die rechtsfähige Freiheit des bürgerlichen Subjekts, der die Bürokratisierung als eine rechtsstaatliche auf die Beine helfen soll; beide sind Bedingungen des Rechtssystems, beide schließen einander jedoch zugleich aus.
Wenn Kritiker der Bürokratisierungstendenzen mit deutlichem Unbehagen vom politischen Machtzuwachs staatlicher Verwaltungsorgane sprechen und dessen Gründe analysieren, sind vorzugsweise zwei Argumente zu hören. Zum einen verwische der Machtzuwachs der öffentlichen Verwaltung die verfassungsrechtlichen Entscheidungskompetenzen, womit das bürgerlich-liberale Modell der Gewaltenteilung unterlaufen werde. Der öffentlichen Verwaltung seien keine unmittelbar politischen Entscheidungskompetenzen übertragen, sondern als nichtdispositionsfähige Entscheidungsprämissen vorausgesetzt. Diese Kritik liefert ungewollt die Folie, vor der unserem System unter der Hand die Fähigkeit zur Anpassung an die politische Entmachtung der Politik zu attestieren ist. Bei aller Kontroverse darüber, wie diese Entwicklung politisch einzuschätzen sei, herrscht nämlich Einverständnis darüber, welch geringe Bedeutung in diesem Prozess der Selbstanmaßung der Bürokratie zuzuschreiben sei und wieviel er mit massiven »Defiziten an Politik« (Th. Ellwein) zu tun habe. Der Hinweis U. Sonnemanns auf die feudalen Restbestände in unserer Bürokratie schiebt die Verantwortung für die Entpolitisierung der Politik vor allem auf das typisch deutsch-preußische Berufsbeamtentum, gerät also in Gefahr, die politische Entscheidungsschwäche

des Systems historisch noch zu entschuldigen, statt die Widersprüche der inneren Logik des Systems anzulasten. Diese These vom Defizit an Politik ist zwar als deskriptive überzeugend, macht aber noch nicht verständlich, warum die politischen Entscheidungsorgane in diese defizitäre Lage gerieten. Die systemfunktionalistische Deutung, es handele sich hierbei um eine Folge des gesellschaftlichen Komplexitätsgrades, mit dem man umgehen müsse, reicht nicht aus, weil sie kein inhaltliches Argument zur Orientierung des politischen Systems beisteuert; sie beschreibt bestenfalls Dysfunktionalitäten.

In der These vom Defizit an Politik kommt, soweit ich sehe, die Geschichte unserer Verfassungswirklichkeit als der politischen Geschichte des bürgerlichen Rechts zu kurz. Ich meine damit die Geschichte von der Funktionsänderung des bürgerlichen Rechts oder zumindest von seinem Zugewinn an Ambivalenz in der Spätform unserer gesellschaftlichen Reproduktion. Anders ausgedrückt: Ich verdächtige das bürgerliche Recht, nach seiner historischen Beihilfe zur Produktivkraftentfaltung in der bürgerlichen Gesellschaft neuerdings seine eigene Wirksamkeitsgrenze als politisches Steuerungsmittel bloßlegen zu müssen und darin Momente zu aktualisieren, die ihm immer schon anhafteten. Seine begrenzte Reichweite, weniger wohlwollend von mir schon als Ohnmacht bezeichnet, wird in der Rede von der Unregierbarkeit der modernen Industriestaaten indiziert. Sie trifft nicht nur die bürokratisch-exekutive Aufgabenverlagerung, sondern auch normative Fähigkeiten und Organisationsprinzipien der Verwaltung.

Meine Behauptung stützt sich auf den Zusammenhang der Verrechtlichung und Verbürokratisierung unseres Alltags. Beide sind, wie ich meine, der Logik des bürgerlichen Rechts notwendig folgende Prozesse, weil allein mit ihnen die politische Macht gegenüber einer Gesellschaftsordnung legitimiert werden kann, deren Reproduktionsform einer anderen »Vernunft«, der Rationalität kapitalbeherrschter Vergesellschaftung, Rechnung trägt. Es wäre naiv, der Bürokratie die Verantwortung für das Funktionieren oder Versagen des ökonomischen Prozesses aufzubürden und sie zum »Handlanger« der Privatinteressen abzuqualifizieren. Sie hat als rechtsfähige Instanz keine Möglichkeit zu direktem Einfluß auf die ökonomische Reproduktion, sondern rekurriert allein auf rechtsfähige, gebrauchswertabstrakte Verfahren. Sie wäre mit der Aufgabe überfordert, den Produktionsprozeß vollständig zu steuern, weil ihr ökonomische Steuerungsmittel nur in rechtsförmigem Gewande verfügbar sind. Wenn auf der Erscheinungsebene dennoch der Eindruck entstehen kann, sie steuere doch – und sei es nur in Teilbereichen – den ökonomischen Prozess, dann liegt das an dem schon diagnostizierten Konstitutionsverhältnis zwischen den beiden Rationalitätsprinzipien von Recht und Ökonomie, die in, nicht um unsere Gesellschaft konkurrieren. Die Rationalität des Rechts verhilft mit der Befreiung des bürgerlichen Subjekts der kapitalistischen Ökonomie zu den so dringend benötigten gebrauchsabstrakten Freiräumen.

Ich hatte schon an einer früheren Stelle darauf hingewiesen, wie wenig die rechtsstaatlichen Entscheidungsprozesse auf den sozialen und gebrauchsfähigen

Gehalt der Gesellschaftsbeziehungen eingehen können, weil sie nur auf Rechtsansprüche reagieren. Allein in dieser Formbestimmung werden die gesellschaftlichen Ansprüche wahrgenommen. Dieser Sachverhalt wirkt in das Handeln der staatlichen Verwaltung hinein und provoziert die »Internalisierung des Subjekts« (U.K. Preuß). Die tatsächliche gesellschaftliche Komplexität wird für subjektive Rechtsansprüche zugerichtet und reaktionsfähig gemacht — was nur heißt, daß Verrechtlichung und Bürokratisierung inhaltlich individualisieren und förmlich verallgemeinern, ohne auf die inhärenten sozialen Qualitäten reflektieren zu können. Das scheint die eine Seite des politischen Machtzuwachses der Bürokratie zu sein, die ihre Kehrseite, nämlich die begrenzte Wirkung dieser Verfahren, in sich trägt. Indem ich sie als Entsubjektivierungsprozeß begreife, ziele ich auf den paradoxen Sachverhalt, daß mit der Anpassung des Verwaltungshandelns an rechtsfähiges die konkreten Bedürfnisse, individuellen Handlungsorientierungen und -normen der Betroffenen gerade verdrängt werden. Der bürokratische Umgang mit den Ansprüchen der Betroffenen reduziert diese allein auf ihre Repräsentanz und Anerkennung als rechtsfähige Subjekte. Er drängt in eine Paradoxie, weil rechtsstaatlich-administratives Handeln soziale Anerkennung intendiert, mit demselben Prozeß aber ihre Qualität als eine soziale verdrängt. Es lohnt sich, diese Paradoxie aufzuklären, weil wir damit Argumente in die Hand bekommen, um die aktuellen politischen Versuche der Flucht aus ihr einschätzen zu können.

Staatliche Bürokratie hatte immer schon mit politischer Macht zu tun. Dieser Zusammenhang hat eine Tradition, die hinter die moderne Gesellschaft bürgerlichen Zuschnitts zurückreicht. Auf überzeugende Weise verfolgte zuletzt R. Bahro den historischen Gang bürokratischer Machtbesetzung bis in frühe archaische Gesellschaftsformen zurück und erhellte, wie eng die politische Macht der Bürokratien mit der Verfügung über gesellschaftlich produziertes Wissen korrespondierte.[89] Dies ist der eine Fluchtpunkt, von dem aus der moderne Bürokratisierungsprozeß in unserer Gesellschaft Plausibilität gewinnt. Der andere, weit weniger fundamentale hinsichtlich der historischen Reichweite betrifft die Legitimation bürokratischer Herrschaft in einem Gesellschaftssystem, das bekanntlich die Frage der politischen Legitimation nicht mehr als Frage gesellschaftsinterner Organisation behandelt, sondern an die politischen Instanzen des Staates dediziert. Das Prinzip der Privatheit, das die innergesellschaftlichen Beziehungen arrangiert, erzwingt eine neue Legitimation von »Allgemeinheit«, die am politischen Handeln des Staates ausgewiesen sein muß.

Wie schon angedeutet, sind wir spätestens seit Max Webers Analysen daran gewöhnt, politische Herrschaft in der kapitalistischen Gesellschaft rational zu nennen, wenn sie bürokratisch organisiert ist. Sein ausführliches Räsonnement über die Korrespondenz zwischen der kapitalistisch organisierten gesellschaftlichen

89 Vgl. Die Alternative (Frankfurt/M. 1977), insbesondere Teil I,3.

Reproduktion und ihrem politischen Legitimationsbedürfnis enthält hierüber präzise Aussagen. Die Charakteristika seines Idealtypus bürokratischer Organisation als Ausdruck der rationalen Herrschaftsform sind sattsam diskutiert, ohne deshalb ihre Aktualität verloren zu haben. Bevor ich mich auf die unterschiedlichen Aufgaben der Verwaltung – auf Ordnungs-, Leistungs- oder Planungsverwaltung – einlasse, verdient zweierlei in unserem Zusammenhang vorab aufgegriffen zu werden. Zum einen fällt auf, daß die öffentliche Verwaltung »an Gesetz und Recht« gebunden ist, wie das Grundgesetz formuliert, also weit weniger Inhalte, sondern förmliche Rahmenbedingungen vorausgesetzt sind. Auf das bürgerliche Recht eingeschworen und ihm verpflichtet, produziert die staatliche Bürokratie eine Organisationsform, die rechtsfähig durchstrukturiert sein muß – an der gemessen etwa Grauzonen, die sich nicht innerhalb dieser rechtsfähigen Herrschaft bewegen, ein verdächtiges Indiz für politische Machtentfaltung sind. Ich komme noch auf Beispiele zu sprechen, etwa auf die Ministerpräsidentenkonferenz (Januarbeschlüsse von 1972!) oder auf Beschlüsse des deutschen Städtetages u.a. Zweiter vorab erwähnenswerter Gesichtspunkt ist, daß sich nach der bisher vorgetragenen Analyse des bürgerlichen Rechts Geltungsprobleme abzeichnen, denen eine allein auf rechtsfähige Mittel reduzierte Bürokratie ausgesetzt ist. Die politische Brisanz beider Gesichtspunkte verdankt sich offenbar dem Umstand, daß an rechtsstaatlich handelnder Verwaltung der Konflikt zwischen gesellschaftlicher Privatheit und politischer Allgemeinheit, zwischen privaten Rechtssubjekten und politischer Vernunft nicht vorbeigeht, d. h. sich hinter ihrem Rücken breitmacht. Die gesellschaftlichen Konflikte, die als solche von Privatinteressen ausgetragen werden, sind im bürokratischen Entscheidungsverfahren zuzurichten, um politisch, d. h. rechtsstaatlich handhabbar zu sein. Wie sich in diesem Transformationsprozeß politische Macht ansiedelt, wird noch Probleme aufwerfen. Ich werde sie unter dem Stichwort einer Ethik bürokratischen Handelns am Ende diskutieren.

Herrschaft, auch darauf wies schon Max Weber hin, tritt dem Einzelnen im Alltag als hoheitliche Verwaltung gegenüber. Gesetzgebungsverfahren interessieren uns normalerweise nur in dem Maße, wie wir mit administrativen Eingriffen in unsere Interessen rechnen müssen. Diese Trivialität, so möchte man vermuten, regt niemanden auf, weil sie sich an Alltagserfahrungen festmachen läßt. Allerdings dürfen wir deshalb der Bürokratie nicht Mängel zuschieben, die sie zum Sündenbock mißlungener Politik macht. Weil sie selbst im Bannkreis rechtsstaatlicher Prinzipien steht, kann sie politische Defizite prinzipiell nicht abbauen. Sie hat hier eher einen Verstärkereffekt. An unterschiedlichen Beispielen sind scharfsinnig vorgetragene Analysen bürokratischen Handelns zu dieser Diagnose gekommen. Statt meinerseits eine weitere hinzuzufügen, verweise ich nur auf die jüngste Studie, in der es um das Verhältnis von Wissenschaftsentwicklung und -politik im Bereich der Umweltforschung geht.[90] Mir ist daran ein

90 So Küppers u.a., a.a.O.

Gesichtspunkt wichtig geworden und aufgefallen, der die politischen Rahmenbedingungen administrativen Handelns mit reflektiert, nämlich die Frage, welchen Anteil das bürgerliche Recht und seine Logik an diesen Prozessen hat und in welches Verhältnis es bürokratisches Handeln zur Logik des gesellschaftlichen Reproduktionsprozesses setzt. Sieht man sich nämlich die bürokratietheoretischen und -praktischen Untersuchungen an, dann ist dieser von Max Weber schon ausgezeichnete Zusammenhang stark zurückgedrängt, um nicht zu sagen entwertet worden. Nicht »die Politik der Bürokratie« (H. Häußermann) ist mir das vordringliche Problem, sondern der umgekehrte Gesichtspunkt, die Frage nach der Bürokratisierung als Politikersatz. Ich habe den Verdacht, daß dieser Prozeß rechtsstaatlich erzwungen ist und die Hilflosigkeit des bürgerlichen Rechts zur politischen Krise macht.

Wenn wir vom rechtsstaatlich vorgesehenen Idealfall ausgehen, in dem der Bürokratie als legaler Herrschaftsform rationale Machtausübung gelingt, dann fällt zunächst der Bereich der klassischen Ordnungsverwaltung auf. Hier folgen die bürokratischen Entscheidungen den gesetzlich vorgezeichneten Tatbeständen und den von ihnen mitformulierten Grenzen. Typische Fälle sind diejenigen Aufgaben, die polizeirechtlichen Ursprungs sind. Ich sage polizeirechtlichen Ursprungs, um zu vermeiden, daß hierunter auch jene »politischen« Aufgaben gerechnet werden, die auf die Durchsetzung unmittelbar politischer Ziele ausgerichtet sind und neuerdings in Verfassungsschutz, Bundeskriminalpolizei u.ä. sichtbar werden. Demgegenüber meine ich hier diejenigen Ordnungsaufgaben, die die innere Organisation der Sozialbeziehungen sichern, das Recht der Privatpersonen und die »Sicherheit und Ordnung« schützen sollen. Hierfür gibt es präzise gesetzliche Tatbestände. Sie sind heute zwar nicht mehr, wie der Name nahelegen würde, nur in den Polizeigesetzen zu finden, sondern in Bereichen wie dem Gesundheitswesen, dem öffentliche Verkehr oder dem Personenstandswesen aufgesplittert; der ihnen gemeinsame und historisch belegte Grundgedanke ist nach wie vor das Ordnungsrecht, mit dem die Chance auf Teilhabe am gesellschaftlichen Verkehr, am Markt und am gesellschaftlichen Reichtum für alle Gesellschaftsmitglieder gewährt wird. Präzise Handlungsanweisungen und dementsprechend routinisierbare Entscheidungen zeichnen das Ordnungsrecht aus. Deshalb entspricht dieser Aufgabenbereich hoheitlicher Verwaltung noch sehr deutlich dem Typ rationaler Herrschaft – ohne im engeren Sinne politische Herrschaft zu intendieren. Ähnliches gilt für den zweiten Komplex des Verwaltungshandelns, den der »Daseinsvorsorge« (E.Forsthoff) oder der Leistungsverwaltung. Auch sie ist in den historisch gewachsenen Aufgabenbereichen wie Sozialversicherung, kommunale Vorsorgeeinrichtungen oder dem Sozialhilferecht eng an gesetzliche Tatbestandsbedingungen gebunden und insofern auch weitgehend auf Routineverfahren auslegbar. Der Rentenbescheid aus dem Computer, die Regelsätze der Sozialhilfe oder die kommunalen Gebühren sind solche Indikatoren und verzichten gänzlich auf jeweils unterschiedliche ökonomische und subjektive Interessen. Sie sind von der Rationalität der ökonomischen Reproduktion entkoppelt. Sowohl hier wie in der Ordnungsverwaltung geht es noch nicht darum, politische Entscheidungen in rechtsfähige Einzelfälle zu übersetzen. Die Ausweitung rationaler Herrschaft auf eminent politische wird erst zum Problem, wo der politische Staat entweder über Dienstleistungsangebote traditionell der Gesellschaft vorbehaltene Aufgaben entzieht oder selbst planend auf lange Sicht wichtige Vorentscheidungen trifft und diese sich im Alltagsgeschäft der öffentlichen Verwaltung niederschlagen. Im Kontrast zum Weberschen Idealtyp legaler Herrschaft geht es nunmehr darum, politische Entscheidungen in rechtsfähige Einzelfallentscheidungen zu übersetzen; das ist die ihr vom politischen System zugewiesene neue Aufgabe. Hierher gehört sicherlich die Entwicklung in der Sozialpolitik, die sich als Sozialisationspolitik durchsetzt[91], hier ist aber vor allem auch die gesamte politische Planungskompetenz des Staates angesprochen, die sich realiter über die Administration durchsetzt. Die Umweltpolitik des letzten Jahrzehnts etwa dokumentiert dies.[92] Soziologisch interessante Analysen staatlich-administrativer Planungskompetenz stellen immer wieder die Dysfunktionalität der bürokratischen Organisationsprinzipien unserer Planungsverwaltung heraus: Hierarchie, Zuständigkeitsverteilung, selektive Problemwahrnehmung, Verantwortungsentlastung oder Sachkompetenzfragen usw. sind nur einige Gesichtspunkte, die deren Funktionieren und die Zweckmäßigkeit ihres Handelns begrenzen. In Wahrheit repräsentieren diese Organisationsmomente aber den politischen Widerspruch in der Logik des Systems: Sie folgen dem Zwang, die Rechtssubjektivität der Gesellschaftsmitglieder zu respektieren, der über Privatinteressen angeeigneten Gesellschaftsform zu ihrem Recht zu verhelfen und sie zugleich mit rechtsstaatlicher Politik zu identifizieren. Bürokratische Entscheidungen sollen der rechtsstaatlichen Politik die Übersetzung in subjektive, in privatrechtlich legitimierte Verhaltenschancen sichern. Sie wollen ausschließen, daß andere Inhalte und Interessen ins Spiel dieses Übersetzungsprozesses kommen und sich Geltung verschaffen. Weil dieses Handeln jedoch auch dem Politischen als dem Interesse am Allgemeinen Rechnung tragen soll und allein den rechtsförmigen Beziehungen und Ansprüchen Gestaltungskraft zugebilligt wird, tritt eine überraschende Ambivalenz zutage. »Sine ira et studio«, die kurzgefaßte traditionelle Handlungsmaxime des Berufsbeamtentums, steht für die eine Seite, für das Interesse am Allgemeinen; ihm korrespondieren die der sozialen Gebrauchsseite gegenüber indifferenten rechtsförmigen Verfahren. Daß mit ihm die Vorstellung verknüpft ist, es müsse der möglichen Willkür des Verwaltungshandelns ein Riegel vorgeschoben werden, verdeckt nur die Gegentendenz, die den Betroffenen häufig gerade als Willkür erscheinen läßt, was Resultat des nur rechtsförmig ausgerichteten Verfahrens sein soll. Man sollte annehmen, mit den bürokratisch-rationalen Entscheidungsverfahren der Sozial- und planenden Ver-

91 Vgl. Barabas u.a. (Hrsg.): Jahrbuch der Sozialarbeit 1976 (Hamburg 1975), S. 374 f, sowie die daran anschließende Diskussion.
92 Vgl. Küppers u.a., a.a.O.

waltung und mit ihrer rechtsförmigen Organisation sinke die Chance, daß sie inhaltlichen Normen, sei es subjektiven Handelns von unten oder politischer Vernunft von oben Raum geben könnten. Zwar wollen eine entpolitisierte Verwaltung und entsubjektivierte Entscheidungsverfahren – die idealtypischen Merkmale einer rechtsstaatlich organisierten Bürokratie – dem Recht der Privatheit und dem Recht des politischen Handelns gleichermaßen zur Geltung verhelfen und die Rationalität der gesellschaftlichen Reproduktion mit der Rationalität rechtsstaatlichen Handelns verknüpfen; aber spätestens dort, wo dies nicht gelingt – und es gelingt um so weniger, je geringer die originär politische Steuerungsfähigkeit des Staates und seiner Entscheidungsorgane ist –, sucht die Verwaltung zwangsläufig nach Auswegen aus diesem Widerspruch rechtsstaatlicher Verpflichtung. Sie kann sich am allerwenigsten dem routinemäßigen Zwang der Alltagsentscheidungen entziehen.

Im rechtsförmigen Umgang mit dem »Defizit an Politik« verdeckt die öffentliche Verwaltung ein Machtvakuum, aus dem ihr eigene politische Macht zuwächst. Die Systemtheorie konnte dies ex negativo diagnostizieren. Durften nämlich die rechtsfähigen Subjekte, die Voraussetzung und Resultat des bürokratischen Übersetzungsprozesses sind, nicht selbst Subjekte des Verfahrens sein, dann hätte an ihre Stelle ein anderes zu treten, das die personale Gleichgültigkeit auf die institutionelle Spitze treibt: Am System als Subjekt müsse sich administratives Handeln orientieren. An dessen Kriterien wie Stabilität und Selbsterhaltung entschiede sich dann, was überhaupt zum Gegenstand der bürokratischen Verfahren gemacht wird, was dort entscheidungsfähig ist: »Die konditional programmierten Entscheidungsprozesse der Verwaltung laufen im großen und ganzen enttäuschungsfrei ab: Man beantragt seine Rente und erhält seine Rente, und es ist generell nicht voraussehbar, welche Verfahren zu Ablehnungen und Enttäuschungen führen. Bei dieser Sachlage hat es keinen Sinn, alle Verfahren mit konditional programmierten Entscheidungen von vornherein unter der Fiktion eines Dissenses verlaufen zu lassen.«[93] Um dieser Fiktion aus dem Wege zu gehen, um den möglichen inhaltlichen Dissens zwischen rechtsstaatlich-politischer und privatgesellschaftlicher Rationalität von vornherein zu verdrängen, dürfen die gesellschaftlichen und sozialen Qualitäten des Gemeinwesens nicht entschieden, sondern nur mehr selektiv wahrgenommen werden. Selektion aber heißt auszublenden, was nicht in die Kategorien und Kanäle des rechtsförmigen Verwaltungshandelns hineinpaßt – also letztlich gerade die nicht-rechtsfähigen gebrauchswert- und interessenorientierten Gehalte. Subjektive Handlungsnormen wären damit dem ersten Anschein nach ebensosehr aus den rechtsfähigen Kriterien ausgeblendet, wie die Verwaltung politisches Handeln allein als rechtsstaatliches wahrnimmt. Ich will nun zeigen, daß dies bei näherem Hinsehen gerade nicht der Fall ist, sondern sich hinter dem Rücken der legalen

93 N. Luhmann: Legitimation durch Verfahren, a.a.O. S. 210.

Herrschaftsform Freiräume öffnen, in die sich Handlungsmaximen realer Macht einnisten.
Mit der Verpflichtung auf rechtsförmige Verfahren zeichnen sich Grenzen der Interventionskompetenz staatlicher Bürokratie ab. Um den politischen Veränderungen Rechnung tragen zu können, die Hand in Hand mit der ökonomischen Rationalität der Sozialbeziehungen diesen Sinnhaftigkeit und soziale Qualität entziehen, braucht der Staat ein höheres Maß an inhaltlicher Steuerungskapazität. Aus dem Dilemma zwischen Verrechtlichung auf Kosten reflektierter sozialer Qualitäten und inhaltlicher Steuerung zu Lasten legaler Verfahren gibt es keinen systemimmanenten Ausweg. Deshalb kann es nicht verwundern, daß immer wieder Möglichkeiten gesucht werden, um unsere komplexen Sozialbeziehungen zu steuern, ohne der Dysfunktionalität legaler bürokratischer Verfahren zu erliegen. Mit anderen Worten: Das politische System, das verstärkt »Defizite an Politik« beklagt, sucht nach Wegen, die es ihm erlauben, handlungs- und reaktionsfähig zu bleiben und zugleich die zwangsläufig provozierten Legitimationsdefizite zuzudecken. In Krisenzeiten ist dies besonders dramatisch. Der gegebene rechtsförmige Rahmen und die von ihm gesetzten Grenzen politischer Steuerung sind Legalitätsgründe, die nur um den Preis von Legitimations- und Loyalitätskonflikten überschritten werden können. Im Bannkreis dieses Dilemmas bewegen sich auch die gegenwärtigen strategischen Varianten. Entweder ist nur mühsam der Schein legalen bürokratischen Handelns zu wahren, weil über administrative Grauzonen neue politische Steuerungs- und Entscheidungszentren gesucht werden; dann ist es politisch kontigent, wann dieser Schein durchbrochen wird. Oder der legale Rahmen wird so zugespitzt, daß sich die Normativität des Faktischen hinterrücks durchsetzt und reale Machtordnungen das Sinnvakuum rechtsförmigen Handelns füllen.
Typisch für die erste Variante, die administrativen Grauzonen, wurde der Fall des Ministerpräsidentenerlasses von 1972 betreffend die Nichtbeschäftigung von Verfassungsfeinden im öffentlichen Dienst. Die öffentliche Aufregung ist hinreichend, die innere Logik des bemühten Rechts kaum bekannt. Wo immer man in Gesetzestexten die Rechtsgrundlage für dieses Verfahren sucht, man wird an keiner Stelle einen Hinweis auf die rechtsfähige Kompetenz dieses zentralen Exekutivgremiums geben können, Beschlüsse mit gesetzesgleichem Wirkungsgrad zu erlassen. Zwar wird formalistisch argumentierend darauf verwiesen, es habe sich ja hier nur um eine interministerielle Vereinbarung gehandelt[94]; dieses Argument mutet angesichts der langfristigen und massiven Einwirkungen auf die Gesellschaftspolitik und auf das Recht des öffentlichen Dienstes – ganz zu schweigen von den sozialpsychologischen Wirkungen – mehr als naiv an. Einer Gesellschaftsordnung, deren Legitimationsausweis gerade in der prinzipiellen Verpflichtung auf rechtsfähiges Handeln besteht, müßte zum skandalösen Ausnah-

94 Die Diskussion ist dokumentiert in: Wortlaut und Kritik der verfassungswidrigen Januarbeschlüsse (Köln 1972).

mefall geraten, daß ein Gremium administrativer Funktionsträger nach feudalherrschaftlicher Manier über Vereinbarungen quasi-legislatorische Funktionen ausübt und die erklärte verfassungsrechtliche Schranke außer Kraft setzt, die mit der Kompetenz des Bundesverfassungsgerichts gezogen ist. Wie immer man zu den politischen Hintergründen und Motiven stehen mag – ich vermag sie nicht zu teilen – , es handelt sich hier um einen Fall administrativer Grauzonen mit politisch hohem Entscheidungspotential. Sie werden institutionalisiert, um politisch opportune, legal verfahrender Bürokratie aber verschlossene Problemlösungen außerhalb des defizitären politischen Vermögens unseres parlamentarischen Systems zu steuern. Vergleichbare Erfahrungen können wir etwa mit den verbandsähnlichen Vertretungen auf kommunaler Ebene machen: dem deutschen Städtetag oder dem deutschen Landkreistag. Das rechtsstaatlich Prekäre an diesen Konstruktionen ist die quasi-privatrechtliche Interessendelegation an einen Verband, dessen Mitglieder meinen, nur so im Interessenspiel der gesellschaftlichen Kräfte mitspielen zu können und durchschlagkräftig zu sein. Daß es hier um hoheitliche, also rechtsstaatliche Aufgaben geht, gerät zunehmend aus dem Blick. Die »Städtetagspapiere« zum Umgang mit dem kommunalen Sanierungsrecht, zur Ausbildung von Sozialarbeitern u. a. zeugen von dieser skandalösen Praxis politischer Selbstbindung der staatlichen Bürokratie. Dasselbe gilt etwa für die Fälle der Sozialbürokratie, die in privatrechtliche Organisationstypen, vorzugsweise in Trägervereinskonstruktionen schlüpft, um gesellschaftspolitische Defizite jenseits der enggezogenen Möglichkeiten öffentlich-rechtlicher Verfahren und unter Umgehung von deren Verpflichtungen wahrzunehmen. Ich hatte auf die aktuellen Auswirkungen des Subsidiaritätsprinzips in anderem Zusammenhang schon hingewiesen. Die Liste der Beispiele könnte im Bereich der Politikberatung, der Wissenschaftspolitik (z.B. die Deutsche Foschungsgemeinschaft oder das Wissenschaftszentrum Berlin) oder des Umweltschutzes fortgesetzt werden; naiv, wer sie als bloße »Pannen« des politischen Systems geringschätzte.

Dieser vor allem im Bereich planender Verwaltung bedeutsamen Strategie gesellt sich die andere hinzu, die ich als Preisgabe an die Normativität des Faktischen bezeichne und die häufig auch als Sachzwangideologie firmiert. Ich meine damit die Erfahrung mit Entscheidungsprozessen, die mit verdächtiger Radikalität auf den Rechtsformen insistieren, um die dahinter verborgenen sachlichen Interessen nicht preisgeben zu müssen. Neigen die administrativen Instanzen in diesen Fällen dazu, auf interne Zuständigkeitsregeln, Hierarchisierung und Sachkompetenzprobleme zu verweisen und dem Prinzip der inhaltlichen Verantwortungsentlastung ihrer Mitglieder Raum zu geben, dann steht im Zentrum des Handelns ein Formalismus, der auf Bestandssicherung und Konfliktvermeidung abzielt. Auf diesem Wege bleiben die Entscheidungsverfahren gleichgültig gegenüber allen qualitativen Momenten der zu entscheidenden Sachverhalte und geben diese einer ihnen scheinbar fremden Rationalität preis. Die Machtanfälligkeit der Kommunalverwaltungen zählt zu den markantesten Beispielen. Die Fälle in Hannover (IBM), Orsoy (VEBA) oder Worms (Shell) sind noch in böser Erinnerung.[95] Ähnliches gilt für die Realisierungschance des Verursacherprinzips als ökonomischen Umweltsteuerungsinstruments; denn die technischen Standards, auf die hier zurückgegriffen werden könnte, müssen politisch ausgehandelt werden und machen die Problemlösung zum Gegenstand konkurrierender gesellschaftlicher Interessen, also zum Gegenstand realer gesellschaftlicher Macht.[96] Die Gleichgültigkeit privatrechtlicher Beziehungen gegenüber ihren sachlichen Substraten feiert auf der Ebene legaler Verfahren der Bürokratie fröhliche Urständ. Sie tut dies durchaus im rechtlich vorgezeichneten Rahmen, da sie zur Bedingung rechtsstaatlichen Handelns rechnet.

Das Dilemma des Machtzuwachses der staatlichen Administration ist für die normbildende Funktion der öffentlichen Verwaltung folgenreich. Die behauptete Ambivalenz und Wirksamkeitsgrenze des bürgerlichen Rechts schlägt hier in den Widerspruch von Sinnhaftigkeit und Sinnentleerung, also in den Widerspruch einer Ethik institutionellen Handeln rechtsstaatlicher Provenienz um. Korrespondiert der Radikalität legalen institutionellen Handelns die Unfähigkeit, nach inhaltlicher Legitimität zu fragen, sofern sich Interessen rechtsfähig artikulieren, dann wird die Rechtsfähigkeit alleiniges Kriterium dafür, ob inhaltliche Interessen systemintern zu legitimieren sind. Die Bürokratie nimmt inhaltliche Interessen dementsprechend selektiv wahr, und das wirkt sich restriktiv für die politische Steuerungskapazität der staatlichen Verwaltung aus, wenn Steuerung mehr sein will als die bloß präzisere Formulierung des jeweiligen Status quo. Dem Machtzuwachs der Verwaltung scheint ein Verlust politischer Sinnvermittlung für das Gemeinwesen zu korrespondieren. Die Abstraktionsleistung bürokratischen Handelns eröffnet ein politisches Machtvakuum, das von den herrschenden gesellschaftlichen Interessen leicht instrumentalisiert werden kann. Vor dem Hintergrund meiner Diagnose zur Gleichgültigkeit des bürgerlichen Rechts gegenüber den zugrunde liegenden sozialen Qualitäten wird der Verrechtlichungsprozeß der Sozialbeziehungen mit dem Entzug des Sinns für das Allgemeine und im emphatischen Sinne Politische erkauft. Und das kann nur heißen, daß der Bereich des Politischen zunehmend gleichgültig gegenüber normativer Sinnstiftung wird. Die Widersprüchlichkeit eines Verrechtlichungsprozesses, der soziale Anerkennungsbeziehungen zum Ziel und Gleichgültigkeit gegenüber verallgemeinerungsfähigen Inhalten zur Folge hat, führt dann zwangsläufig in das gegenwärtig beobachtbare »Defizit an Politik« und zu Legitimationsdefiziten. Diese Not wird zur Tugend der Rede von einer Metaverfassung gemacht (U.K. Preuß), um der politischen Steuerung jenseits rechtsförmiger Verfahren zu inhaltlich dem Status quo der gesellschaftlichen Macht entsprechendem Sinn zu verhelfen.

---

95 Hierzu Flickinger/Summerer, a.a.O., S. 128 f.

96 Zu diesem Problembereich vgl. insbesondere Kapitel 2.2 des Umweltgutachtens 1978, hrsg. der Rat vom Sachverständigen für Umweltfragen.

Es scheint mir angesichts gegenwärtiger Erfahrungen nicht voreilig, die Tendenz zur Verschärfung des genannten Widerspruchs zu prognostizieren und daraus politisches Konfliktpotential herzuleiten. Die scheinbare Stabilität einer Metaverfassung, die nicht auf demokratische Legitimation, sondern weit eher auf den Konsens über die Normen der herrschenden ökonomischen Rationalität zurückzuführen ist, erweist sich in dem Maße als labile, in dem es ihr nicht mehr gelingt, sich wenigstens die rechtsförmige Legitimation oder »Massenloyalität« durch Partizipation zu sichern (J. Habermas). Wenn, wie in langfristig wirksamen inhaltlichen Entscheidungen, die Normen institutionellen Handelns nicht mehr Sinn für das Ganze der Gesellschaft geben und solchermaßen nicht mehr ethisch genannt werden können, ist der Konflikt programmiert. Es geht in diesen Fällen nicht mehr um bloß partielle Konflikte, sondern um die Akzeptanz des Systems, da es die Verallgemeinerung partieller Interessen über rechtsförmige Entscheidungsverfahren betreibt und in diesen Prozessen seine Defizite offenlegt. Bürgerinitiativen ziehen ihr politisches Gewicht aus der Sensibilität für diese Vorgänge, Alternativbewegungen, die »ihre« inhaltlichen Normen entgegensetzen, sind manifester Ausdruck für diesen Loyalitätsverlust des gebrauchswertabstrakten, weil Sinnhaftigkeit verfehlenden Verrechtlichungsprozesses.

Schlußbemerkung

Historisch-systematische Entwürfe wie der Hegelsche entfalten ihre diagnostische Kraft im Prozeß der Geschichte und hier insbesondere als kritische Folie, die den Totalitätsanspruch der »Macht des Gedankens« an der Wirklichkeit messen läßt. Dies war der eine Grund, der mich zum Rückgriff auf Hegels Theorie des bürgerlichen Rechts motivierte. Der andere liegt darin, gegen die Selbstbehauptung der Vernunft des bürgerlichen Subjekts das Defizitäre und Fragmentarische herauszuarbeiten und unserer Gesellschaftsordnung den Schein systeminterner Konsistenz zu entreißen, auf den allenthalben Bezug genommen wird, um herrschende Politik zu legitimieren. Hegels Rechtstheorie »gegen den Strich« zu lesen will nicht deren Rettung betreiben, sondern die Motive, an denen sie sich abarbeitet, für unsere Gegenwart in Erinnerung rufen. Daß in diesem Prozeß der historische Funktionswandel des bürgerlichen Rechts in den Blick kommt, legitimiert all jene politischen Ansätze zur Veränderung unseres Systems, die sich bewußt auf das Fragmentarische des Alltagslebens einlassen, statt in ihrer Wirkung immer ambivalenten Systemansprüchen nachzujagen. Es zeichnet sich offenbar ab, daß wir im aktuellen Stand der Entwicklung mehr über uns und über unsere soziale Totalität erfahren können, wenn wir uns der notwendig fragmentarischen Erfahrung stellen – ein Plädoyer, das sich vor allem gegen den imperialen Anspruch des bürgerlichen Subjekts richtet.

„Provinz" hat heute einen anderen Klang als noch vor zehn Jahren. Eine „antizentralistische Perspektive setzt sich durch im Zusammenhang mit den Protestbewegungen, wie sie in Reaktion auf das Vordringen industrieller Großprojekte in bisher relativ verschonte Räume entstanden ist. Diese antizentralistische Perspektive wird in den hier vorliegenden Untersuchungen erstmals historisch begründet. Sie analysieren und rekonstruieren den Prozeß der Provinzialisierung einer Region, d. h. sie wollen den Verlauf der Geschichte nicht nur aus der Perspektive der politischen und ökonomischen Machtzentren, sondern auch aus der Sicht der zunehmend von der Entwicklung in den Zentren abhängigen Gebiete begreifen. Dadurch wird am Beispiel Konstanz ein Stück „Dialektik des Fortschritts" greifbar. „Diesem Buch sind viele Leser zu wünschen, die das Problem von Fortschritt und Rückständigkeit reflektieren und für die Gegenwart nutzbar machen wollen." (LIBERAL) *539 S. Kt.*

Rolf Schwendters „Theorie der Subkultur", 1970 geschrieben und 1973 erstmals erschienen, ließe sich als eine Kulturtheorie „from below" bezeichnen. Von den seit den sechziger Jahren allenthalben auftretenden neuen Erfahrungen mit Gegenmilieus und Subkulturen her fällt ein neuer, kritischer Blick auf die herrschenden Kulturtheorien mit ihren Normalitäts- und Anpassungslehren. Ihnen gegenüber werden die subkulturellen „Normen" aus unbefriedigten, ja oft illegitimen Bedürfnissen abgeleitet und in ihren frühen Konkretionen aufgezeigt. In einem aktuellen Nachwort geht Schwendter auf die Subkultur-Diskussion der letzten sieben Jahre ein. Er zeigt darin die Notwendigkeit auf, den Begriff ‚Subkultur' heute gegen mißverständliche, willkürliche Deutungen und schimpfworthafte Verwendung zu verteidigen. *Neuausgabe. 220 S. Kt.*

„Mit der Rekonstruktion eines Stücks Alltag wollen wir eine Geschichtsschreibung denunzieren, die in der metaphysischen Konstruktion der sog. Arbeiterbewegung die wirklichen Arbeiter denunziert oder danach beurteilt, wie sie den Anforderungen der Historiker genügt haben. Denn so manche rote Fahne, die in der Arbeiterbewegung flatterte, mag in Wirklichkeit ein aufgeschnittener Strohsack gewesen sein." (M. Henkel)
Das Verhältnis der Industriegesellschaften zu ihrer Technik ist nicht erst seit heute ein gebrochenes. Die Maschinenstürmer waren Zeitgenossen Goethes. Seither spielen sie die Rolle von dummen Jungen. In einer Zeit, in der viele glauben, daß die Sicherung der Lebensverhältnisse unter Inkaufnahme ihrer Zerstörung betrieben werden könne, stellt sich die Frage, ob der kurze Prozeß, den man mit den Maschinenstürmern machte, nicht doch noch in die Revision gehen muß. *263 S. 15 Abb. Kt.*

„Wenn einer ganz tief unten ist, in einer Ewigkeit von Qual, die ihm andere Menschen bereiten, so hegt er wie ein Wunschbild den Gedanken, daß einer komme, der im Licht steht und ihm Wahrheit und Gerechtigkeit widerfahren läßt. Es braucht für ihn nicht einmal zu seinen Lebzeiten zu geschehen, aber einmal soll doch alles zurechtgerückt werden. Bitter ist es, verkannt und im Dunkel zu sterben. Solches Dunkel aufzuhellen ist die Ehre der Geschichtsforschung." (Horkheimer)
Auch hierzulande hat die Geschichtswissenschaft damit begonnen, Gesellschaftsgeschichte zu betreiben, die Lebensbedingungen von Arbeitern, Angestellten, Armen und schließlich sogar von Frauen zu erforschen. Die Erfahrungen mit der ‚Oral History' in den USA und England will die vorliegende Aufsatzsammlung hierzulande bekannt machen. Sie will anregen zum Gebrauch dieses Instruments einer demokratischen „Geschichtsschreibung von unten". *Etwa 250 S. Ln.*

Syndikat Autoren- und Verlagsgesellschaft GmbH Savignystr. 61 - 63, Postfach 174003
6000 Frankfurt am Main Tel. (0611) 751801 und 751781